KB156109

史筆

사필

국립중앙도서관 출판예정도서목록(CIP)

사필(史筆) : 사론(史論)으로 본 조선왕조실록
 / 조선왕조실록번역팀 엮음 ; 이부록 그림. –
– 서울 : 한국고전번역원, 2016
  p. ; cm

ISBN 978-89-284-0392-9 03910 : ₩13000

조선(국명)[朝鮮]
한국사[韓國史]

911.05-KDC6
951.902-DDC23   CIP2016010762

사론史論으로 본 조선왕조실록

文筆
사
필

조선왕조실록번역팀 엮음 · 이부록 그림

한국고전번역원

조선왕조실록을 남긴 붓, 사필史筆.
오늘을 보는 눈이 되다

오늘날 우리는 조선의 사관史官들이 남긴 기록을 자유롭게 살펴볼 수 있다. 조선에서는 임금도 마음대로 볼 수 없었던 실록을 이제는 인터넷에 접속하면 누구나 손쉽게 읽을 수 있다. 우리는 실록을 볼 때마다 준엄한 역사 인식을 지니고 철저하고 공정한 자세로 사필을 잡았던 사관과 실록 편찬자들에 대한 경외심을 갖게 된다.

조선에서 사필을 잡고 국정 기록을 전담한 사관은 7품 이하의 관원이었다. 이들은 춘추관春秋館의 기사관記事官을 겸직했던 예문관藝文館의 한림翰林으로, 문과文科에 급제한 지 얼마 안 된 패기 넘치는 젊은이들이었다. 이들은 임금과 가까운 자리에서 임금과 신하의 대화와 행동을 기록하였다. 그리고 승정원承政院을 거쳐 가는 국정의 주요 문건을 발췌한 뒤 공식 사초史草인 시정기時政記를 작성하였다. 여기에는 사건의 시말始末이나 시비是非는 물론이고 관직 임명에 대한 의견, 생전 또는 사후의 인물에 대한 평가 등 주관적인 의견도 실려 있는데, 이것이 바로 '사신왈史臣曰', '사신논왈史臣論曰' 등으로 시작하는 사론史論이다.

　이렇게 객관과 주관이 공존하는 기록을 남기면서 사관들은 현장의
생생한 목소리와 있는 그대로의 사실을 꾸밈없이 적어 나가는 직필直
筆을 견지하고 왜곡된 시각의 곡필曲筆을 경계하였다. 그러다 보니 지
존인 임금은 두려워하지 않아도 사관의 기록은 두려워하였다는 말까
지 나올 정도로 사필이 지닌 힘이 강해질 수 있었다. 사관이 직필을 유
지할 수 있었던 데에는 실록은 물론이고 사초까지도 당대 임금이나 신
하 그 누구도 함부로 열람할 수 없도록 한 제도적 장치가 있었다. 이런
배경에서 사관들은 주위 상황에 흔들리지 않고 소신껏 임무를 수행할
수 있었다.

　우리가 500년 조선 역사 기록의 중심에 있던 사관과 그들의 사론에
주목해야 하는 이유는 무엇일까? 조선의 현안을 바라보던 사관의 시
선이 담긴 사론에서 우리가 살아가고 있는 사회를 진단해 보고 앞으로
의 방향을 찾아가는 '눈'을 얻을 수 있기 때문이다. 이뿐만 아니라 권
세가의 횡포를 꾸짖는 단호함과 시비를 가리는 엄격함은 물론 약자를
배려하는 따뜻한 마음까지도 배울 수 있어서이다.

　이 책은 사론을 통해 실록의 본질적인 가치를 짚어 보고자 기획한 책이다. 전체를 2부로 구성하여 1부에는 실록 속 다양한 사안을 논평한 사론들을, 2부에는 사관과 실록의 발자취를 실었다.

　1부 '사론史論, 역사를 논하다'에는 '왕실을 논하다', '신하를 논하다', '사건을 논하다', '제도를 논하다'로 주제를 나누어 대표적인 38건의 사론을 실었다. 각 편마다 관련 배경이나 사건을 이야기하고 해당 사론을 직접 소개하면서 집필자의 견해를 덧붙이는 방식으로 구성하였다.

　2부 '사필史筆, 역사를 남기다'는 '사관을 말하다'와 '실록을 말하다'로 주제를 나누어 구성하였다. '사관을 말하다'에서는 역사 기록의 주역인 사관의 주요 업무, 선발 방식, 한림의 고풍古風 등을 다루었고, '실록을 말하다'에서는 실록의 편찬 과정, 사고史庫의 위치와 노정路程, 실록의 활용 등을 다루었다.

　맺음말에는 집필에 참여한 한국고전번역원 연구원들이 이 책의 집필 의의와 현재 진행하고 있는 조선왕조실록 번역 현대화 사업의 의의 등에 대해 대담한 내용을 실었다.

이 책을 엮으면서 사론과 사관에 대한 연구 성과를 많이 참고하였다. 참고문헌을 밝히는 것으로 감사 인사를 대신한다. 도판을 흔쾌히 제공해 주신 여러 기관에도 감사 인사를 드린다.

사관이 당대의 인물, 사건, 이슈 등을 가감 없이 기록하고 평가할 수 있도록 하면서 조선의 조정에서 간절히 바랐던 것은 무엇일까? 정종 1년1399 1월 7일, 지경연사知經筵事 조박趙璞이 아뢴 내용에 그 답이 있지 않을까 한다.

"임금이 두려워할 것은 하늘이요, 사필입니다. 이 하늘은 푸르고 높은 저 하늘을 말하는 것이 아니라 천리天理를 말하는 것입니다. 사관은 임금의 선악을 기록하여 영원히 남기니, 두려워하지 않을 수 있겠습니까?"

2016년 봄, 한국고전번역원 조선왕조실록번역팀 쓰다

차례

머리말   조선왕조실록을 남긴 붓, 사필史筆, 오늘을 보는 눈이 되다 • 4

제1부 사론史論, 역사를 논하다

제1장 | 왕실을 논하다

어느 때고 반성하라 _ 단종의 모친 현덕왕후 복위 논란 • 16

왕실을 다스려야 나라가 다스려진다 _ 중종 대 종친의 사치 풍조 • 25

외척이 나라를 망친다 _ 문정왕후의 수렴청정과 외척 문제 • 31

하늘은 탐욕에 복을 내리지 않는다 _ 중종의 능묘 이전 • 39

비극으로 끝난 광해군 부자父子의 운명 _ 폐세자 이지의 유배지 탈출 • 46

판단은 후대의 몫이다 _ 봉림대군 세자 책봉 과정 • 53

급할수록 돌아가야 한다 _ 연잉군 왕세제 책봉 과정 • 61

왕의 친척이라도 법 앞에선 동일하다 _ 영조 대 종친과 대신의 갈등 • 69

정절은 있으나 효는 없다 _ 영조의 화순옹주 정려 거부 • 77

제2장 | 신하를 논하다

깨끗한 거울에 진짜 얼굴을 비출 수 있다 _ 평안 감사 현석규의 두 얼굴 • 86

권세는 탐욕에 무너진다 _ 권력자 한명회와 압구정 • 93

밭갈이는 종에게 길쌈은 여종에게 묻는다 _무신 김세적의 승지 임명 • 100

대간은 나의 눈과 귀이다 _대간 손순효의 간언 • 110

입에 쓴 약이 몸에는 좋다 _홍귀달에게 앙심을 품은 연산군 • 116

측근의 말을 가려들어야 한다 _오만방자한 내시 최한형 • 123

사관은 곧은 붓을 들어야 한다 _반정 공신 이귀와 김류의 주도권 다툼 • 131

권세에 예술혼을 팔 수 없다 _권력자에 맞선 예술가 진재해와 김성기 • 137

역사는 과연 승자의 기록인가? _노론의 영수 민진원의 졸기 • 145

제3장 | 사건을 논하다

세상에 비밀은 없다 _정학비 간통 사건 • 154

원칙 없는 용서는 처벌보다 못하다 _잦은 사면의 폐단 • 162

자리나 채우는 신하는 필요 없다 _정사룡의 과거 시험 부정행위 • 170

말로는 재앙을 막지 못한다 _조선의 씽크홀, 지함地陷 • 177

평화를 바란다면 전쟁에 대비하라 _을묘왜변과 조정의 대응 • 184

모이면 도적이요 흩어지면 백성이다 _의적 임꺽정과 토벌군의 횡포 • 191

도망쳐 도착한 곳에 낙원은 없다 _도성을 버린 선조 • 199

백성을 지키는 것은 국가의 책임이다 _전쟁 중에 잡혀간 여성 포로들 • 206

법은 멀고 정치는 가깝다? _당쟁이 만든 기구한 운명, 도망자 이봉상 • 213

나라가 약하면 굴욕을 당한다 _칙서 실종 사건 • 220

제4장 | 제도를 논하다

오래 사는 것은 운명에 달려 있다 _ 성종과 이심원의 축수재 논쟁 • 230

맡긴 후에는 의심하지 말아야 한다 _ 암행어사를 보는 두 가지 시각 • 238

공물은 때를 보아 거두어야 한다 _ 정유재란 중의 공물 요구 • 246

관리는 얼음처럼 맑고 옥처럼 깨끗해야 한다 _ 선조의 청백리 선발 • 253

백성은 먹는 것을 하늘로 삼는다 _ 인조의 진휼 대책 • 260

가혹한 정치는 호랑이보다 무섭다 _ 현종 대 대흉년과 세금 감면 • 268

신뢰는 임금의 보물이다 _ 현종 대 대흉년과 병역 대책 • 276

국가는 백성의 억울함을 위로해야 한다 _ 전염병과 여제厲祭 • 284

공평하지 않으면 인심을 잃는다 _ 양전量田의 폐단 • 291

해와 달은 사람을 가려 비추지 않는다 _ 서얼 정진교의 상소 • 297

제2부 사필史筆, 역사를 남기다

제1장 | 사관을 말하다

사필을 공정히 하라 _ 역사 기록의 주역, 사관 • 308

● 무덤 속까지 가져간 역사, 정태제 사초 • 315

시정을 기록하고 평가하다 _ 사관의 주요 업무 • 319

　● 사관은 앉아서 기록하라 • 326

자천自薦에서 권점圈點으로 _ 사관 선발 방식의 변화 • 330

삼가 고풍古風을 지키라 _ 한림의 위상과 고풍 • 338

● 사관의 하루 • 344

제2장 | 실록을 말하다

실록은 어떻게 편찬되었을까 _《현종실록》의 편찬 과정 • 352

실록을 만나러 가는 길 _ 사고의 위치와 노정 • 360

실록을 고출하라 _ 실록의 활용 • 368

맺음말　조선의 사필史筆, 우리 시대의 사관史官을 깨우다 • 378

참고 문헌 • 391

글쓴이 소개 • 394

감수·자문·그림 • 395

文筆

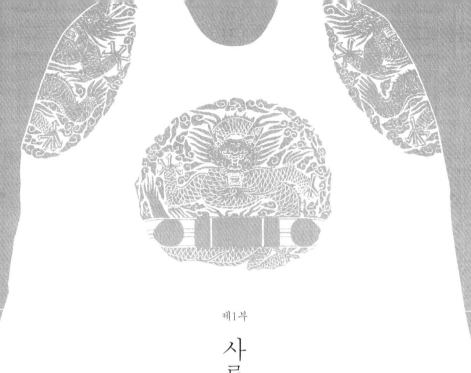

제1부

사론史論,

역사를 논하다

제1장

왕실을 논하다

대신을 존중하는 것은 임금을 존엄하게 하기 위한 것이다.
임금이 이렇게 말을 잘못하였는데도 이 자리에 들어온 신하들이
감히 말 한마디도 하지 못하였으니, 임금의 길못을 바로잡아
허물이 없도록 인도하기를 어찌 바랄 수 있겠는가?

어느 때고 반성하라

단종의 모친 현덕왕후 복위 논란

조선 시대에는 왕위와 관련된 금기는 함부로 말해서도 안 되고 말할 수도 없었다. 함부로 입에 담았다가는 정권의 존립 기반을 위협할 수도 있기 때문이다. 15세기 이후 조선의 가장 큰 정치적 금기는 수양대군이 왕위를 빼앗을 목적으로 반대파를 숙청한 사건인 계유정난癸酉靖難과 관련된 일이었다. 어린 조카를 몰아내고 왕권을 탈취한 숙부를 언급한다는 것은 목숨을 걸 만큼 위태로운 일이었다. 모두가 이렇게 쉬쉬하고 있을 때 금기를 깨는 일이 일어났다. 단종의 모친인 현덕왕후顯德王后 권씨의 복위復位에 관한 문제가 제기된 것이다.

현덕왕후는 세자빈으로 있을 때 단종을 낳고 이틀 만에 세상을 떠났는데, 남편 문종이 즉위한 뒤 왕후로 추존되었다. 그런데 문종이 죽고 즉위한 단종이 계유정난으로 세조에게 왕위를 빼앗기게 된다. 세조 2년1456, 현덕왕후의 어머니와 동생이 단종 복위 사건에 참여하였다 발각된다. 그리고 이듬해인 세조 3년에는 금성대군錦城大君 등이 단종의 복위를 꾀하는 사건을 일으킨다. 그러나 모두 실패해 결국 단종의 죽음을 초래하였다.

16

청령포도 淸冷浦圖

단종이 1456년(세조 2) 노산군으로 강등되어 유배간 곳인 청령포의 경치를
그린 그림이다. 정조 대에 단종을 추숭하기 위해 영월에 있는 단종 및 충신들과 관련한
주요 사적을 복원·정비하고 남긴 월중도越中圖 가운데 한 작품이다. |한국학중앙연구원|

단종이 죽자 현덕왕후는 서인庶人으로 폐해졌으며 신위는 종묘에서
쫓겨나고 무덤인 소릉昭陵은 파헤쳐졌다. 이후 현덕왕후의 복위를 처
음 제기한 사람은 생육신의 한 사람인 남효온南孝溫이었다. 폐위된 지
20년이 지난 성종 9년1478의 일이다.

소릉현덕왕후께서는 뜻밖에 병자년1456, 세조2 사건에 연루되어 폐위를 당하
고 20여 년 동안 원혼이 의지할 곳이 없었으니, 하늘에 계시는 문종의 영혼

이 홀로 제사를 받으려 하실지 모르겠습니다. 신이 생각건대, 소릉을 폐위한 것은 민심과 어긋납니다. 따라서 하늘의 마음과도 어긋납니다. 그러니 존호 尊號를 복구하고 예법에 따라 장례를 치러 백성과 하늘과 선왕들의 마음에 답한다면 얼마나 아름다운 일이겠습니까?

《성종실록 9년 4월 15일》

남효온의 상소는 당시 도승지 임사홍任士洪과 영의정 정창손鄭昌孫이 저지하여 성종에게 전해지지 못했으나, 이 문제를 공론화하는 계기가 되었다. 이후 연산군 때에도 김일손金馹孫 등 사림 출신 관원들이 현덕왕후의 복위를 청하는 상소를 올렸으나 연산군은 받아들이지 않았다. 단종의 모친을 복위하는 것은 바로 세조가 왕위를 찬탈했다는 사실을 인정하는 것이고, 이는 정권의 정통성과 직결되는 문제였기 때문이다.

현덕왕후 복위 문제는 폐위된 지 55년째 되는 중종 7년1512에야 본격적인 정치 현안으로 거론되었다. 경연經筵에서 소세양蘇世讓이 아뢰었다.

천자와 제후로부터 일반 서인에 이르기까지 모두 부부가 함께 제사를 받는데 우리 문종대왕만은 홀로 제사를 받고 계십니다. 그때의 일을 신이 알지는 못합니다. 그러나 성종 때 소릉 복위 문제를 아뢴 이가 있었는데 받아들여지지 않아 많은 사람이 매우 안타깝게 여겼습니다. 만약 자손이 선대왕의 일이라고 해서 잘못을 고치지 않는다면 만대가 지나더라도 선대왕의 허물이 없어지지 않을 것이니 우리나라에서 이보다 더한 잘못은 없을 것입니다.

《중종실록 7년 11월 22일》

소세양도 남효온과 같이 문종이 홀로 종묘의 제향을 받고 있는 문제를 지적하며, 이런 잘못을 고치지 않는다면 세조의 허물이 없어지지 않을 것이라고 주장하였다. 세조가 현덕왕후를 폐위한 일을 드러내 놓고 비판하기 어렵자 우회적으로 종묘에 문종의 배위配位가 없는 것을 가지고 문제를 제기한 것이다. 그런데 세월이 많이 흐른 탓인지 중종은 성종이나 연산군과는 달리, 검토해 볼 수 있는 사안이니 일의 전말을 조사해 오라고 명하였다. 일의 전말을 정확하게 파악한 다음 신중하게 처리하겠다는 태도로 돌아선 것이다.

현덕왕후가 폐위된 사건의 전말을 보고받은 중종은 이전 조정에서 결정했던 일을 쉽게 바꿀 수는 없다며 조정 신하들이 회의를 해서 의견을 아뢰라고 하였다. 그런데 조정의 의견이 갈렸다. 유순정柳順汀, 성희안成希顔 등 보수적인 대신들은 현덕왕후를 복위하는 것이 의리상 옳기는 하나 당초 세조가 정당한 절차를 밟아 한 일이므로 후대 임금이 가벼이 번복할 수 없다고 하였다. 이에 반해 신용개申用漑와 강혼姜渾 등 사림 출신 신하들은 현덕왕후가 일찍 세상을 떠나 단종 말년의 일을 알지 못했고 당초 폐위한 것도 세조의 적극적인 의지는 아니었으므로 복위해도 별 문제가 없다고 보았다. 그리고 신주를 종묘에 모시기 어렵다면 별도의 사당에 모셔도 된다고 했다. 중종은 마침내 이에 대해 결론을 내렸다.

소릉의 어머니가 이미 반역죄를 지어 벌을 받았는데, 그 딸 권씨가 어떻게 역대의 왕과 왕비가 제사를 받는 반열에 참여할 수 있겠는가? 그리고 세조께서 이미 종묘에 고하고 폐출하였는데, 지금 다시 종묘에 고하여 복위하고

종묘전도宗廟全圖

종묘와 관련된 여러 가지 내용을 종합하여 체계적으로 기록한
종묘친제규제도설병풍宗廟親祭規制圖屛風 8폭 중 제1폭이다.
고종 대에 제작된 것으로 종묘의 전체 모습을 담고 있다.
1455년(세조 1) 문종의 신주와 함께 종묘에 봉안奉安된 현덕왕후의 신주는
1457년(세조 3)에 폐출되었다가 1513년(중종 8)에 다시 봉안되었다. |국립고궁박물관|

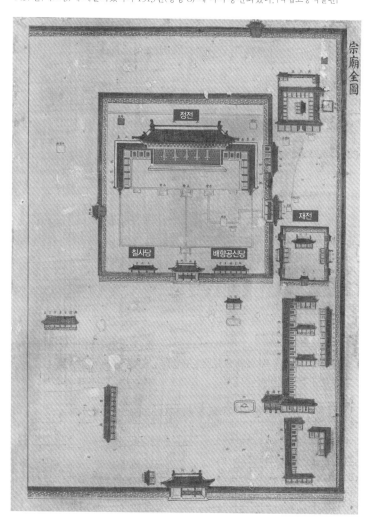

명호名號를 바로잡는다면 이는 세조의 잘못을 드러내는 것이다. 또한 지금 복위하라고 명을 내리더라도 조정에서 무슨 말로 감히 종묘에 고하겠는가?

《중종실록 7년 12월 1일》

보수적인 대신들의 손을 들어준 것이다. 현덕왕후의 부모가 종묘사직에 죄를 지었으므로 죄인의 딸이 왕후가 될 수 없다는 논리였다. 그러나 대간臺諫과 시종신侍從臣들은 한 달이 넘도록 현덕왕후의 복위를 줄기차게 주장하였다.

그러던 중 중종 8년 2월 18일, 종묘의 소나무에 벼락이 떨어졌다. 자연 재해조차도 임금의 잘못된 정치에 대한 하늘의 경고라고 여기던 때에 역대 선왕의 신주神主를 모신 종묘에 벼락이 떨어지자, 중종은 사정전思政殿에 조정 신하들을 모두 불러 놓고 재해에 대한 의견을 물었다.

대사간 조원기 趙元紀 신들이 여러 달 동안 소릉을 복위해야 한다고 간청하여도 듣지 않으시더니, 지금 종묘에 큰 변고가 발생하였습니다. 이 일 때문에 하늘이 뜻을 보인 것이 아닌지 어찌 알겠습니까?

중 종 재해가 발생한 이유를 정확하게 지적할 수는 없지만 필시 아무런 이유 없이 생긴 것은 아닐 것이다. 근래에 해마다 재해가 발생하여 항상 마음이 편치 않았는데, 이번에 또 종묘에 재해가 발생하여 매우 놀랐다. 소릉을 복위하는 것은 당연한 도리이다. 그러나 선왕이 하신 일을 함부로 고칠 수 없어 의견을 모아 결정했는데, 대간에서는 더 널리 의견을 모으자고 하니 어떻게 하면 좋겠는가?

《중종실록 8년 3월 2일》

종묘에 떨어진 벼락 덕분에 조정의 분위기는 완전히 바뀌었다. 대부분의 신하들이 현덕왕후를 복위해야 한다고 주장하였고, 중종도 대세를 따르지 않을 수 없게 되자, "과인도 당초에 복위하는 것이 인정에 합당하다는 것을 알지 못한 것은 아니다."라며 현덕왕후를 복위하고 종묘에 배향하라고 명하였다. 이러한 사안에 대해 사관은 다음과 같이 기록하고 있다.

당초 이 문제를 의논할 때에, 의정부 신하들과 부원군들이 모두 복위해서는 안 된다고 하자 다른 재상들은 대부분 이 의견을 따랐고, 복위해야 한다고 주장한 신용개 등의 의견을 따르는 자는 거의 없었다. 그 뒤에 대간과 시종 신들이 해를 넘기며 복위를 주장하였으나 주상은 조금도 생각을 바꾸려 하지 않았다. 만일 하늘이 경고하지 않았다면 소릉의 원혼은 복위될 수 없었을 것이다. 만약 처음부터 모든 사람들이 복위를 주장하였다면 어찌 종묘에 벼락이 친 뒤에야 복위했겠는가?

《중종실록 7년 11월 26일》

사림 출신 신하들과 마찬가지로 사관도 현덕왕후의 복위를 역사의 순리라고 생각하고 있었음을 알 수 있다. 현덕왕후의 복위는 이렇게 해결되었지만 그 출발점이라고 할 수 있는 세조의 즉위에 대한 신하들 간의 인식 차이는 컸다. 훈구 내신들은 이를 정당하다고 여긴 반면에, 사림 세력들은 이 과정을 부도덕한 것으로 보고 현덕왕후 복위 문제를 통해 이를 바로잡으려 했던 것이다.

어쨌든 세조의 왕위 찬탈과 관련된 금기 중에서 현덕왕후 복위 문제는 종묘에 내려친 벼락으로 인해 일단락되었다. 그렇지만 실제로 벼락이 무서워서 현덕왕후를 복위시켰을까? 인심에 어긋난 뒤틀린 상황을 바로잡기 위하여 어떤 계기나 명분을 기다리고 있지는 않았을까? 그렇게 생각하면 통치자가 자연 현상을 두려워하고 반성하는 계기로 삼는 것이 꼭 어리석어서만은 아닌 듯하다.

이규옥

왕실을 다스려야 나라가 다스려진다

중종 대 종친의 사치 풍조

조선 시대의 한양 도성은 이른바 4대문의 안쪽 구역으로, 지금의 서울특별시 중구 전체 및 종로구의 중심 지역을 포괄하는 정도의 크기이다. 지금의 서울특별시와 비교해 보면 다소 아담해 보이지만, 도성으로서의 기본 기능은 충분히 해 낼 수 있는 규모였다. 하지만 도성의 크기는 한정되어 있는데 도성 내의 인구는 계속 늘어나다 보니 점점 주거 공간이 모자라는 문제가 생길 수밖에 없었다. 그런데도 도성에 거주하는 왕실의 종친과 고관대작들은 그들의 부와 지위를 이용해 점점 더 크고 넓은 집을 지으려 했고, 나라에서는 기준을 두어 이를 규제하려했다.

이러한 배경에서 조선의 가옥 건축에 관한 규정인 '가사제家舍制'가 세종 13년1431에 도입되었다. 처음에는 지위에 따라 가옥의 면적을 규제하였다. 임금의 적자嫡子인 내군大君은 60칸, 여러 왕자와 공주 등은 50칸, 2품 이상 관리는 40칸, 3품 이하 관리는 30칸, 일반 서민은 10칸으로 제한했다. 그런데 가옥의 면적을 제한하자 이번에는 가옥을 너무 높고 화려하게 짓는 현상이 나타났다. 결국 세종 22년1440에는 기둥과

들보의 길이, 누각의 높이 등도 별도로 규제하기 시작했다. 하지만 아무리 규정이 치밀해도 이를 지키지 않거나 어겼을 때 단속할 방법이 없다면 있으나 마나 할 뿐이다. 중종 때 사회 기강을 어지럽힌 왕실의 사치 문제는 바로 이 가사제를 제대로 지키지 않은 데서 비롯되었다.

중종은 20명의 자녀를 두었는데, 요절한 인순공주仁順公主를 제외한 9남 10녀가 모두 혼인하였다. 이렇듯 장성한 자녀가 많다 보니 이들이 독립해 대궐 밖에 나가서 살게 될 가옥을 신축하거나 수리하는 일이 빈번했다. 그 과정에서 규정을 어기면서 집터를 늘리거나 규정에 없는 건축물을 짓는 등의 폐단이 속출하게 되었다. 이에 규정을 벗어난 왕실의 가옥은 철거해야 한다는 신료들의 주장이 점차 거세졌다. 급기야 중종 22년1527 5월에는 이러한 철거 요청이 한 달 동안 무려 12차례나 있을 정도로 빗발쳤다. 하지만 자식 사랑이 남달랐던 중종은 신료들의 집요한 요구를 계속 물리쳤다. 중종의 일관된 고집에 신료들의 요구도 일단 한풀 꺾인 듯 보였다. 그러나 신료들은 7월부터 다시 거센 반격을

퍼부었고, 이를 견디지 못한 중종은 결국 울며 겨자 먹기로 철거를 승인해야만 했다.

하지만 이후로도 계속된 여러 왕자군王子君과 옹주翁主들의 불법 가옥 확장은 백성의 고통을 가중시켰다. 중종 30년1535에 올라온 사헌부의 계사啓辭에 그 실상이 훤히 드러나 있다.

돈의문敦義門 안에 새로 지은 옹주의 집터가 꽤 넓은데도 행랑 밖에 있는 평민 사랑손思郞孫 등 6인의 집을 억지로 사들여 철거하였습니다. 이에 억울함을 호소하며 울부짖는 소리가 밤낮으로 그치지 않으니 듣는 자들이 모두 놀라 탄식하고 있습니다. 왕자와 옹주의 집터에 대한 규정이《경국대전經國大典》에 실려 있으니 선왕이 법을 세운 뜻이 매우 깊고 멀리 내다본 것임을 알 수 있습니다. 그런데 지금 여러 왕자가 법전을 무시하고 서로 사치스러움을 경쟁하며 집터 넓히기에만 힘쓰다 보니, 백성이 편안히 살지 못하고 끝내 유랑하게 됩니다.《경국대전》에 의거하여 집터를 넓히지 못하게 하고, 아울러 억지로 땅을 사들이지도 못하게 하소서.

《중종실록 30년 6월 7일》

이처럼 왕자군과 옹주들이 불법으로 집터를 확장하기 위해서 주변 백성의 집을 철거해 버리는 일도 비일비재하게 일어났다. 백성은 감히 왕실을 상대로 반항할 수도 없어 꼼짝없이 집에서 내쫓겨야 했을 것이다. 값을 쳐주어 집을 사들인다고는 해도 대대로 살아 온 집을 억지로 내놓아야 하는 처지였으니 집을 빼앗긴 자들의 상실감은 몹시도 컸을 것이다. 이에 대한 사관의 논평을 보자.

《경국대전經國大典》 중 '급조가지給造家地'
《경국대전》에 실린 '급조가지'는 도성 내의 빈 땅을 등급을 나누어 지위에 따라 분배하는
기준을 규정한 항목이다. 대군·왕자·공주 등 종친의 사치를 막고자 둔 규정이었으나
이들은 이를 지키지 않고 물의를 일으키곤 했다. |규장각한국학연구원|

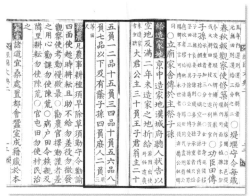

주상은 재위한 지 30년이 지났지만 한결같이 공손하고 검소하여 선왕이 물
려준 궁궐을 넓히거나 증축하는 일이 없었고, 무너지고 파손된 곳이 있더라
도 즉시 수리하지 않았다. 그런데 왕자와 부마들은 쉴 새 없이 집을 지었기
때문에 토목 공사에 시달리는 백성의 고통이 그칠 때가 없었다. 사대부의 집
에서도 이를 경쟁하듯 따라 해 웅장하고 아름답게 꾸미는 데 힘써서 화려한
서까래와 높은 용마루가 도성 곳곳에 즐비했다. 선왕 때의 재상 집을 여기에
비교해 본다면 마치 변소처럼 보일 정도였다.

《중종실록 30년 6월 7일》

왕실의 사치로 인해 백성이 토목 공사에 시달리는 것은 물론이거니
와, 이러한 좋지 못한 풍조가 급기야 사대부들에게까지 번지며 더욱

큰 폐단을 낳고 말았다. 왕실에서부터 대놓고 어기는 법을 누가 지키려 했겠는가? 비록 중종 자신은 검소함을 지키며 백성 앞에 모범을 보이고 싶어 했지만, 나랏일을 다스리기에 앞서 집안 단속부터 했어야 했다. 중종은 자기 자식들의 사치를 충분히 규제할 수 있는 위치에 있으면서도 사실상 사치를 방조하였다.

당시 권력을 장악하고 있던 훈구파 신료들은 대토지 소유를 통해 막대한 부를 축적했고, 그 부를 한껏 과시하며 사치 풍조를 조장했다. 어쩌면 중종은 미약했던 왕권을 강화하기 위해 왕실의 사치를 방조하는 식으로 기 싸움을 했을지도 모른다. 애초에 탐욕에 물든 훈구파는 차치하고라도, 왕실만큼은 스스로 권위와 기강을 세워서 잘못된 풍조를 어떻게든 바로잡으려는 모습을 보여 주었어야 했다. 무리한 토목 공사로 백성이 고통받고 삶의 터전에서 내쫓기는 것을 막지 못한 중종의 한계가 못내 아쉽다.

허윤만

외척이 나라를 망친다

문정왕후의 수렴청정과 외척 문제

예나 지금이나 권력을 둘러싼 잡음 가운데 가장 자주 등장하는 것이 친인척 비리이다. '수신제가修身齊家 연후에 치국평천하治國平天下'라는 말처럼 나라를 잘 다스리려면 아무래도 집안 단속부터 제대로 해야 하는 모양이다. 조선에서는 국가 체제를 정비하면서 왕실의 친척인 종친宗親은 정치에 참여할 수 없도록 규정하였지만 왕실의 인척인 외척外戚의 정치 참여에는 별다른 제약을 두지 않았는데, 이것이 종종 문제를 일으켰다.

중종은 정비正妃에게서 아들 둘을 낳았다. 장경왕후章敬王后가 낳은 세자인종와 후비인 문정왕후文定王后가 낳은 경원대군慶源大君, 명종이 그 둘이다. 어머니가 없는 외로운 처지의 세자와 어머니의 든든한 뒷받침을 받고 있는 경원대군은 왕위 계승 문제를 놓고 첨예한 갈등을 겪는다.

이로 인해 세자의 외숙인 윤임尹任 일파와 경원대군의 외숙인 윤원로尹元老·윤원형尹元衡 일파가 서로 대립하면서 윤임 일파인 대윤大尹과 윤원로·윤원형 일파인 소윤小尹으로 조정이 크게 양분되었다. 중종이 죽고 세자가 왕위에 오르자 대윤이 득세하였다. 그러나 인종이 재위 8개월 만에 갑자기 승하하면서 왕위는 아우인 경원대군 즉 명종에게 돌아갔고, 겨우 12살인 명종을 대신하여 실질적인 정사는 모후인 문정왕후가 대신하게 되었다. 그런데 문정왕후가 수렴청정을 하는 첫날부터 기선을 제압하기 위한 대신들과의 힘겨루기가 벌어졌다. 명종이 즉위한 다음날 영의정 윤인경尹仁鏡과 좌의정 유관柳灌이 문안한 자리에서 문정왕후는 이렇게 말하였다.

미망인이 덕이 없고 박복하여 거듭 큰 변고를 당했으니 그저 통곡할 따름입니다. 이제 주상이 어린 나이로 보위寶位를 이었으니 국가의 대사를 처리하는 것은 오직 대신들만 믿겠습니다. 또 지난날 근거 없는 낭설을 유포하는 무리들이 간사한 말을 지어내어 나라를 어지럽히려 했으므로 지금까지도 사람들이 의심하고 두려워하고 있습니다. 만약 또다시 이런 간사한 말을 하는 자가 있으면 엄하게 다스려야 할 것입니다. 과거의 낭설에 대해서는 주상께서 털끝만 한 사심도 없이 모두 씻어 내고 힘껏 민심을 안정시켜 조정을 평안하게 하려 하시니, 대신들도 이러한 뜻을 알아서 민심을 진정시키고 충성을 다하여 나랏일을 돕도록 해야 할 것입니다.

《명종실록 즉위년 7월 7일》

윤원로가 세자와 경원대군 사이를 이간질하기 위해 세자가 경원대군을 해치려 한다는 말을 지어냈다는 소문이 중종 때부터 있어 왔다. 문정왕후는 당시 조정을 장악하고 있는 대윤 쪽 신하들이 왕위가 교체되는 혼란한 상황을 틈타 그 소문을 근거로 윤원로를 처벌하려 하는

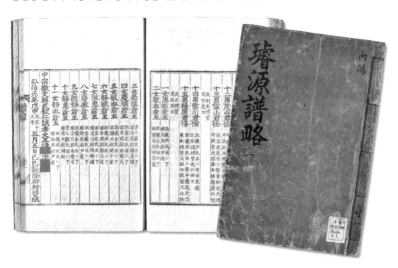

움직임을 눈치챘다. 그래서 미리 그 소문을 근거 없는 낭설이라고 일
축함으로써 윤원로에 대한 비판 여론을 잠재우려고 한 것이다. 그러나
당시 국정을 총괄하고 있던 윤인경과 유관은 문정왕후의 뜻을 따르지
않고 윤원로를 처벌하여 먼 곳으로 귀양 보내야 한다고 주장하였다.

군기시 첨정 윤원로는 성품이 흉악하고 마음이 교활한 자로서 대비를 믿고
날마다 유언비어 만들기를 일삼아 형제 사이를 이간질하였습니다. 지금 주
상께서 어린 나이로 보위에 오르셨으니 시작이 바르도록 힘써야 할 것입니
다. 조정 신하들이 모두 '이 사람을 없애지 않으면 반드시 성상을 현혹시키

고 조정의 정사를 어지럽혀 마침내 종묘사직을 위태롭게 할 것이다.'라고 합니다. 더군다나 지난 두 선왕 때 죄를 지었으니 자전慈殿 문정왕후께서도 사사로운 감정을 가지시면 안 됩니다.

《명종실록 즉위년 7월 7일》

어린 아들을 대신해서 수렴청정을 하는 첫날부터 친오라비를 귀양 보내라는 조정 대신의 요구는 대비의 처지에서 보면 나라를 위한 충정이 아니라 권력을 빼앗기지 않으려는 몸부림으로 보였을 것이다. 이에 대해 사관은 다음과 같이 논평하였다.

《명종실록》 즉위년
7월 7일 기사의 사론
문정왕후가 수렴청정을 하는 첫날
대신들과 나눈 대화에 대한
사관의 논평이다.
조정을 어지럽힌 외척 세력 가운데
소윤 세력만 공격함으로써
문정왕후와의 갈등을 키운 대신들을
날카롭게 비판하였다.
|국가기록원 부산기록관|

모후母后가 어린 임금을 옹립하여 국가의 형세가 매우 위태로운 때에 유관은 대신으로서 국권을 담당하였다. 그는 충직하기는 하나 식견이 부족하여 국난을 해결하기 위해서는 대윤과 소윤을 모두 내쫓아야 한다는 것은 생각하지 못한 채 윤원로를 처리하는 데만 급급하였다. 그 모습이 마치 대윤의 편을 들어 소윤을 공격하는 것 같아 보여 대비가 더욱 진노한 것이다.

《명종실록 즉위년 7월 7일》

대윤과 소윤 간의 갈등이 오랫동안 계속되었으니 그들을 모두 내쫓아서 난국을 타개했어야 하는데, 대윤을 방조하고 소윤을 공격하여 훗날 윤원형과 같은 무리들이 나라를 어지럽히는 길을 열어 주고 말았다는 날선 비판이다.

이제 막 정사를 시작한 문정왕후와 조정 대신들 간의 양보할 수 없는 한판 대결을 살펴보자.

문정왕후 대궐 안에는 이런 말이 전혀 없었는데 선왕이 승하한 지 겨우 7일 만에 조정에서 이렇게 아뢰니 어떻게 해야 할지 모르겠습니다. 윤원로가 형편없는 인물이기는 하나 소문의 출처를 확인해 보지도 않고 처벌하는 것은 부실한 조치가 아니겠습니까? 만약 소문의 출처를 조사하여 사실로 확인된다면 귀양을 보낸들 무슨 문제가 있겠습니까?

윤인경 등 절대로 소문의 출처를 조사해서는 안 됩니다. 만일 조사하게 되면 반드시 혼란이 발생할 것입니다. 대비마마의 가족에 대한 일을 신들이 어찌 제대로 따져 보지도 않고 아뢰었겠습니까? 만약 받아들이지 않으신다면 인심이 더욱 동요하게 될 것이니 종묘사직을 위하여 흔쾌히 받아들이소서.

문정왕후 어떤 일이든지 소문의 출처를 조사하지도 않고 무거운 벌을 준다면 훗날 폐해가 끝이 없을 것입니다. 이는 종묘사직의 안위安危와도 관계가 깊습니다. 어찌 소문의 출처도 조사해 보지 않고 무거운 벌을 줄 수 있단 말입니까? 내가 잇따라 국상國喪을 당하고도 스스로 죽지 못하고 있는데, 지금 또 이런 말을 들으니 살아 있어도 죽은 것이나 마찬가지입니다.

윤인경 등 이 일은 조정의 신하라면 모르는 자가 없습니다. 신들은 대비마마께서도 반드시 이를 염려하여 기꺼이 받아들이실 것으로 여겼지, 이처럼 망설이실 줄은 생각지도 못하였습니다. 의심하지 마소서.

문정왕후 정승들이 굳이 이렇게까지 할 것은 없습니다. 그대들은 어찌 제대로 따져 보지도 않고 아뢰었겠냐고 하지만, 나라고 어찌 제대로 생각해 보지도 않고 거부하는 것이겠습니까? 정승들이 어찌 직접 들었겠습니까? 필시 전해 들은 말일 것입니다. 반드시 소문의 출처를 캐낸 뒤에야 처벌을 결정할 수 있습니다.

《명종실록 즉위년 7월 7일》

확실하지 않으니 사실 여부를 조사한 뒤에 잘못이 있으면 처벌하자는 문정왕후와 조사할 것 없이 처벌하자는 대신들이 팽팽한 기세로 맞서고 있다.

국상 중임에도 불구하고 의정부, 육조, 사헌부, 사간원, 홍문관 등에서는 연일 윤원로를 귀양 보내야 한다고 요구하였다. 사흘 뒤 문정왕후는 결국 조정 신하들의 요구를 받아들여 윤원로를 해남海南에 유배할 수밖에 없었다. 그렇지만 이것으로 외척의 문제가 해결된 것은 아니었다. 오히려 외척의 전횡이 더욱 심해져 후일 윤원형이 조정을 어지럽히며 보복 정치를 일삼는 빌미를 제공하고야 말았다. 사관의 평론처럼 문제의 근원을 제거하지 못하고 가지만 쳐 냈기 때문이다.

이규옥

하늘은 탐욕에 복을 내리지 않는다

중종의 능묘 이전

선거를 앞두고 조상의 묘를 이장하는 정치인들이 있다는 말을 들은 적이 있다. 큰일을 앞두고 묘를 이장하는 배경에는 후손이 복을 받기 위해서는 조상의 묏자리를 잡는 것이 중요하다고 여기는 풍수 관념이 자리하고 있다.

명종 14년1559 4월 23일, 임금은 빈청賓廳에 모인 대신과 예조 관원에게 중종의 능을 옮기겠다고 전교하였다. 중종은 먼저 세상을 떠난 장경왕후와 함께 고양高陽에 있는 정릉靖陵에 안장되어 있었다. 명종은 이때 와서 중종의 능을 옮겨야겠다고 하는 이유로, 그 땅은 처음부터 불길하다는 의논이 분분하였고, 세조가 직접 가서 보고는 "좋은 땅이 아니므로 쓸 수가 없다."라고 했던 점을 들었다.

이 자리에 있던 영의정 상진尙震은 풍수설은 허황된 것이고 능을 옮기는 것은 중대한 일이기 때문에 더 생각해서 결정해야 한다고 청했다. 하지만 명종은 예로부터 능을 옮긴 일이 없지 않았으며, 고양의 능자리가 전에도 여러 차례 거론되었는데도 오랫동안 쓰지 않은 데에는 다 이유가 있었으니 풍수설을 믿기 어렵다 하여 길흉을 가리지 않아서는 안 된다고 고집하였다. 그러고는 길지吉地를 정하고 길일吉日을 택해 아뢰라고 명했다.

하지만 다음 날 사간원에서는 천릉遷陵하라는 명을 취소하길 청했다.

어제 내리신 전교를 보았습니다. 주상께서 선왕의 능침陵寢이 있는 곳이 길지가 아니라고 여겨서 능침을 옮겨 선왕을 편안히 모시는 도리를 다하려 하시니 신민臣民이 누군들 감격하지 않겠습니까? 다만 능침의 위치를 그곳으로 정하여 영원한 안택安宅을 만든 지 15년이 되었습니다. 하늘에 계신 혼령이 별 탈 없이 편안하게 오르내리시는데, 하루아침에 능침의 위치를 다시 정하면 도리어 옮겨 모시는 와중에 불편하게 여기실까 염려됩니다. 혼령에게 여쭈어 봐도 산사람의 마음과 다르지 않을 것입니다. 더구나 풍수설은 후손들이 고려하지 않을 수 없기는 하지만 의견이 분분하여 정설이 없으니 어떻게 일일이 다 믿고 갑작스럽게 이런 중대한 일을 할 수 있겠습니까? 다시 생각하시어 능침의 위치를 바꾸어 정하라는 명을 취소하소서.

《명종실록 14년 4월 24일》

사간원을 비롯한 여러 관사가 오랫동안 아뢰었으나 명종은 윤허하지 않았다. 그 후 명종 17년1562 8월 22일 중종의 능을 부왕 성종이 안장된, 봉은사奉恩寺 근처의 선릉宣陵 옆으로 옮겨 모셨다. 이 천릉에 대한 사관의 견해를 보자.

풍수설은 허망하고 근거가 없으니 삼대三代 하·은·주 이전에 풍수설이 있었다는 말은 들어 본 적이 없다. …… 우리나라만이 혹세무민하는 말을 믿고

묘소의 규모를 지나치게 키우느라 남의 무덤을 파내고 백성의 농토를 없애 버리니, 이미 바람직한 일이 아니다. 더구나 대비마마는 중종이 장경왕후와 같은 묘에 있는 것을 꺼려서 강압적으로 명하여 능침을 옮기고, 죽은 후에 중종과 같은 묘에 들어가겠다고 생각한 것이었다. 요망한 중 보우普雨가 밖에서 꼬드기고, 간신 윤원형이 안에서 성사시켜 선왕이 15년 동안 편안히 계시던 능침을 함부로 옮기려 하였다. 하늘에 계신 선왕의 영령이 떠나기를 주저할 뿐 아니라 묘소를 파헤치는 와중에 분명 동요하고 놀랄 것이다. 또 차마 입에 담기 어려운 일이 있다. 당초 헌릉獻陵 부근에 있던 장경왕후의 능을 고양으로 옮길 적에 관을 바꾸고 염습을 다시 하였는데, 그때 차마 볼 수 없을 정도로 처참했던 모습은 말로 형용할 수 없었다. 의복이 옥체에 딱 달라붙어 대꼬챙이를 써서 겨우 떼어 냈다. 지금도 그 말을 듣는 사람들 모두가 가슴 아파하며 눈물을 흘린다. 중종을 고양 정릉에 모신 지가 오래되었으니, 천릉하게 될 때 이러한 뜻밖의 변고가 없을지 어찌 알겠는가? 신하 된 자가 어찌 이런 일을 차마 할 수 있겠는가? 대신은 힘을 다해 간쟁했어야 하는데, 감히 강하게 주장하지 못하고 '예예' 하며 물러갔으니, 저런 재상을 어디에 쓸 것인가?

《명종실록 14년 4월 23일》

또 발인發靷하여 도성을 지나 새 능으로 가는 날에는 다음과 같이 적었다.

고금을 막론하고 세상에 사나운 부인이 시기하는 일이 얼마나 많았는가? 하지만 이미 죽어 유명幽明을 달리한 뒤까지 시기하여 남편의 무덤을 옮겨 전처前妻의 무덤에서 멀리 떼어 놓았다는 말은 들어 본 적이 없다. 그런데도 당시의 대신들은 입을 꾹 다물고 아무 말도 하지 않아 19년 동안 편안히 모셔져 있던 선왕의 옥체가 하루아침에 다른 곳으로 옮겨지는데도 막지 못했으니, 하늘에 계시는 중종의 혼령이 어떻게 생각하셨을지 모르겠다. 아! 애통하다.

《명종실록 17년 8월 22일》

사초가 당대에 공개되는 자료라면 차마 하지 못하였을 말들을 가감 없이 적고 있다. 사관은 대비인 문정왕후가 중종과 장경왕후가 같은 묘에 있는 것을 시기하여 억지로 떼어 놓게 했는데도 영의정 상진 등 대신들이 이 일을 막지 못했다며 강하게 비판하였다.

또 명종 17년 9월 13일, 천릉으로 인해 피해를 입은 광주廣州와 고양 高陽의 전세田稅를 반으로 줄여 주라는 전교에 대해서는, 천릉이라는 중대한 일을 타당한 이유도 없이 오직 문정왕후의 뜻에 따라 진행하여 백성을 수고롭게 하고 국고의 재물을 고갈시켜 놓고, 몇 고을의 조세를 감면하는 조그마한 인정이 무슨 도움이 되겠느냐고 비판한 기록도 보인다.

그렇다면 중종과 같은 묘역에 묻히려 한 문정왕후의 계책에 따라 여론을 수렴하는 절차도 없이 진행된 천릉은 성공적이었을까?

지금의 강남구에 위치한 정릉은 한강 물이 불어나면 홍살문까지 침수되어 제물을 수송하기 위해 정자각丁字閣까지 작은 배를 타고 왕래한 경우가 많았다고 한다. 또 천릉한 이듬해인 명종 18년에는 순회세자順懷世子가 죽고, 이어 명종 20년 문정왕후도 세상을 뜨는 등 변고가

성종선릉중종정릉재광주서학당동
成宗宣陵中宗靖陵在廣州西學堂洞

태조의 6대조의 능묘부터 순종의 유릉裕陵에 이르기까지
조선 왕릉의 위치를 기록하고 왕릉 일대를 그려 수록한
《선원보감》에 실린 그림이다. 성종과 왕비 정현왕후를 안장한 선릉과
중종을 안장한 정릉이 함께 그려져 있다.
중종은 원래 왕비인 장경왕후와 함께 고양에 안장되어 있었으나
이후 문정왕후의 명에 의해 서울 강남구 선릉로
현재 능역으로 이장되었다. |국립중앙도서관|

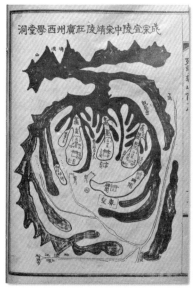

태릉강릉재양주노원면수락산하
泰陵康陵在楊州蘆原面水洛山下

《선원보감》에 실린 그림으로,
문정왕후가 안장된 태릉 및 명종과
왕비 인순왕후가 안장된 강릉이 그려져 있다.
문정왕후는 중종과 함께 묻힐 생각으로
신하들의 반대를 무릅쓰고 중종의 능을 이장하였으나,
옮긴 곳에 큰물이 드는 등 문제가 많았다.
그러자 명종은 문정왕후를 중종이 안장된 정릉이 아닌
태릉에 안장할 것을 명하였다. |국립중앙도서관|

이어졌다. 실록에서는 사람들이 모두 천릉한 응보라 하였고 명종도 그렇게 여겼다고 기록하고 있다. 사후 중종의 묘역에 묻히려 했던 문정왕후의 계획도 뜻대로 이루어지지 않았다. 명종은 "능을 옮긴 뒤로 국가에 길한 일이 없었다."라고 하면서 문정왕후의 능을 현재 공릉동의 태릉泰陵 으로 정했다.

이뿐만이 아니다. 임진왜란 때에는 왜군이 성종의 능인 선릉과 중종의 능인 정릉을 도굴하고 시신까지 훼손하였다.

풍수설은 수백 년 간 사설邪說 로 치부되면서도 그 뿌리가 아직까지도 남아 우리 사회에 영향을 미치고 있다. 무리하게 욕망을 채우려는 자에게 하늘이 과연 복된 땅을 내릴까? 풍수설에 일리가 있다 해도, 명당에 누운 자의 기운과 후손의 기운이 모두 복될 때라야 동기감응同氣感應 하여 복을 받게 되는 것이 아닐까?

하승현

비극으로 끝난 광해군 부자父子의 운명

폐세자 이지의 유배지 탈출

조선 시대에 묘호廟號를 받지 못한 채 군君으로만 불린 임금이 둘 있으니, 바로 연산군燕山君과 광해군光海君이다. 이들은 반정反正 세력에 의해 쫓겨나 폐주廢主 신세가 되어 쓸쓸하게 여생을 마쳐야만 했고, 죽어서도 왕자 시절의 이름으로만 불리게 되었다. 또한 이들이 통치하던 시기의 기록 역시 '실록'이 아닌 '일기'라는 이름으로 세상에 전해지고 있는데, '일기'는 제왕의 역사 기록이 아닌 모든 편년체 기록물에 두루 붙일 수 있는 일반적인 이름이다.

1623년에 일어난 반정으로 광해군은 쫓겨나고 반정 세력에게 추대된 능양군綾陽君이 왕위에 올랐으니, 그가 바로 인조이다. 한편 복위된 인목대비仁穆大妃는, 아들 영창대군永昌大君과 부친 김제남金悌男이 모두 비참하게 죽었고 본인마저도 폐서인廢庶人이 되었던 처지라 철천지원수인 광해군 부자를 죽여야 한다고 이를 갈았다. 하지만 형과 동생을 해치고 모후를 폐한 광해군의 패륜을 구실로 반정을 일으킨 서인西人들로서도 인조의 숙부인 광해군의 목숨을 해치는 것은 정치적인 부담이 컸다. 게다가 어차피 목숨만 겨우 부지했을 뿐, 폐주와 그 일가의 삶

은 산송장이나 다름없었다. 광해군과 폐비 유씨柳氏 내외, 폐세자와 폐빈 내외는 강화도의 각기 다른 곳에 위리안치圍籬安置되었다. 위리안치는 유배지 내 죄인의 거처 주변을 가시나무로 빙 둘러 울타리를 쳐서 그곳을 벗어날 수 없게 한 무거운 형벌이었다.

반정으로 쫓겨나 하루아침에 고귀한 왕족에서 몹쓸 죄인으로 전락해 버린 충격적인 현실을 광해군 일가가 쉽게 수용하기는 힘들었을 것이다. 특히나 한창 젊은 나이인 폐세자 이지李祬와 폐빈 박씨朴氏는 더더욱 그러했다. 이들 부부는 절망의 늪에 빠져 보름 동안이나 식음을 전폐하기도 했으며, 결국 함께 목을 매었다가 여종이 겨우 구출해 살아나기도 했다. 그러던 어느 날 폐세자 부부가 서울에서 보내온 어떤 물건을 받은 이후 한 달 동안은 별 소란 없이 조용했다.

그러다 강화도를 발칵 뒤집어 놓는 사건이 일어나고 말았다. 폐세자 이지가 탈출한 것이다. 도대체 사방이 가시울타리로 둘러싸여 있고 삼엄한 경계까지 받던 상황에서 어떻게 탈출할 수 있었을까? 약 한 달 전 폐세자 부부가 받은 물건은 가위와 인두였다. 이지는 이 물건들을 보자마자 불현듯 탈출에 대한 간절한 열망이 일어 밤낮을 가리지 않고 가위와 인두로 무작정 땅을 파기 시작했다. 이지가 땅을 파면 폐빈 박씨가 파낸 흙을 자루에 옮겨 담는 일이 밤낮없이 계속되었다. 영화 '쇼생크 탈출'의 주인공 앤디 듀프레인이 그랬듯이, 꺾을 수 없는 탈출 열망에 사로잡힌 이지는 26일 만에 무려 70자약 21m나 땅굴을 파서 울타리 너머로 탈출하는 데 성공한다. 하지만 영화의 주인공 듀프레인이 탈옥에 성공하여 벅찬 기쁨을 맛본 것과 달리, 이지의 탈출 기도는 허무한 비극으로 끝나고 말았다. 그는 낯선 땅 강화도에서 길을 잃고 이

가위와 인두
조선 시대에 사용하던 가위와 인두이다.
폐세자 이지와 폐세자빈 박씨는
위리안치되어 있던 장소에서
탈출하기 위해 가위와 인두로
밤낮을 가리지 않고 땅을 팠다.
|국립민속박물관|

리저리 헤매다가 도와주기로 했던 자들이 준비한 배를 찾지 못해 끝내 군졸들에게 붙잡혔고, 남편이 붙잡혔다는 소식을 들은 폐빈 박씨는 결국 스스로 목숨을 끊어 비통한 생을 마감했다.

　이지가 탈출했다가 체포되었다는 소식이 전해지자 조정 신하들은 일제히 그를 죽여야 한다고 입을 모았지만, 인조는 이를 쉽사리 허락하지 않고 일단 신하들의 청을 물리쳤다. 그러나 광해군에게 깊은 원한을 품고 있던 인목대비가 나서서 채근하자 인조는 더 이상 그의 죽음을 막기 어려웠다. 한편 당시 몇몇 대간들도 처음에는 이지를 죽이라고 청했다가 나중에는 입장을 바꾸어 오히려 성덕聖德을 그르칠 뻔했다고 하는 등 갈팡질팡하는 태도를 보였다. 당시 사관은 주변의 눈치를 보며 그저 개인적인 처신에만 골몰했던 조정 신하들의 작태를 다음과 같이 꼬집었다.

폐인廢人 이지가 땅굴을 파고 도망치려 한 것은 스스로 죽음을 재촉한 것이었다. 그런데도 성상께서는 끝까지 목숨을 보전해 주려고 하여 말씀에 간절하고 안타까움이 담겨 있었으니 그 지극한 덕에 이의를 제기할 수는 없을 것이다. 그러니 신하로서는 그 미덕을 받들어야 마땅했다. 그런데도 신하들은 법대로 집행해야 한다는 구실로 분분하게 논쟁을 벌였다. 옥당玉堂의 신하들도 몇 번이나 말을 바꾸며 자신의 입장을 해명하는 데 급급했으니, 임금을 덕으로 사랑해야 한다는 의리에 부끄러움이 있다 하겠다.

《인조실록 1년 6월 25일》

이제는 꼼짝없이 죽음을 맞게 된 폐세자의 태도는 오히려 덤덤해 보였다. 의금부 도사 이유형李惟馨이 와서 자진自盡하라는 왕명을 전하자, 이지는 다음과 같이 말했다.

진작 자결했어야 한다는 것을 알면서도 여태껏 구차히 살아 있었던 것은 부모의 안부를 알고 나서 조용히 자결하려고 해서였다. 지난번 땅굴을 파고 탈출한 것도 이 때문이었으니 어찌 다른 생각이 있었겠는가?

《인조실록 1년 6월 25일》

죽음을 목전에 두고 목욕하고 의관을 정제하고 난 뒤, 이지는 문득 손발톱이 긴 것을 보고 깎고자 했으나 의금부 도사는 매몰차게 청을 거절했다. 죽고 난 뒤에라도 손발톱을 깎아 달라고 도사에게 청한 이지는 부왕의 배소가 있는 서쪽 방향을 향해 네 번 절한 뒤, 마지막으로 원나라에 굴복하지 않은 송나라의 충신 문천상文天祥 이야기로 유언을 끝맺었다.

> 문천상이 8년간 북경의 감옥에 갇혀 있었는데, 어떤 이는 그가 죽지 않은 것
> 을 책망하였으니, 어찌 그의 마음을 안 자이겠는가? 그가 죽은 뒤에 후대의
> 사람이 시를 지어 '원나라가 문 승상文丞相을 죽이지 않아서 임금의 의리와
> 신하의 충성 둘 다 이루었네.'라 하였지.

《인조실록 1년 6월 25일》

말을 마치고 방으로 들어간 이지는 스스로 허리끈으로 목을 매었으
나 줄이 끊어져 버리자 이번에는 질긴 명주실 끈으로 다시 목을 매어
목숨을 끊었다. 이때 폐세자 이지의 나이는 불과 스물여섯이었다.

아들 내외의 비참한 죽음이 전해지자 폐비 유씨는 시름시름 앓다가
얼마 뒤에 세상을 떠났다. 광해군은 하루아침에 임금 자리와 사랑하는
가족 모두를 다 잃어버렸다. 하지만 광해군은 이러한 처참한 처지에도
신세를 지나치게 비관하지 않고 모진 삶을 꿋꿋이 이어 갔다. 아들이
죽었다는 소식을 들은 후 시름시름 앓다가 이내 세상을 떠난 연산군과
는 대비되는 모습이었다. 이후 그는 이괄李适의 난, 병자호란丙子胡亂 등
나라에 변란이 계속되자 왕위 보전에 신경이 곤두선 인조에 의해 저 멀
리 제주도까지 내쳐지는 신세가 되었다. 그리고 폐위되고 18년이 지난
인조 19년1641에 미나면 남쪽 섬에서 임종을 지키는 이도 하나 없는 가
운데 파란만장한 생을 마쳤다.

반정이라는 크나큰 정치적 사건 이후 폐출된 한 왕가의 삶은 이토록
처절하고 비극적이었다. 스스로를 문천상에 빗대며 죽지 않고 살아야

광해군 묘
경기도 남양주시 진건면 송릉리에 있는 조선 제15대왕 광해군과
그 부인 문화 유씨의 묘소이다. 광해군은 인조반정으로 폐위되고
1623년(인조 1) 3월 광해군으로 강봉降封되었으며,
같은 해 3월 폐비 유씨와 함께 강화도로 유배되었다.
그 후 다시 제주도로 옮겨져 유배되다가 그곳에서 세상을 떠났다. |문화재청|

하는 이유를 남기고도 죽음의 구렁텅이로 기꺼이 뛰어든 폐세자 이지,
그리고 그 숱한 고통을 겪으면서도 끝까지 생을 포기하지 않고 이어간
폐주 광해군. 같은 고난에 처한 두 부자의 선택이 다소 엇갈리는 듯 보
이지만 살아야 하는 이유를 어디에 두었는지를 두고 굳이 시비곡직을
가릴 필요는 없을 것이다. 어느덧 세월이 흘러 오늘날 광해군은 학계
와 대중들로부터 새롭게 조명을 받고 있다. 이것으로 한 많은 폐주 일
가의 원혼이 조금이나마 위로를 받을 수 있을지 모르겠다.

허윤만

판단은 후대의 몫이다

봉림대군 세자 책봉 과정

아름다운 풍경을 사진으로 남긴다면 그 풍경을 직접 보지 못한 사람도 사진을 통해 그 아름다움을 충분히 감상할 수 있다. 특히 파노라마 기법을 활용하여 연속 촬영을 하면 여러 방향의 경치를 한 번에 다 담아낼 수 있어 사진을 보는 사람들에게 현장의 생생함을 더 잘 전달할 수 있다. 역사 기록의 경우도 마찬가지이다. 대화 하나하나까지 빠짐없이 담은 상세한 기록이 있다면 파노라마 사진을 보듯 더욱 생생한 역사 현장을 지켜볼 수 있게 된다.

임금과 신하들 사이에 후계자 문제를 놓고 펼쳐진 일대 설전舌戰을 토씨 하나까지 낱낱이 기록하여 이를 읽는 사람이 마치 당시 대화가 이루어지는 자리에 함께 있는 것처럼 느끼게 하는 기사가 하나 있다. 인조 23년1645 윤6월 2일, 인조는 영의정 김류金瑬, 좌의정 홍서봉洪瑞鳳, 낙흥부원군洛興府院君 김자점金自點 등 조정의 주요 신료 16명을 긴급 소집했다. 청나라에서 귀국한 소현세자昭顯世子가 두어 달 전에 뜻밖의 죽음을 맞는 바람에 조정 안팎이 아직 어수선할 무렵이었다. 그런데 주요 신료들이 다 모인 자리에서 인조는 충격적인 발언을 하여 파문을 일으켰다.

> **인 조** 내게 고질병이 있어 이따금 심해지는데 원손元孫은 저렇듯 어리고
> 약하다. 지금의 상황을 볼 때 원손이 장성할 때까지 기다릴 수 없을
> 것 같다. 경들의 생각은 어떠한가?
>
> **김 류** 백성과 신료들은 전하의 장수를 송축하고 있는데 전하께서 갑자기
> 이런 말씀을 하시니 신들은 무어라 말씀드려야 할지 모르겠습니다.
>
> **인 조** 내 병이 이러할 뿐 아니라 나랏일도 날로 어렵고 위태로운 지경으로
> 빠져들고 있으니 만일 내가 죽고 나면 어린 임금이 그 자리를 감당
> 할 수 없을 듯하다. 그래서 나는 대군들 가운데서 후계자를 선택해
> 세우고자 한다.

《인조실록 23년 윤6월 2일》

왕위 계승자인 소현세자가 죽었으니 종법宗法에 따르면 그 후계는
자연히 소현세자의 장남이자 인조의 원손인 석철石鐵이 맡아야 했다.
그러나 인조는 자신의 건강이 좋지 않은데 석철은 열 살로 너무 어리
다며 소현세자의 동생인 장성한 대군들 중에서 후사를 정하겠다고 선
언하였다. 이전부터 소현세자를 지독히 싫어했던 인조는 세자가 죽었
으니 아예 후사를 바꾸어 버려서 미운 자식의 자손에게 보위를 물려
주지 않겠다는 뜻을 천명한 것이다. 그러자 좌의정 홍서봉을 위시하여
이에 반발하는 신료들의 의견이 먼저 쏟아져 나왔다.

> **홍서봉** 예전의 기록을 살펴보면 세자가 없을 때 세손이 보위를 잇는 것이

바꿀 수 없는 확고한 원칙이었습니다. 원칙을 버리고 편법을 써서 처리하는 것은 국가에 좋은 일이 아닐 듯합니다.

영중추부사 심열沈悅 신의 생각도 홍서봉이 말한 것과 같습니다. 전하께서 약간 병환이 있으셔도 아직 춘추가 한창이시고, 원손이 어리고 약하기는 해도 이미 나이가 열 살입니다. 예로부터 어린 임금이 왕위를 이은 경우가 얼마나 많았습니까? 종통宗統은 매우 중대한 일이니, 가벼이 의논해서는 안 될 듯합니다.

《인조실록 23년 윤6월 2일》

시작부터 여러 노신老臣의 반대에 부딪힌 인조는 전략을 약간 바꿔 당시 조정 서열 1위인 영의정 김류에게로 시선을 돌렸다. 그러자 김류는 문득 옛이야기 하나를 꺼내 기울던 분위기를 슬쩍 돌려놓았다.

김 류 덕종德宗이 동궁으로 계시다가 정축년1457, 세조3에 승하하시고 예종이 무자년1468, 세조14에 종통을 이으셨는데 당시 성종의 나이는 열두 살이었고 월산대군月山大君은 나이가 좀 더 많았습니다. 그런데 세조께서 왕세자를 이렇게 세우셨으니 그 까닭은 잘 모르겠습니다.

《인조실록 23년 윤6월 2일》

훗날 덕종으로 추존된 의경세자懿敬世子가 스무 살의 나이로 요절한 후 세조가 의경세자의 아들인 월산대군이나 자을산군者乙山君 성종 대신에 둘째 아들 해양대군海陽大君 예종을 후사로 결정한 것은 현재 인조가 원하는 구도와 모양새가 딱 들어맞는다. 김류는 이렇듯 인조에게 유리한 사례를 적시하여 은근히 인조를 위한 논리적 근거를 마련해 준 셈이다. 그런데 여기에는 함정이 숨어 있었으니, 사실은 의경세자가 죽은 해에 월산대군은 고작 네 살이었고 성종은 갓난아이에 불과했다. 그래서 세조는 너무 어린 손자들 대신에 장성한 차남 해양대군을 일단 세자로 책봉한 것이다.

그런데 김류는 교묘하게 후사 책봉 시기를 의경세자가 죽은 직후가 아닌 세조가 승하한 직후로 바꿔치기하여 갓난아이 성종을 열두 살짜리로 둔갑시켜 버렸다. 인조반정의 주역이자 인조의 최측근으로 오랫동안 권세를 누려온 김류는 애초부터 인조와 뜻을 같이했지만, 대놓고 인조 편을 들기에는 영의정으로서 본인의 입지가 애매하였기에 이렇게 속임수를 써 가며 인조를 은밀히 두둔한 것이다.

한편 조정의 또 다른 실세인 낙흥부원군 김자점은 대표적인 소현세자 반대파였기에 대놓고 인조를 편들며 부화뇌동하였다. 하지만 인조는 아무 근거도 없이 입에 발린 말을 반복하는 그의 태도가 못마땅했는지 "경은 원훈 대신元勳大臣인데도 이처럼 흐리멍덩하게 말을 하는가?" 하고 핀잔을 주었다.

이렇듯 몇몇 힘 있는 신료가 인조 편을 들기 시작했으나, 여전히 대다수의 신료는 '바꿀 수 없는 원칙'을 내세우며 후계자 교체에 반대 의사를 분명히 했다. 그러자 이래저래 논리가 궁해진 인조는 버럭 성을 내며 자기 말을 따르지 않으려거든 아예 벼슬을 내놓고 떠나라고 엄포를 놓았다. 인조의 격노 앞에서 줄곧 반대해 온 홍서봉 등 여러 신하는 마침내 은근슬쩍 백기를 들고 만다. 그런데 그 와중에도 끝까지 쓴소리를 멈추지 않은 이가 있었다. 우찬성 이덕형李德洞이었다.

> **이덕형** 신하의 도리상 갑자기 원칙에 반反하는 일이 있을 때 원칙을 지키자
> 는 자세로 간쟁해야겠습니까, 아니면 편법을 써서 처리하자는 자세
> 로 순응해야겠습니까? 오늘 성상께서 비록 종묘사직을 위한 계책이
> 라고 하교하셨지만, 갑자기 이미 정해진 명호를 바꾸려는데 군신들
> 은 모두 초목이 바람에 쏠리듯 추종하기만 하니, 장차 저런 신하들
> 을 어디에다 쓰겠습니까?
>
> 《인조실록 23년 윤6월 2일》

    하지만 이덕형의 마지막 저항은 인조의 묵살로 공허한 울림이 되고
말았다. 결국 인조는 힘으로 신료들을 밀어붙이는 데 성공하며 바로
그 자리에서 훗날 효종이 되는 봉림대군鳳林大君을 후사로 결정해 버
렸다.
    한편 이날의 사건을 상세히 기록한 사관은 이런 말로 끝을 맺는다.

> 아, 정도正道를 따르는 자를 군자君子라 하고, 임금의 말에 순순히 따르기만
> 하는 자를 비부鄙夫라 하며, 몰래 영합하는 자는 소인小人이라 할 뿐이다.
> 신은 누가 군자이고 누가 비부이며 누가 소인인지는 모르겠다. 하지만 말이
> 입에서 나오면 그 마음을 숨길 수 없는 법이니, 그 말을 가지고 그 마음을 헤
> 아려 보면 후세에 반드시 구분할 수 있는 자가 있을 것이다. 이 때문에 낱낱
> 이 기록하여 모두 남겨 두는 바이다.
>
> 《인조실록 23년 윤6월 2일》

이덕형 초상

죽천竹泉 이덕형의 초상이다.
인조가 적통인 소현세자의 장남 대신
소현세자의 동생 봉림대군을 세자로
삼겠다고 할 때 홀로 끝까지 반대하며
원칙을 고수하였다.
|하남역사박물관|

《인조실록》23년
윤6월 2일 기사의 사론
봉림대군 세자 책봉의
전말에 대한 사관의 논평이다.
후세 사람들이 누가 정도를 따르는
군자이고 누가 임금에게 영합하는 소인인지
판단할 수 있도록 사건의 전말을 낱낱이
기록하여 남긴다고 적고 있다.
|국가기록원 부산기록관|

이 사건을 기록한 사관은 당시 상황을 통해 누가 군자이고 소인인지 충분히 분별했을 것이다. 하지만 이에 대한 최종 판단은 어디까지나 후대인들의 몫으로 남기려는 취지로 그날의 대화를 낱낱이 모아 공식 사초인 시정기時政記에 기록하였고, 이것이 인조 사후에 편찬된 《인조실록》에 소상히 수록되었다. 이를 통해 역사적 사건 하나가 무려 370여 년의 시간을 뛰어넘어 우리 앞에 파노라마처럼 펼쳐질 수 있었다. 이날의 이 대화는 《승정원일기》에도 실려 있지 않은, 오로지 《인조실록》만의 기록이다. "주상이 신료들을 불러 모아 후사를 봉림대군으로 바꾸었다."라고 간단히 남길 수 있었던 이날의 사건을 이토록 상세한 기록으로 남긴 사관의 노력 덕에, 국가의 대사를 놓고 인조가 그의 신하들과 벌인 일을 사실 그대로 볼 수 있게 되었다.

허윤만

급할수록 돌아가야 한다

연잉군 왕세제 책봉 과정

조선에서 당쟁이 가장 격렬했던 때는 언제일까? 아마도 숙종에서 경종을 거쳐 영조에 이르는 시기일 것이다. 숙종 때부터 집권 세력이 일시에 바뀌는 이른바 '환국換局'을 여러 차례 겪으면서 당파간의 대립이 극에 달하였다. 이는 왕비 소생의 아들이 없는 숙종의 왕위 계승 문제와도 직결되어 있었다. 숙종의 뒤를 이은 경종이 후사를 얻지 못하자 노론 측에서는 숙빈 최씨淑嬪崔氏 소생인 연잉군延礽君 영조을 왕세제王世弟로 책봉하는 데 성공한다. 그러나 이 일을 빌미로 소론은 신임사화辛壬士禍를 통해 노론에게 막대한 정치적 타격을 입혔다.

《정조실록》에는 연잉군이 왕세제로 결정되던 순간의 이야기가 기록되어 있다. 영조의 손자 정조가 직접 비문을 짓고 글씨도 쓴 검암기적비黔巖紀蹟碑 내용이 그것이다.

영조께서 왕자로 있던 신축년1721, 경종1 8월 15일은 숙종의 탄신일이어서 명릉明陵에 참배하고 고령리高嶺里의 농가에 가서 머물렀다. 5일을 보내고 대궐에 문안하기 위해 말 한 필, 동자 두 명과 함께 돌아오는 길에 덕수천德

검암기적비黔巖紀蹟碑
1781년(정조 5), 정조가 숙종의 능인 명릉을 참배하고
서울로 돌아오던 도중 할아버지 영조의 옛일을 회상하면서
직접 비문을 짓고 글씨를 써서 새긴 비이다. 1721년(경종 1),
세제로 책봉되기 전이었던 영조가 명릉을 참배하고
돌아오는 길에 겪은 일과 서울로 돌아온 날
세제로 책봉된 사실을 담고 있다. |문화재청|

水川에 이르렀는데, 마침 밤이 깊어 검암黔巖의 파발참에서 잠시 쉬었다. 조금 뒤에 어떤 사람이 소를 몰고 앞 시내를 지나갔는데, 누군가가 뒤쫓아가더니 앞서 간 사람을 붙잡아 와서는 도둑이라고 하였다. 영조가 이를 보고 불쌍하게 여겨 참장站將 이성신李聖臣에게 '저 사람은 흉년에 굶주림에 시달리다 이런 짓을 한 것이다. 그러나 농부가 소를 잃어버리면 어떻게 농사를 지을 수 있겠는가? 참장도 관직이니, 그대가 알아서 잘 판결해 주도록 하라.' 하였다. 이성신이 물러가서 소는 주인에게 돌려주고 도둑은 관아에 고발하지 않았다. 새벽녘이 되어 말을 타고 도성에 돌아왔는데, 창의궁彰義宮 문 밖에 동궁이 타는 수레가 준비되어 있었다. 이미 왕세제로 결정되어 있었던 것이다.

《정조실록 5년 8월 15일》

연잉군 초상
1714년(숙종 40)에
화원 진재해秦再奚가 그린
영조의 연잉군 시절 초상이다.
영조는 1721년(경종 1)에
노론 세력의 지지를 등에 업고
세제世弟에 책봉되었다. |국립고궁박물관|

　연잉군은 숙종의 탄신일에 지금의 서오릉西五陵 경내에 있는 명릉에
참배하였다. 그러고는 곧바로 돌아오지 않고 어머니 숙빈 최씨의 묘소
가 있는 양주楊州 고령리로 가서 머물렀다. 5일이 지난 후 늦은 밤 도성
으로 돌아오는 길에 소도둑을 잡는 현장을 목격하고 소도둑의 딱한 처
지를 살펴 관대하게 처리하도록 하였다고 기록하고 있다. 이는 백성을
사랑하는 연잉군의 마음을 드러낸 일화로, 그가 성군聖君이 될 바탕을

이미 갖추고 있다는 것을 암시하고 있다. 정조는 이런 영조의 애민정신을 드러내기 위해 이 일이 있은 지 60주년이 되는 해를 기념하여 이 비를 세운다고 밝혔다. 이 비는 지금 서울시 은평구 진관동의 창릉천 가에 있다.

그런데 이 글을 자세히 살펴보면 의문스러운 점이 있다. 명릉이나 양주 고령리는 도성에서 그리 멀지 않은 곳인데, 연잉군은 5일 동안이나 농가에 머무르다 한밤중에 돌아왔다. 게다가 돌아와 보니 이미 왕세제로 결정되어 있었다. 연잉군이 도성을 떠난 5일 동안 대궐에서는 도대체 무슨 일이 있었던 것일까?

경종은 집권당인 노론 세력의 지지를 받지 못했다. 더구나 경종에게 후사가 없자 노론 측에서는 자신들이 지지하는 연잉군을 왕위 계승자로 정해 두려고 서둘렀다. 이 문제를 가장 먼저 제기한 이는 사간원 정언 이정소李廷熽였다. 그는 연잉군이 고령의 농가에 머물고 있던 경종 1년 8월 20일에 상소를 올려 빨리 후사를 세우자고 청하였다. 이정소가 상소를 올린 그날 밤 노론인 영의정 김창집金昌集, 좌의정 이건명李健命 등은 경종에게 면담을 요청하였다. 늦은 밤에 대신들이 면담을 요청하는 것은 국가에 위급한 일이 생겼을 경우에나 있던 일이다. 그런데 경종은 대신들의 요청을 받아들여 노론 측 신하들을 만났다.

영의정 김창집 성상께서 한창 나이인데도 아직 보위를 이을 자식이 없으셔서, 신은 대신으로서 밤낮없이 걱정해 왔습니다. 그러나 너무 중대한 일이기에 감히 청하지 못했습니다. 지금 대간이 아뢴 말이 지당하니 누가 감히 다른 의견을 내겠습니까?

판중추부사 조태채趙泰采 송나라 인종仁宗은 그리 늦은 나이가 아니었는데 도 두 황자皇子를 잃은 뒤에 신하들이 힘써 청하여 후계자를 정했습 니다. 지금 대간이 이미 아뢰었으니 오래 끌어서는 안 됩니다. 빨리 처분을 내려 주소서.

좌의정 이건명 이 일은 일각이라도 늦추어서는 안 되는 것이라 신들이 깊 은 밤중에 면대를 청한 것이니, 전하께서는 잘 생각하시어 속히 후 계자를 정하소서.

경 종 그리하겠다.

신하들 이는 종묘사직의 한없는 복입니다.

《경종실록 1년 8월 20일》

노론 측에서는 이정소의 상소가 나오자마자 즉시 이 일을 매듭지으 려고 소론 측 신하들을 배제한 채 곧바로 일을 진행하였다. 그런데 경 종은 노론 대신들의 거센 요청에 압도되었는지 즉석에서 승낙하였다. 그러나 이 일은 자칫하면 이를 주장한 신하들을 죽음으로 몰고 갈 수 도 있는 위험한 사안이었다. 그래서 노론 측 신하들은 이 정도에서 만 족하지 못하고 대비인 인원왕후仁元王后의 허락을 받아 달라고 하였다. 경종은 노론 대신들의 요구에 따라 대내에 들어갔다가 새벽녘에 신하 들을 낙선당樂善堂으로 불렀다.

김창집 대비마마께 아뢰셨습니까?

경 종 그렇다.

이건명 반드시 대비마마께서 직접 쓰신 글이 있어야 거행할 수 있습니다.

경 종 (책상 위를 가리키며) 봉함한 글이 여기 있다.

(김창집이 봉함한 글을 받아서 뜯었다. 봉투 안에는 종이 두 장이 들어 있었는데, 한 장에는 해서楷書로 '연잉군延礽君' 세 글자가 씌어 있었다. 다른 한 장은 언문諺文으로 쓴 교서였다. "효종대왕의 혈맥을 이은 선대왕의 골육으로는 주상과 연잉군이 있을 뿐이니, 어찌 다른 뜻이 있겠소? 나의 뜻이 이러하니, 대신들에게 하교하시는 것이 옳을 것이오." 라고 적혀 있었다. 신하들이 이 글을 읽고 모두 울었다.)

《경종실록 1년 8월 20일》

마치 한밤중의 기습 작전을 보는 듯하다. 질환이 있기는 해도 아직 서른세 살밖에 되지 않는 경종이 충분한 논의도 거치지 않은 상태에서 몇 시간 만에 왕위 계승자를 정해 버린 것은 이해하기 어렵다.

그건 그렇다 치고 당사자인 연잉군은 왜 5일 동안이나 도성을 떠나 어머니의 산소가 있는 시골에 가서 있었을까? 연잉군이 도성 안에 있으면 훗날 이 일에 관련되었다는 혐의를 받을 것을 염려하여 미리 몸을 피해 있었던 것은 아니었을까? 더구나 연잉군이 6일째 되는 날 동틀 무렵에 도성으로 돌아왔다는 것은, 그가 노론 측 신하들과 긴밀하게 연락을 취하고 있었다는 증거라고 할 수 있다. 그들은 사전에 만반의 계획을 세워 놓고 거사를 추진했던 것이다.

이 일에 대해 사관은 경종이 후사를 두기 이려워 나라의 형세가 위태롭게 뇌었다고 진단하면서 연잉군을 왕세제로 책봉한 것 자체를 문제 삼지는 않았다. 그러나 이 일을 추진하는 과정의 문제점을 다음과 같이 지적하였다.

그날 대신들은 조정에 모여 의논을 꺼내려 하지 않고 교외에 있는 동료 대신에게도 알리지 않은 채 조정에 있던 4, 5인의 동료들과 함께 깊은 밤중에 임금에게 면담을 요청하여 광명정대한 일을 제대로 된 절차를 거치지 않고 엉성하게 처리하였다. 심지어 주상의 뜻은 여쭈어보지도 않고 반드시 대비께서 직접 쓰신 글을 본 뒤에야 봉행하겠다고 하였으니, 이것이 어찌 주상께 아뢰는 올바른 방법이라고 할 수 있겠는가?

《경종실록 1년 8월 20일》

노론 측 신하들이 조정에서 공식적으로 논의를 진행하지 않은 점, 교외에 있던 우의정 조태구趙泰耉를 부르지 않은 점 등을 정상적인 절차를 무시한 엉터리 일 처리라고 강하게 비판하고 있다. 노론은 절차를 무시하고 연잉군의 왕세제 책봉을 무리하게 추진했고, 훗날 이 대가를 혹독하게 치러야 했다. 신축년1721. 경종1과 임인년1722에 김창집 등 노론사대신을 비롯한 많은 노론 인사들이 신임사화를 겪는다. 아무리 상황이 급박하고 명분이 정당하더라도 정상적인 절차를 거치지 않고 일을 추진하면 훗날 반드시 탈이 나는 것이 역사의 법칙이다.

이규옥

왕의 친척이라도 법 앞에선 동일하다

영조 대 종친과 대신의 갈등

조선 시대에 임금의 친족인 종친과 정치권력을 쥐고 있던 대신들은 어떤 관계였을까? 조선 초기 왕자들 간의 참혹한 왕위 쟁탈전을 겪었던 터라 세조 때부터는 종친의 정치 참여를 아예 금지해 버렸다. 그러나 종친은 임금의 친척으로서 명예와 부를 누렸고, 정치 상황에 따라 왕위에 오를 수도 있는 특별한 지위에 있었다. 그렇다 하더라도 정치적 야망을 숨기고 살아야 하는 종친과 실질적으로 정국을 운영하는 대신 사이에는 서로의 자존심을 지키기 위한 갈등이 늘 있어 왔다.

영조 9년1733, 종친과 대신 사이에 이런 갈등이 불거진 사건이 일어났다. 해흥군海興君 이강李橿은 선조의 아들인 영성군寧城君의 증손자로 종친 가운데 비교적 품계가 낮은 종2품이었다. 그런 그가 난데없이 대신과 비변사 당상들이 모여 회의하는 빈청에 나타나 턱 하니 대신의 지리에 앉은 것이다. 이에 좌의정 서명균徐命均은 하리下吏가 제대로 인도하지 못한 탓이라 하여 종친부 서리書吏를 잡다 가두었다. 그러자 이번에는 해흥군의 아우 해춘군海春君이 종친을 모독했다 하여 의정부 서리를 잡다 가두었다. 이렇게 옥신각신 한 차례 힘겨루기가 끝난 뒤, 이번에는 조정에서 영조와 신하들 간에 한바탕 설전이 벌어졌다.

영의정 심수현沈壽賢 종친으로서 대신만이 들어갈 수 있는 빈청에 들어가고, 게다가 의정부의 서리를 잡아 가두었으니 잘못된 일입니다.

영　조 왕자와 대군은 대신과 자리를 같이하지 않고, 1품 종친은 대신과 대등한 예를 행한다. 빈청은 다른 사람이 들어갈 수 없는 곳이라고 하지만, 내가 왕위에 오르기 전에 빈청에 앉아 술을 하사받은 적이 있다. 그리고 종친부는 모든 관사의 우두머리여서 전에는 왕자나 대군이 아니면 제조提調가 될 수 없었는데, 지금은 촌수가 먼 종친이 제조로 있기 때문에 신하들이 얕보고 있다. 해흥군이 빈청에 들어와 대신의 자리에 앉은 것은 참으로 분별없는 행동이기는 하다. 그렇긴 하나 청지기를 가두는 것이라면 모를까 종친부 서리를 곧바로 가둔 것은 잘못된 일이다.

좌의정 서명균 종친부도 중요한 곳이기는 하지만 의정부는 체통이 더욱 각별하니 결코 의정부 서리를 가두어서는 안 됩니다.

영　조 그렇지 않다. 근래 종친의 힘이 약해졌기 때문에 그런 것이다.

좌의정 서명균 더구나 관직을 가진 종친이 혹시라도 일을 소홀히 하면 의정부에서 단속해야 합니다.

영　조 그렇지 않다. 종친부는 의정부가 간섭할 수 있는 곳이 아니다.

《영조실록 9년 11월 5일》

영조는《경국대전》에도 종친부는 의정부보다 우위에 있는 관사로

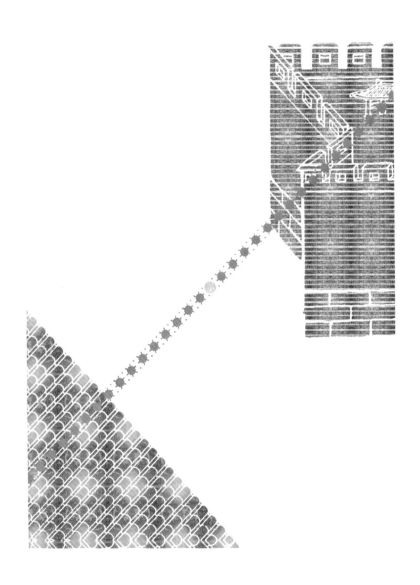

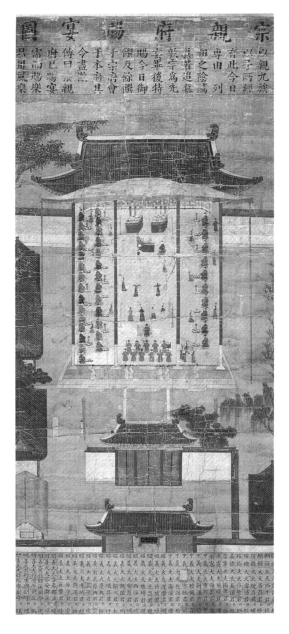

종친부 사연도
宗親府賜宴圖
1744년(영조 20), 영조가
종친부에 연회를 베풀었을
때의 모습을 그린 것이다.
영조는 미천한 신분의
어머니에게서 태어난 데
대한 열등감을 가지고
있었기 때문에 종친부에
대한 조정 신하들의
비판을 자신에 대한
비판으로 받아들였고,
힘이 없어 신하들에게
억눌리는 종친을 자신이
돌봐야 한다고 생각했다.
|서울대학교박물관|

명목상으로는 모든 관사의 우두머리인데, 의정부의 통제를 받는 것은 옳지 않다고 생각하였다. 이에 반해 조정 신하들은 아무리 종친부라 하더라도 국정을 총괄하는 의정부의 통제를 받아야 국가의 질서가 바로잡힌다고 생각하였다. 왕실의 존엄이 먼저다, 나라의 질서가 먼저다 하는 임금과 신하 사이의 살얼음판 같은 대화는 더욱 날선 대립으로 이어졌다.

영성군 박문수朴文秀 대신을 공경하는 것은 나라의 체통을 높이는 것입니다. 종친부가 존중해야 할 곳이기는 하지만 왕자와 대군도 아닌 2품의 종친이 어떻게 의정부의 서리를 직접 가둘 수 있습니까? 신은 개탄스러운 마음을 금할 수 없습니다.

영　조 (진노하여 큰소리로 꾸짖으며 말하기를) 박문수를 엄하게 추고推考하라. 너희들은 내가 왕자로 있다가 보위에 올랐다고 우습게 여겨서 종친부를 업신여기는 것이냐?

(영조가 책상을 치며 오열하니, 신하들이 두려워 떨며 허둥지둥 물러났다.)

《영조실록 9년 11월 5일》

영조는 후궁 소생의 왕자로서 왕위에 오른 것에 대한 열등감을 가지고 있었다. 그래서 종친부의 일에 대해 일일이 간섭하는 조정 신하들이 자신을 얕잡아 보는 것처럼 느꼈던 듯하다. 이런 상황에서 박문수가 개탄스러운 마음을 금할 수 없다고 하자 눌러 두었던 영조의 감정이 폭발하고 만 것이다. 이에 대해 사관은 다음과 같이 논평하였다.

조정의 권위가 무너지고 기강이 해이해져 2품의 먼 종친이 직접 의정부 서리를 가두었으니, 박문수가 말을 제대로 했다고 할 수 있다. 그런데도 성상께서는 화낼 일도 아닌 말에 격노하여 임금을 업신여겼다고 책망하였다. 아, 대신을 존중하는 것은 임금을 존엄하게 하기 위한 것이다. 임금이 이렇게 말을 잘못하였는데도 이 자리에 들어온 신하들이 감히 말 한마디도 하지 못하였으니, 임금의 잘못을 바로잡아 허물이 없도록 인도하기를 어찌 바랄 수 있겠는가?

《영조실록 9년 11월 5일》

감정을 조절하지 못하고 화를 낸 임금에게 한마디도 하지 못한 신하들이 문제라고 하였다. 얼핏 보면 신하들을 나무라는 것 같으나 실은 임금을 우회적으로 비판하고 있는 것이다. 정의감 넘치는 젊은 사관의 생각은 그랬던 모양이다. 그러나 경험 많은 신하들이 임금의 격노에 대처하는 방식은 조금 달랐다. 임금의 감정이 격해져 있을 때는 잠시 피했다가 감정이 좀 가라앉은 뒤 조근조근 따지려고 했던 것 같다. 이틀 뒤 경연 석상에서 신하들이 이 문제를 다시 제기하였다.

검토관 조상명趙尙命 그저께 작은 일로 인해 갑자기 뜻밖의 하교를 내리셔서 신하들이 허둥지둥 물러났으니, 이는 참으로 놀라운 일입니다. 전하께서는 조금이라도 심기가 불편하시면 말을 가리지 않고 하시는 경우가 많아 신은 항상 개탄스럽게 생각했습니다. 앞으로 말씀하실 때에는 온화하고 평온하게 하시기 바랍니다.

영 조 나는 이 일에 대해 다른 생각을 가지고 있지는 않다. 이른바 종친을 제재한다는 것은 종친에게 권세가 있을 때 하는 말이다. 세조 이래 종친은 권세 없이 종친부에만 의지하고 있다. 종친의 힘이 요즘처럼 약했던 적이 없으니 권세를 휘두른들 누가 받아 주겠는가? 박문수는 비변사 당상으로 입시해서는 자기 직무가 아닌 일에 나선 것이다. 그리고 내 마음이 이미 상해 있었기 때문에 자연스럽게 화가 난 것이지 어찌 다른 뜻이 있었겠는가?

김동필金東弼 여러 신하들이 아뢴 것이 어찌 다른 뜻이 있어서이겠습니까? 그런데 신하로서 감히 들을 수 없는 엄한 하교를 내리셨으니, 이는 성상의 함양 공부가 부족해서 그런 것입니다.

영 조 경자년1720, 경종 즉위년 대상大喪 뒤에 내가 인도하는 자 없이 대궐을 지나다가 대신을 만났는데, 대신이 앞에 있으면서 끝내 길을 비키지 않아 내가 뒤따라가지 않으려고 피해서 다른 길로 간 적이 있다. 내가 왕자의 신분인데도 이와 같았다. 지금 나라에 세자가 없고 종실은 힘이 약해 권세를 휘두를 만한 자가 없는데도 억누르려고 하니, 내가 아니면 누가 종친을 돌봐 주겠는가?

《영조실록 9년 11월 7일》

경자년의 대상은 영조의 아버지인 숙종의 국상을 말한다. 영조는 당시 후궁 소생의 왕자로 있으면서 대신에게 심하게 무시당한 아픈 경험이 있었기에 힘없는 종친의 저지를 충분히 이해할 수 있었던 것이다. 그러나 조정 신하들의 현실적인 힘과 논리를 이기지는 못했다. 결국 영조는 문제를 일으킨 해춘군을 파직하고, 종친부와 의정부가 서로 무시하지 말고 공경하라는 당부를 하며 갈등을 봉합하였다.

종친부宗親府 경근당敬近堂과 옥첩당玉牒堂
조선 시대 대군·왕자군 등 종친의 봉작封爵·승습承襲·관혼상제 등의 사무를 맡아보던
종친부의 현재 모습이다. 영조는《경국대전》을 근거로 종친부는 의정부보다 서열이 높아
모든 관사의 우두머리이니 의정부의 통제를 받는 것은 옳지 않다고 하였다. 그러나
조정 신하들은 아무리 종친부라 하더라도 국정을 총괄하는 의정부의 통제를 받아야
국가의 질서가 바로잡힌다고 주장하였다. |개인소장|

　요즘도 최고 지도자 친인척 비리 문제가 언론에 오르내린다. 이들이
최고 권력자와 가까운 사이이기 때문에 불법적인 행위를 감히 문제 삼
지 못하다가 벌어지는 일이다. 2백여 년 전 조정의 신하들은 임금의 친
척인 종친이 법을 무시하면 임금 앞에서 당당하게 비판하였다. 국민들
이 선거를 통해 지도자를 선출하는 민주주의 시대를 살면서도 오히려
조선 시대 신하들의 바른 소리가 신선하게 느껴지는 것은 왜일까?

이규옥

정절은 있으나 효는 없다

영조의 화순옹주 정려 거부

자식이 부모를 극진히 섬기는 효와 배우자에 대한 정절은 부모와 자식 사이, 부부 사이의 윤리로 개인적인 덕목이다. 그러나 유교를 통치 이념으로 삼은 조선은 이 덕목을 사회와 국가 전체로 확산시켰다. 더 나아가 죽은 남편에 대해 절개를 지킨 여인을 절부節婦, 죽은 남편을 따라 죽거나 정절을 지키기 위해 목숨을 버린 여인을 열부烈婦 또는 열녀烈女로 구분하고, 절부보다 열녀를 더 높이 평가하였다.

또 충신, 효자와 함께 절부·열녀도 표창하여 정문旌門을 내려 주고 호역戶役을 면제하는 복호復戶의 혜택을 주었다. 이러한 경제적 혜택은 덕목을 적극 장려하는 동시에 백성을 교화하고 사회 질서를 유지하는 데에도 도움이 되었다.

이에 발맞추어 건국 초기부터 불효와 여인의 부정不貞한 행실 등에 대한 규제가 마련되었다. 양반 부녀자가 만날 수 있는 친족의 범위를 한정하고, 개가한 부인은 봉작을 추탈하며, 행실이 바르지 못하거나 개가한 부녀의 자식은 과거 응시와 관직 진출을 제한하는 것이 그것이다. 이는 부인의 정절을 신하의 충성과 같은 관념으로 규정하기 위한

임씨 단족林氏斷足
임진왜란 때 왜구가 자신을 겁탈하려 하자
강하게 저항하다 죽은 임씨의 모습을 그린 것이다.
1797년(정조 21)에 이병모李秉模 등이 왕명을
받들어 편찬한 《오륜행실도》 열녀편에 실려 있다.
《오륜행실도》에는 충신·효자·열녀 등의 행적이
도판과 함께 실려 있다. |규장각한국학연구원|

장치였다. 또한 《열녀전烈女傳》, 《삼강행실도三綱行實圖》 등의 윤리서를
간행하고 보급하여 부인의 정절에 대한 교육을 확산하는 데도 적극 노
력하였다.

이러한 국가적 노력의 결과인지 조선 시대에는 다양한 사연의 수많
은 절부, 열녀가 나왔다. 그런데 남편이 죽자 곡기를 끊고 따라 죽은 부
인에게 정려하지 않은 경우가 있었다.

옹주는 월성위月城尉 김한신金漢藎에게 시집가면서 처음으로 대궐을 떠나
게 됐는데, 부녀자의 도리를 깊이 체득하여 정숙하고 유순하였으며 검약을
숭상하여 의복이 화려하거나 사치스럽지 않았다. 남편 김한신과 서로 권면
하며 항상 청렴하고 신중하게 자신을 지키니, 사람들이 '어진 부마와 착한

옹주는 훌륭한 배필이다.'라고 하였다. 남편이 죽자, 옹주가 따라 죽겠다고 결심하고 물 한 모금도 입에 대지 않았다. 주상이 옹주의 집에 친히 거둥하여 미음을 들라고 권하자, 옹주가 명령을 받들어 한 번 마셨다가 바로 토하니, 주상이 그 마음을 돌릴 수 없음을 알고 탄식하면서 돌아왔다. 음식을 끊은 지 14일이 된 이날 마침내 목숨이 다하였다.

《영조실록 34년 1월 17일》

주인공은 영조의 딸인 화순옹주和順翁主이다. 죽은 남편을 따라 목숨을 끊었으니 당시의 관점에서 보면 당연히 열녀로 인정하고 정려해야 할 대상이었다. 사관 역시 쉽사리 하기 어려운 행동이라며 옹주의 절개를 칭송하였다.

열녀가 깊은 상처를 입어 슬픔이 심할 때 그 자리에서 자결하는 것은 쉽게 할 수 있을지도 모른다. 하지만 옹주처럼 열흘이 넘게 음식을 먹지 않고 반드시 죽겠다는 맹세를 지켜 결국 그 절조를 이룬 이가 어디에 있겠는가? 이때에 엄한 아버지인 주상도 그 마음을 돌릴 수 없었으니, 참으로 순수하고 굳세다. 이는 본디 마을에 사는 평범한 아낙네도 하기 어려운 일인데, 왕실의 귀한 옹주에게서 보게 되니 더욱 훌륭하지 않은가?

《영조실록 34년 1월 17일》

화순옹주의 상에 참석한 영조에게 예조 판서 이익정李益炡은 옹주에게 정려를 내리기를 청하였다. 그러나 영조는 대답 없이 대궐로 돌아왔다.

영 조 자식으로서 아비의 말을 따르지 않고 굶어 죽었으니, 효에는 모자람이 있다. 앉아서 자식이 죽는 것을 보고 있는 것은 아비의 도리가 아니기 때문에, 내가 약을 먹으라고 거듭 타이르자 저가 웃으며 "성상께서 이렇게까지 하교하시니 어찌 억지로라도 마시지 않겠습니까?"라고 대답하고, 조금씩 두 차례 마시고는 곧 도로 토하면서 "성상의 하교를 받들었지만 마음이 정해지고 보니 차마 목에서 내려가지 않습니다."라고 말하였다. 내가 그 고집을 알지만 본심이 연약하므로 사람들의 강권에 못 이겨 조금씩이라도 마시기를 바랐는데, 끝내 아비의 뜻에 순종할 생각을 하지 않고 운명하였으니, 정절은 있으나 효에는 부족한 점이 있는 듯하다. 그날 바로 죽었다면 내가 무엇을 한스러워하겠는가? 그러나 열흘 동안 음식을 먹지 않아 내 마음을 너무도 괴롭게 했다. 아까 예조 판서가 정려하는 은전을 실시하라고 청하였는데, 그렇게 청한 것은 잘못이다. 아비가 되어 자식을 정려하는 것은 자손에게 올바른 법도를 물려주는 도리에 어긋나며, 또한 훗날 폐단이 없지 않을 것이다.

김상로 金尙魯 성상의 하교가 지당하오나, 훌륭한 정절을 그대로 사라지게 할 수 없습니다.

영 조 백세토록 사라지지 않는 것은 정절에 달려 있지, 정려에 달려 있지 않다. 내가 군사君師의 지위에 있으니 후세에 폐단을 끼치지 않으려고 한다.

《영조실록 34년 1월 17일》

영조는 정려하지 않아도 정절은 없어지지 않을 것이고 임금인 아비가 딸에게 정려를 내리면 폐단이 될 수도 있다고 이유를 밝혔다. 사관은 영조의 태도에 동의하는 의견을 남겼다.

> 화순옹주가 보여 준 열녀로서의 행실은 이미 사람들의 입을 통해 전해졌고 또 역사서에 기록되어 전해질 것이니 어찌 구구히 정려하여 널리 알릴 필요가 있겠는가? 더구나 '아비가 자식을 정려할 수 없다.'라는 하교까지 내리셨으니 더 이상 말할 것이 있겠는가? 위대하다, 왕의 말씀이여! 넓고 공정하여 무엇보다도 만세의 모범이 될 만하다.
>
> 《영조실록 34년 1월 17일》

굳이 정려하지 않아도 옹주의 훌륭한 행실은 후대에 전해질 것이라고 하면서 아버지가 되어 자식을 정려할 수 없다는 영조의 말을 높이 산 것이다. 영조도 임금이기 전에 아버지이니, 아버지의 만류를 뿌리치고 남편을 따라간 딸의 죽음을 표창하기는 힘들었을 것이다. 그리고 이런 영조의 태도는 당시 사회에도 영향을 끼쳤을 것이다. 만일 영조가 화순옹주에게 정려를 내렸다면 그날 이후 남편을 잃은 모든 여인들은 목숨을 끊어야 했을지도 모를 일이다.

그로부터 25년 후인 정조 7년1783에 화순옹주에 대한 정려가 내렸다. 정조는 화순옹주가 아버지의 만류에도 불구하고 죽음을 택한 것은 왕명을 따르는 효도보다 남편을 따라 죽는 의리를 중대하게 여긴 것이며 이는 제왕의 집안에 없던 훌륭한 행실이니 정려하지 않을 수 없다고 하였다. 영조가 아버지라서 내릴 수 없었던 정려를 정조가 내린 것이다. 이는 열烈을 효보다 더 우선하는 덕목으로 평가한 것으로, 개인

화순옹주 정려문 和順翁主旌閭門

화순옹주의 정절을 기리기 위해 세운 문으로 화순옹주 홍문이라고도 한다. 옹주는 남편
김한신이 죽은 뒤 14일 동안 음식을 먹지 않아 숨졌다. 영조는 임금인 아비가 딸에게 정려를
내리면 폐단이 될 수도 있다고 하며 정려문을 세우지 않았다. 현재 남아 있는 정려문은
1783년(정조 7) 정조가 세운 것이다. 정조는 제왕의 집안에 없던 훌륭한 행실에 대해 정려하지
않을 수 없다고 하며 이 문을 세웠다. 현재 충청남도 예산군 신암면 용궁리에 있다. |문화재청|

의 생명을 희생해서라도 열을 완성해야 한다는 당시의 사회 분위기를
단적으로 보여 주는 것이기도 하다.

조선 시대 사회적 약자인 여성은 교육과 관습, 사회적 압박 등 여러
형태로 열녀가 될 것을 강요받았고 많은 여성이 목숨을 버려 가며 이
러한 요구에 기꺼이 부응하였다. 지금이야 이런 관습이 사라졌다지만
또 다른 명분을 내세워 우리 사회의 약자에게 희생을 요구하고 있는
부분은 없는지 한번 돌아볼 일이다.

곽성연

제2장

신하를 논하다

환관들이 일으키는 해악이 극심하다. 조금이라도 마음에
들지 않는 일이 있으면 곧바로 음흉한 술수를 부리니,
지혜로운 임금이라도 그 술수에 빠지지 않는 이가 드물다.

깨끗한 거울에 진짜 얼굴을 비출 수 있다

평안 감사 현석규의 두 얼굴

'반원와철攀轅臥轍'이라는 고사가 있다. 중국 한漢나라 때 선정을 베푼 지방관이 임기가 다 차 떠나게 되자 그 고을 백성이 수레에 매달리고 바퀴 밑에 드러누워 못 가게 막았다는, 다소 코믹하면서도 훈훈한 이야기이다. 우리나라에도 이처럼 선정을 펼친 지방관을 백성이 유임시켜 달라고 청했던 미담이 더러 전해진다. 《성종실록》에 다음과 같은 기록이 보인다.

> 평양부平壤府 백성이 글을 올려서 평안 감사 현석규玄碩圭를 유임시켜 달라고 청원하였다. 그러자 주상이 내관 이효지李孝智를 보내어 어의御衣에 술까지 하사하였고, 또 손수 글을 써서 내려 칭찬하였다.
>
> 《성종실록 10년 2월 12일》

백성이 선정을 베푼 수령의 유임을 청하자, 임금은 수령을 칭찬하고 의미 있는 상까지 내려 줬다니, 이 역시 '반원와철'에 비길 만한 훈훈한 이야기가 아닐 수 없다. 그런데 그 바로 아래에 실린 사관의 상반된

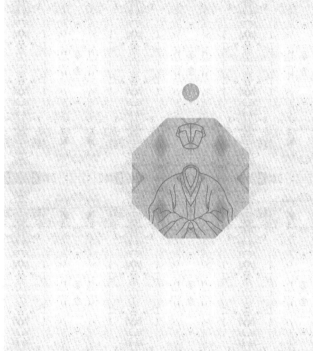

시선은 좀 뜻밖이다.

> 현석규가 사람들에게 명예를 얻으려고 정원 외 아전의 수를 줄이고는 "쓸모 없는 인원을 줄인 것이다."라고 하였고, 또 백성이 수령의 불법 행위를 고소할 수 있게 하고는 "백성의 억울함을 풀어 주는 것이다."라고 하였다. 어리석은 백성이 모두 그가 선정을 베푼다고 생각하자 현석규는 백성을 사주하여 자기를 유임시켜 달라는 내용의 글을 임금에게 올리게 하였다. 그러자 사람들이 모두 이를 비웃었다.
>
> 《성종실록 10년 2월 12일》

사관은 평안 감사 현석규의 행위가 백성을 위한 것이 아니라 자신의 명예만을 추구한 일종의 포퓰리즘populism이었다고 보았다. 심지어 백성을 사주해 의도적으로 유임시켜 줄 것을 청하게 했다고 평하였다. 쓸모없는 아전의 수를 줄이고 백성에게 고통을 호소할 길을 열어 준 것은 겉으로는 선한 정사라고 볼 수 있다. 하지만 사관의 비판 어린 시선은 그 이면에 숨은 의도까지 파고들고 있다. 백성과 임금에게는 선한 수령으로 칭송을 받았지만, 사관에게는 표리부동表裏不同한 자로 비판을 받은 평안 감사 현석규는 어떤 사람인지 좀 더 알아보자.

현석규는 효령대군孝寧大君의 아들인 서원군瑞原君의 사위이다. 왕실의 인척인 데다 업무 처리 능력 또한 뛰어나 성종의 총애를 많이 받았다. 사관도 그에 대해 "재기가 넘치며 총명하고 영민하여 일을 능숙하게 처리한다."고 하여 그 능력만큼은 인정하였다. 그런데 그의 행적 등에 관한 사관의 비평들을 살펴보면 '교활하다', '아첨이 심하다' 등의

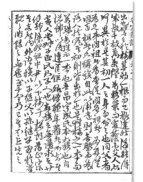

원색적인 비난이 줄을 잇는다. 심지어 그가 중국에 사신으로 갔다가 돌아올 때 여비로 쓰기 위해 가져간 흑마포黑麻布를 30필이나 남겨 근검하다는 칭송을 받은 일에 대해서도 사관은 "명예를 사서 임금의 총애를 받으려는 마음으로 그렇게 한 것이다."라며 삐딱한 시선으로 일관하고 있다.

그는 과연 사관의 평대로 교활하고 아첨을 일삼는 간신일까? 만약 사관의 평만으로 그를 섣불리 재단해 버린다면 평생 신뢰하고 무한한 총애를 아끼지 않았던 성종은 간신을 가까이한 용렬한 임금이 될 판이다. 따라서 사관의 평만으로 섣부른 판단을 내리기에는 애매모호한 점이 많다.

사관이 그를 비평한 단서는 그를 둘러싼 조정의 사건들을 통해 유추해 볼 수 있을 듯하다. 그가 도승지로 있을 때 동부승지 홍귀달洪貴達과 크게 한판 다툰 적이 있었다. 홍귀달이 도승지인 자신과 일언반구도 상의하지 않고 성종에게 무고죄로 의금부에 끌려간 조식趙軾을 옹호하는 글을 올린 일 때문이었다. 당시 현석규는 격노한 나머지 팔소매를 걷어붙이고 홍귀달을 '너[爾]'라고 부르기까지 하였는데, 둘 사이의 다툼은 승정원의 나머지 네 명의 승지가 모두 홍귀달의 편에 서면서 1:5의 싸움으로 번지게 되었다. 조직의 위계질서를 어긴 홍귀달이나 조신朝臣으로서의 체통을 잃어버린 현석규나 잘못으로 따지면 '오십보백보'인 듯한데, 주변 동료들의 대응은 지나칠 만큼 한쪽으로 기울었다.

결국 성종은 여섯 승지 모두를 다른 사람으로 교체하는 조치를 내렸다. 그런데 더 큰 문제는 그 이후부터 생겼다. 승지 중에서 논란의 중심에 있던 현석규만이 오히려 자급이 올라 종2품 대사헌으로 승진한 것이다. 아니나 다를까 대간들의 비판이 잇따랐는데, 성종은 이에 아랑곳하지 않고 다시 그를 정2품의 형조 판서로 승진시키며 자신이 어느 쪽 손을 들어 주었는지를 신료들에게 명확하게 드러냈다. 그러자 불에 기름을 부은 듯 비난 여론은 더욱 거세졌고, 급기야 지평 김언신金彦辛은 현석규를 '음험한 소인'이라며 맹렬히 배척하였다. 그런데 "어떻게 그가 소인인 줄 아느냐?"는 성종의 물음에 김언신은 '용모가 음험하다.'는 다소 뚱딴지 같은 대답을 하였다. 용모가 비호감이라서 소인이라니……. 이쯤 되니 슬슬 현석규를 비난하는 쪽의 진의가 살짝 의심스러워지기도 한다.

조사해 보니, 김언신의 배후에는 현석규의 동료였던 우승지 임사홍이 있었다. 그리고 여론의 비판을 주도했던 사간司諫 박효원朴孝元과 유자광柳子光 등도 모두 한통속임이 드러났다. 이 일로 관련자들은 귀양을 갔고, 주동자인 임사홍은 성종의 미움을 사서 오랫동안 관직에 발을 들여놓지 못했다. 그리고 현석규를 배척했던 임사홍과 유자광은 훗날 연산군 대에 이르러 나라를 어지럽힌 희대의 간신배로 악명을 떨치게 된다.

이쯤 되면 그가 과연 아첨을 일삼는 소인인지, 아니면 오히려 편파적인 집단 따돌림을 당한 억울한 피해자인지 판단하기가 더욱 어려워진다. 임금에게 그토록 잘 보이려고 했던 그는 왜 동료들의 인심을 얻지 못한 것일까? 사관은 그를 두고 "남의 숨은 잘못을 들추어내고, 다른 사람을 해치며, 자기를 뽐내고 남을 깔보는 것을 좋아했다."라고 평했다. 이 말을 곰곰이 따져 보면 결국 동료들 간에 덮어 줄 수도 있는 사소한 흠까지도 드러내기를 좋아해 동료들에게 피해를 주면서 그것을 자신의 공로로 삼았음을 알 수 있다. 결국 현석규는 동료들 사이에서는 눈엣가시와 같았어도 성종 입장에서는 오히려 훈구 신료들에 대한 견제 카드가 되는 든든한 심복이 아니었을까 싶다.

여기서 다시 평안 감사 시절의 뒷이야기로 돌아가 보자. 성종의 명으로 현석규에게 상을 전하러 간 이효지는 임금에게 총애를 받던 환관으로 제법 권세가 있었기에 그가 평안도 강서江西에 있는 본가를 오갈 때마다 지방관들의 뇌물이 끊이지 않았다고 한다. 이를 모를 리 없는 현석규 역시 이효지를 환영하는 성대한 잔치를 벌이고 수많은 예물을 안겨 주었는데, 그 예우가 얼마나 극진했던지 사관은 이를 두고 "마치 자식이 아버지 섬기듯 하였다."라고 비꼬았다. 그리고 이효지가 떠나던 날 현석규는 눈물을 흘리며 "내가 눈물을 흘리며 주상을 그리워한다는 것도 함께 말씀해 주시오."라고 신신당부하였다. 환관이지만 임금이 보낸 사절이니 극진히 대접하고 싶었던 애틋한 진심의 발로였을

선릉 홍살문과 정자각
성종의 능묘인 선릉에 있는 홍살문과 정자각 모습이다. 성종은 평양의 백성이
평안 감사 현석규의 유임을 청하자, 내관 이효지를 보내어 어의와 술을 하사하였고,
현석규를 칭찬하는 내용의 글을 손수 써서 내렸다. 현석규가 다른 관원들과 불화를
일으켰을 때에도 현석규를 편드는 모습을 보였다. |국립문화재연구소|

까? 아니면 임금의 총애를 얻기 위해서 아첨꾼이 되기를 마다하지 않
은 가식적인 행동이었을까? 사관의 논평이라는 거울은 있는 그대로를
비출 만큼 깨끗한 상태였을지, 그 거울에 비추어진 현석규의 모습은
과연 본래의 얼굴 모습 그대로였을지 궁금하다.

허윤만

권세는 탐욕에 무너진다

권력자 한명회와 압구정

서울의 한강 북쪽에서 동호대교를 건너면 강남 부촌으로 알려진 압구 정동狎鷗亭洞에 들어선다. 이 동네 이름은 과거에 그 근처 한강 가에 압 구정이라는 정자가 있었던 것에서 유래하였다. 압구정은 '갈매기와 친 하게 지내는 정자'라는 뜻으로, 송나라의 문장가 구양수歐陽脩가 한기 韓琦의 정자에 붙여 준 이름이다. 여기에는 "나라와 백성을 위해 그동 안 애쓰셨으니 이제는 자연을 벗 삼아 한가롭게 지내십시오." 하는 위 로의 뜻이 담겨 있다. 예종과 성종 두 왕의 장인으로 당대 최고의 권력 자였던 한명회韓明澮는 이런 사연이 담긴 정자 이름과 그 기문記文을 명나라 한림학사 예겸倪謙에게서 직접 받아 왔다. 그런 뒤에 한강 가 풍광 좋은 곳에 정자를 세워, 압구정이라 이름 붙였다. 이후 이곳은 중 국 사신들이 올 때마다 들르는 명소가 되었다.

성종 12년1481, 명나라에서 사신 정동鄭同이 왔다. 그는 조선 출신의 악명 높은 환관이었는데 한명회와는 친밀한 사이였다. 정동은 압구정 에 가겠다고 하였고, 성종은 장소가 좁다는 이유를 들어 만류하였다. 그러나 정동이 굳이 가겠다고 하니 할 수 없이 허락하였다. 그런데 가

압구정

겸재 정선이 압구정과 주변의 풍경을 그린 그림이다. '압구정'은 '갈매기와 친하게 지내는
정자'라는 뜻으로 자연을 벗 삼아 한가롭게 지내는 장소라는 의미를 담고 있다.
한명회는 명나라 사신 정동이 왔을 때 그를 접대하기 위해 성종에게 궁궐에서 쓰는
차일과 장막을 사적으로 쓰게 해 달라고 요청했다가 임금의 노여움을 샀다. |간송미술관|

기 전날 정동이 몸이 아파 약속을 취소하려 하였다. 한명회는 아픈 정
동을 설득하여 압구정에 가도록 하고는 임금에게 "정자가 좁으니 대궐
에서 쓰는 큰 차일을 가져다 치게 해 주십시오."하고 청하였다. 성종은
한명회의 요청을 거부하며 뜻밖의 말을 던졌다.

그대가 이미 중국 사신에게 정자가 좁다고 말했는데 이제 와서 더 신경 쓸 것
이 뭐가 있겠소? 좁다고 생각한다면 제천정濟川亭에서 연회를 열도록 하시오.

《성종실록 12년 6월 25일》

제천정은 왕실 소유의 풍광 좋은 정자이다. 애초에 정동이 압구정에 가겠다고 한 것도 내심 불편했는데, 몸이 아파 못 가겠다는 정동을 굳이 압구정까지 끌고 가려는 한명회가 몹시 못마땅했던 것이다. 더구나 정자가 좁다면서 대궐의 차일까지 가져다 치겠다고 했으니 이는 한명회의 과도한 욕심으로 자칫 의심을 살 수도 있는 일이었다. 그런데 한명회는 성종의 이런 생각을 알아차리지 못하고서 큰 차일이 안 된다면 처마에 잇대는 장막이라도 가져다 치게 해 달라고 다시 청하였다. 그러자 성종은 정색을 하며 말하였다.

이미 압구정에서 연회를 열지 않기로 하였는데, 또 무엇 때문에 처마에 잇대는 장막을 친단 말이오? 지금은 큰 가뭄이 닥쳐 맘껏 유람이나 할 상황이 아니오. 그리고 나는 이 정자를 헐어 버려야 한다고 생각하오. 중국 사신이 돌아가서 이 정자의 풍광이 중국 것보다 아름답다고 하면, 훗날 우리나라에 사신으로 오는 자들이 모두 이곳에 와서 놀 것이 분명하니, 이는 뒷날의 폐단을 만드는 것이오. 또 강가에 정자를 지어 놓고 놀러 다니는 자가 많다고 하는데, 나는 이런 것을 좋게 보지 않소. 내일 연회는 제천정에서 열고 압구정에는 장막을 치지 마시오.

《성종실록 12년 6월 25일》

성종이 굳이 압구정으로 가겠다는 정동과 한명회의 행동을 노골적으로 막자, 노련한 정치가 한명회도 마음이 상했는지 임금의 마음을 미처 헤아리지 못하고 신하로서 해서는 안 될 말을 하고야 말았다.

정자가 좁고 더위가 심하기 때문에 신이 아뢴 것입니다. 그런데 신의 아내가 원래 앓던 고질병이 이번에 또 재발하였습니다. 병세가 심해지면 제천정이라 해도 신은 가지 못할 듯합니다.

《성종실록 12년 6월 25일》

갑자기 아내의 병을 핑계로 참석하지 않겠다고 하였으니, 이는 면전에서 임금을 무시한 것이다. 아무리 권력을 좌지우지하는 훈구 대신이

제천정
한강 북쪽 언덕에 있던 정자이다. 조선 시대에는 명나라 사신이 오면
으레 이곳에서 잔치를 베풀었다. 한명회가 압구정 정자가 좁으니 대궐에서 쓰는
차일을 가져다 치게 해 달라고 하자 성종은 이를 허락지 않으면서 이곳 제천정에서
연회를 베풀 것을 명하였다. |농암종택 소장, 한국국학진흥원 보관|

라 하더라도 그냥 넘어가기 어려운 일이었다. 이에 진노한 성종은 한 강 가에 있는 정자 중 제천정과 희우정 喜雨亭을 제외하고 모두 헐어 버리라는 명을 내렸다. 그 자리에 있던 승지들도 바로 한명회를 탄핵하였다.

한명회는 마음속에 분노를 품고 불경한 말을 하며 신하로서의 예의를 전혀 지키지 않았습니다. 임금이 명을 내리면 신하는 천 리 길도 마다하지 않고 가야 하는데, 어찌 자기가 부탁해 놓고 명을 내리자 도리어 사양한단 말입니까? 담당 관사로 하여금 국문하게 하소서.

《성종실록 12년 6월 25일》

이후 승지와 대간들이 계속 탄핵하자, 성종은 결국 장인인 한명회에 대한 국문 요청을 허락하였다. 그런데 과연 정자와 차일 때문에 이런 일이 벌어졌을까? 실록에 기록된 사관의 평가를 보면 보다 근원적인 데 갈등의 원인이 있었음을 알 수 있다.

전에 한명회가 연경에 갈 때에 주상이 당부하기를, '혹시라도 정동에게 먼저 연락하지 말고 활과 화살도 바치지 말라.' 하였다. 그러나 한명회는 통주通州에 도착하자 통역관을 시켜 정동에게 먼저 연락했고, 부사副使 이승소李承召가 말렸지만 듣지 않고 개인적으로 선물을 하고 활과 화살도 바쳤다. 그가 개인적으로 풍성한 선물을 바쳐 황제의 비위를 맞추고 정동의 욕심을 채워 준 덕에 많은 상을 받아 와서는 이를 늘 사람들에게 자랑하였다. 이때에 이르러 정동을 압구정에 데리고 가서 성대한 잔치를 벌여 자신의 위세를 과시하려고 했지만 그 뜻을 이루지 못하고 탄핵을 당해 처벌받게 되었다.

《성종실록 12년 6월 26일》

성종과 한명회가 압구정을 놓고 대립하게 된 이면에는 그동안 한명회가 왕명을 무시하고 환관 정동에게 빌붙어 권력을 농단한 데 대한 성종의 불만이 있었다는 것이니, 사관의 눈이 참으로 예리하다. '벼슬과 권력을 떠나 갈매기를 벗 삼는다'는 뜻을 담은 압구정을 권력을 유지하는 수단으로 이용하려 했으나 결국은 이로 인해 쫓겨나게 되었다. 이제 정자의 모습은 겸재謙齋 정선鄭敾이 그린 한 장의 그림 속에만 남아 있고, 압구정이 있던 곳에는 고층 아파트가 즐비하여 갈매기를 벗 삼는 것과는 영 어울리지 않는 곳이 되었다.

이규옥 🖋

밭갈이는 종에게 길쌈은 여종에게 묻는다

무신 김세적의 승지 임명

예나 지금이나 사람을 쓰는 일은 가장 중요하고도 골치 아픈 문제다. 사실 원칙은 단순하다. 그 임무를 처리할 수 있는 적합한 사람을 임명해야 하고, 그 임명 과정이 공정해야 한다. 원칙이 단순한데도 종종 논란이 생기는 이유는 적합성과 공정성을 판단하는 기준이 사람마다 다르기 때문이다.

성종 12년1481 5월 25일, 왕은 병조 참지兵曹參知 김세적金世勣을 승정원 동부승지에 임명하였다. 그리고 다음 날 승정원에 전교를 내렸다.

내가 김세적을 승지에 임명한 것은 그의 무예가 뛰어나서가 아니라 등용할 만한 재능이 있기 때문이다. 다만 문신의 직책을 거치지 않아서 경험해 본 일이 많지 않을 것이니, 다른 승지들이 각자 그에게 업무를 가르쳐 주도록 하라.

《성종실록 12년 5월 26일》

동궐도 내의 승정원承政院

창덕궁과 창경궁을 그린 동궐도에 있는 승정원 관사의 모습이다.
승정원은 조선 시대에 왕명 출납을 관장하던 관서이다.
성종 당시에는 이곳이 아닌 경복궁에서 근무했다. |고려대학교박물관|

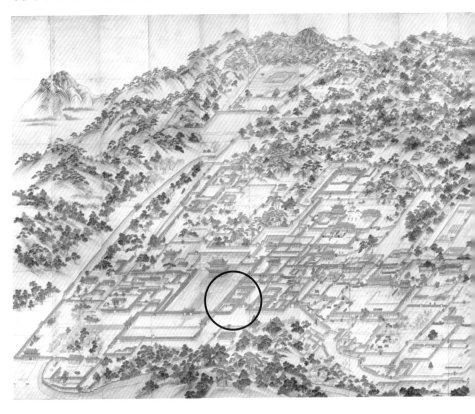

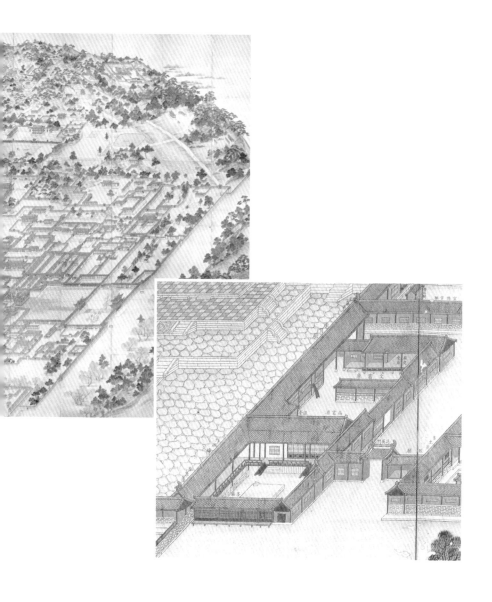

이어서 김세적에게는 따로 전교를 내렸다.

그대는 잘 모르는 것이 있거든 반드시 다른 승지들에게 물어본 뒤에 처리하라.

《성종실록 12년 5월 26일》

성종이 왜 이런 전교를 내려야 했는지 사관의 논평에 단서가 보인다.

김세적의 활쏘기와 말타기 실력은 당시 사람들에게 높은 평가를 받았지만 학식은 없었다. 역대 조정에서 무사로서 승지가 된 사람이 아무도 없었는데, 주상께서 처음으로 변수邊脩를 승지로 임명했다. 이어 김세적까지 승지에 제수되자 여론이 더욱 동요했으나, 공개적으로 언급하면서 반대하는 자가 아무도 없었다. 사간司諫 경준慶俊이 "이것이 김세적에게는 좋은 일이겠지만, 나라에는 무슨 도움이 되겠는가?"라고 큰소리치기는 하였으나, 그도 과감하게 반대하지는 못하였다. 후에 예조 판서 이파李坡가 주상에게 아뢸 일이 있어 승정원에 갔는데, 김세적이 왕명의 출납을 담당하고 있었다. 이파는 승정원을 나와 사람들에게 말했다. "밭갈이에 대해서는 종에게 물어봐야 하고, 길쌈에 대해서는 여종에게 물어봐야 하는 법인데, 어째서 이런 사람을 승지의 자리에 등용한 것인가?"

《성종실록 12년 5월 26일》

승지는 지금으로 치면 대통령 비서실의 고위직이다. 높은 학식과 뛰어난 문장력을 갖춘 당대 최고의 인재들이 등용되는 자리이고 막강한 영향력을 발휘할 수 있는 직책이다. 그만큼 적합한 사람을 잘 선택해서 등용해야 한다. 김세적은 성종 5년1474에 무과에 장원급제하고 북방의 건주야인建州野人을 정벌하는 등, 충분히 높은 지위에 오를 만한 능력과 실적을 갖춘 사람이었다. 그러나 그는 무인이었고, 수많은 공문서와 행정 업무를 감당해야 하는 승지의 자리에는 적합하지 않은 사람이었다. 때문에 성종 앞에서 대놓고 반대하지 못했을 뿐 조정의 여론은 상당히 부정적이었다. 성종도 이를 알고 있었지만 자신의 선택을 되돌리려 하지 않았다. 관건은 김세적이 직책에 걸맞는 능력을 보여주는 것이었다. 그러나 생각처럼 잘 되지 않았던 모양이다.

성종 12년1481 6월 8일, 중국 사신을 따라 온 광대들의 공연을 세자가 보고 싶어 하자 왕이 승정원 승지들에게 의견을 물었다. 승지들이 반대하자 왕은 그 의견을 받아들여 보지 못하게 하였다. 이 일을 기록하면서 사관의 붓은 뜬금없이 김세적을 겨냥한다.

> 승지들이 회의할 때 김세적은 머리를 푹 숙이고 말 한마디 하지 못했다. 김세적은 무사이니 세자를 지키고 키우는 올바른 길을 어떻게 알겠는가? 무릇 승지의 자리는 적합한 사람을 잘 선택하여 제수해야 한다. 그런데 변수, 양찬梁瓚, 오순吳純, 이공李珙, 변처령邊處寧 같은 자들이 번갈아 승지가 되니, 어찌 왕명의 출납을 제대로 해낼 수 있겠는가?
>
> 《성종실록 12년 6월 8일》

사실 김세적은 좀 억울할 수도 있다. 세자의 교육이 중요한 나랏일이기는 하지만 승지가 본래 담당한 업무는 아니다. 세자시강원이라는 세자 교육 전담 부서가 엄연히 따로 있었다. 김세적이 뭘 하든 마음에 들지 않을 정도로 사관에게 제대로 밉보인 모양이다. 여기서 이름이 언급된 사람들은 모두 무신으로, 김세적과 같은 이유로 승지 자리에는 적합하지 않은 사람들이었다. 성종은 어째서 반발을 무릅쓰고 계속해서 무신들을 승지의 자리에 등용한 것일까? 사실 여기에는 '문무일체文武一體' 인식에 기반한 성종 나름의 인사 원칙이 작용하고 있었다.

> 문文과 무武는 일체이니, 문에만 힘을 쏟으면 외적을 물리칠 수 없고 무에만 힘을 쏟으면 내정을 다스릴 수 없다. 이 때문에 내가 즉위한 이래 문관과 무관을 번갈아 등용한 것이다.
>
> 《성종실록 11년 9월 15일》

성종은 이러한 원칙에 따라 육조의 주요 직책과 승지 자리에 무신들을 꾸준히 등용했다. 김세적을 승지로 임명한 것 또한 이러한 정책의 일환이었다. 취지는 나쁘지 않았다. 그러나 익숙하지 않은 직책에 임명된 무신들이 업무 수행을 제대로 하지 못했고 이에 사헌부와 사간원을 필두로 한 문신들의 반대가 잇따랐다. 하지만 성종은 자신의 원칙을 고수했다.

이러한 분위기 속에서도 김세적은 꽤 오랫동안 승지의 자리를 지켰다. 사관의 쓴소리도 지치지 않고 계속되었다.

성종 14년1483 10월 12일, 성종은 송나라 왕우칭王禹偁의 글 〈대루원기待漏院記〉를 승정원 벽에 걸어 두고 보면서 반성의 계기로 삼으라는 전교를 내렸다. 이어서 좌승지로 있던 김세적에게 따로 당부한다.

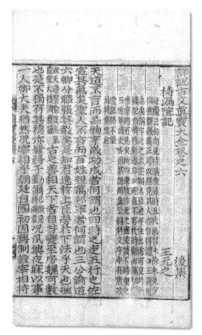

〈대루원기〉

송나라 왕우칭이 나라와 임금과
백성을 위한 관원들의 임무와 마음가짐에
대한 생각을 정리하여 쓴 글이다. 성종은
무신 출신인 김세적이 승지가 된 지 2년이
넘었는데도 조정의 여론을 돌릴 만큼의
능력을 보여 주지 못하자 이를 안타까워하며
그에게 이 글을 공부하라고 당부하였다.
|규장각한국학연구원|

그대는 분명 이 글을 모를 것이다. 이 글을 공부하도록 하라. 내가 나중에 글
에 있는 말을 뽑아서 물어보겠다.

《성종실록 14년 10월 12일》

대루원은 아침에 조정으로 출근하는 관원이 궐문이 열리기를 기다
리며 머물던 장소이다. 왕우칭이 대루원에 앉아 관원들이 나라와 임금
과 백성을 위해 각자의 자리에서 어떠한 마음으로 어떻게 일해야 할
것인지를 깊이 생각하여 글로 정리한 것이 〈대루원기〉이다. 왕이 김세
적에게 이 글을 공부하라고 당부한 것을 보면, 김세적은 승지가 된 지

2년이 넘었는데도 조정의 여론을 돌릴 만큼의 능력을 보여 주지 못한 것 같고, 그런데도 성종은 김세적을 포기할 마음이 없었던 것 같다. 성종의 이런 마음을 아는지 모르는지 사관은 또다시 독설을 날렸다.

> 김세적은 늘 활이나 쏘고 말이나 탔지 글공부를 하지 않아 아는 것이 없었다. 그런데 어느날 갑자기 승지로 발탁되더니 하는 일이라고는 오로지 영리를 추구하고 청탁하는 일뿐이고, 친하게 지내며 어울리는 자들은 모두 저속한 공인工人이나 장사치들뿐이었다. 왕명을 출납하는 직무에는 장님이나 귀머거리와 마찬가지이니, 〈대루원기〉를 백번 읽어 본들 무슨 도움이 되겠는가?
>
> 《성종실록 14년 10월 12일》

　인신공격에 가까울 만큼 혹독한 비판이다. 표면적으로는 김세적을 비판하고 있지만, 이면에는 김세적을 승지로 임명한 성종에 대한 비판의 의미를 담고 있다. 무신들을 조정의 주요 관직에 등용하는 정책에 대한 비판이기도 했다. 김세적이나 성종이 이 논평을 보았다면 상당히 언짢았겠지만 사관들의 비판에도 나름의 근거는 있었다. 성종은 무신도 요직에 등용해야 한다는 원칙만 내세울 뿐 적임자를 발탁하지 못했고, 김세적은 직책에 부합하는 능력과 의지를 보여 주지 못했다.

　《성종실록》에 보이는 성종과 김세적과 사관의 삼각관계는 여러 가지로 생각할 거리를 남긴다. 성종의 원칙과 현실적인 여건이 조화를 이룰 수 있게 하는 방안은 없었을까? 김세적은 어떻게 대응하는 것이 옳았을까? 사관의 비판은 전적으로 타당한 것이었을까? 지금도 여전히 답을 내리기 쉽지 않은 문제이다.

　대통령이 지명한 주요 공직자들이 여론의 압박에 밀려 줄줄이 낙마하는 모습은 이제 우리에게 익숙한 풍경이 되었다. 예나 지금이나 사람 쓰는 일은 참 어려운 문제이다.

최두헌

대간은 나의 눈과 귀이다

대간 손순효의 간언

나라가 망하지 않을 수 있었던 것은 나라를 책임진 임금이 잘못된 결정을 내리지 않도록 간언하는 사람과 그 간언을 기꺼이 받아들이는 임금이 있어서였다. 하늘 아래 가장 높은 사람의 잘못을 거침없이 비판한 사람들과 그들의 간언을 기꺼이 받아들인 임금이 걱정한 것은 오직 하나다. 잘못을 잘못이라 지적하는 자가 없어서 나라가 망할까 하는 것이었다.

> 대간은 나의 눈과 귀이다. 내가 즉위한 이래 이들이 누차 글을 올려, 현재의 폐단을 빠짐없이 아뢰어 나의 부족함을 채워 주었다. 이들은 남의 눈치나 보며 제 한 몸 보전하려 드는 무리가 아니기에 내가 무척 높이 평가한다. 집의執義 손순효孫舜孝 등에게 상으로 특별히 자급을 한 단계 높여 주도록 하라.
>
> 《성종실록 2년 6월 18일》

손순효는 당시의 폐단을 간언하여 임금으로부터 상을 받았다. 이러한 손순효를 두고 아첨한다고 평하는 사관도 있었지만, 박동량朴東亮

의 《기재잡기 寄齋雜記》에서는 그가 임금을 사랑하는 정성이 쇠와 돌을 뚫을 정도였다고 하면서, 경기 감사가 되어 여러 고을을 순행할 때 채소나 과일 하나라도 입에 맞는 것이 있으면 바로 가져다가 임금에게 바쳤다는 일화를 소개하고 있다.

또 손순효는 진심으로 임금을 사모하고 충성을 다하였기에 왕에게 신임을 얻어 높은 벼슬에 오르게 되었다고 언급한 사론도 있다.

손순효는 기질이 소탈하였으며, 충신·효자로 자부하였고 큰소리치기를 좋아하였다. 친구와 어울려 술을 마시다가 크게 취하면 갑자기 상대별곡 霜臺別曲의 '임금은 현명하고 신하는 강직하네.'라는 가사를 노래하였다. 잔치 때도 기생들에게 이 가사를 노래하게 하였고 본인은 일어나서 노래에 맞춰 절하고 춤을 추기도 하였다. 강원 감사로 있을 때 잠시 고향에 돌아온 환관을 만나자 임금을 그리워하는 시를 지어서 그의 부채에 써 주고 눈물을 흘리면서 자신의 심경을 토로했다. 환관이 궁궐로 돌아온 뒤 주상이 우연히 그 부채를 보고서 손순효가 지은 시라는 것을 알고는 그가 주상을 사모한다고 여겼다. 또 예전에 주상의 앞에서 경전의 의미에 대해 토론하다가 충실함과 관대함을 실천할 것을 주상에게 권하였는데, 이 때문에 매우 후한 대우를 받아 높은 지위에 오르게 되었다.

《성종실록 18년 2월 7일》

성종 21년1490 11월, 손순효를 신뢰한 성종은 모화관 慕華館에서 무과武科를 치렀을 때에도 그의 직언을 받아들였다. 이날 김근명 金近明 등 22명을 뽑았으나, 격구撃毬에서는 한 사람도 뽑을 만한 자가 없었다.

손순효 문과에서는 어떠한 인재가 뽑혔는지 알 수 없습니다만, 신이 보기에 오늘 뽑힌 무사武士 중에는 뛰어난 재주를 가진 자가 하나도 없습니다. 신은 전하께서 인재 양성을 게을리하여 이렇게 된 것이라 생각합니다.

성 종 그대 말대로 내가 게을러서 인재 양성을 제대로 하지 못했다.

《성종실록 21년 11월 8일》

손순효와 성종이 서로를 신뢰하지 않았다면 이렇게 과감하게 직언을 하기도 과오를 순순히 인정하기도 어려웠을 것이다. 이보다 더한 일도 있었다. 그해 8월 22일, 성종이 인정전仁政殿에 나아가 의정부·육조의 진연進宴을 받았다. 이때 손순효가 술에 취해 나와 어탑御榻 아래에 엎드렸다. 성종이 내관을 시켜 하고 싶은 말이 있는지 묻자 손순효는 "신이 광명정대光明正大한 말씀을 아뢰려고 합니다." 하고 대답했다. 주상이 말하라고 하자, 손순효가 어탑에 올라 한참 동안이나 얼굴을 들고 손을 움직이며 무언가를 아뢰었고, 성종은 몸을 굽혀 대답하였으나, 무슨 대화가 오갔는지 그 자리에 있던 다른 신하들은 알 수 없었다.

이때 손순효는 무슨 이야기를 아뢰었을까? 차천로車天輅가 지은 《오산설림五山說林》에는 이와 비슷한 상황에서 그가 간언한 내용이 실려 있다.

세자로 있는 연산군이 무도한 짓을 많이 하였으나, 신하들은 모두 어린 마음에서 나온 행동이라고 생각했다. 그런데 손순효 공이 어느 날 취기를 빌려 그대로 용상龍床이 있는 곳으로 올라가 손으로 용상을 쓰다듬으며, "이 자

인정전 어탑
인정전은 창덕궁의 정전正殿이고,
어탑은 임금이 정무를 볼 때 앉던 곳이다.
손순효는 성종이 베푼 연회 자리에서
술에 취하자 어탑에 올라가
성종에게 은밀하게 간언하였다.
|개인소장|

《오산설림》
차천로가 지은 시화詩話·수필집이다.
이 책에 손순효가 어탑에 올라
성종에게 연산군이 앉기엔 이 자리가
아깝다고 말했다는 내용이 적혀 있다.
|규장각한국학연구원|

리가 아깝습니다."라고 하였다. 그러자 주상이 "나 또한 알고 있지만, 차마 세자를 폐하지 못하겠다." 하였다. 간관이 "신하가 용상에 오른 것만도 몹시 불경한 짓인데, 또 감히 주상의 귀에 대고 말을 하였으니, 이것은 법을 무시한 것입니다. 손순효를 옥에 가두어 법률대로 처벌하소서."라고 아뢰었다. 그러자 주상은 "손순효는 나를 사모하여 술을 끊으라고 권한 것인데, 이게 무슨 죄가 되겠는가?" 하였다.

《오산설림》

이 기록이 사실이라면 인정전 진연에서 아뢴 말이 바로 이것이 아닐까 싶다. 그렇다면 이는 손순효가 세자를 폐할 것을 청한 엄중한 사안인데도, 성종이 이를 눈감아 준 것이 된다.

신하가 자신이나 왕실을 폄하하는 말을 하는데 임금이 노여워하지 않기는 어렵다. 그런데도 임금은 간언을 기꺼이 받아들이고, 나아가 행여 간쟁하는 신하가 없을까 근심해야 한다고 했다. 이는 왕업의 성패가 신하들의 간언에 달려 있어 직언을 받아들이는 것을 당연하고 명예롭게 여겼기 때문이었다.

임금이 두려워해야 할 것은 직언이 아니다. 잘못을 잘못이라 말하는 신하가 없어 나라가 망하는 것이다.

하승현

입에 쓴 약이 몸에는 좋다

홍귀달에게 앙심을 품은 연산군

"모난 돌이 정 맞는다."라는 속담이 있다. 사람이 지나치게 원칙을 고집하거나 강직하게 행동하면 남들에게 공격을 받게 된다는 말이다. 그러나 생각해 보면, 정을 맞는 것이 모난 개인 탓일 수도 있지만 그 모난 돌을 받아들이지 못하는 사회나 주변 사람, 혹은 그를 포용하고 이끌어 주어야 할 지도자 탓일 수도 있다. 원칙을 고수하는 모난 돌 같은 사람이 어떤 대우를 받고 있는지 살펴보면 그 시대 지도자의 포용력이 어떠한지를 가늠해 볼 수 있다. 연산군 때 스스로 모난 돌이 되어 정을 맞은 인물이 있었다.

홍귀달洪貴達은 세조 때 과거에 급제하여 관직에 나온 이래 성종 때에는 대사성, 대제학, 이조 판서, 호조 판서 등을 거쳤다. 그는 문장 실력이 뛰어났고 중신重臣으로 명망이 높았다. 그러나 귀에 거슬리는 말을 듣기 싫어하던 연산군에게 할 말은 하는 강직한 신하 홍귀달은 늘 거북한 존재였다. 연산군 10년1504 2월 21일, 세자빈을 간택한다는 명이 내렸는데, 홍귀달의 손녀가 여기에 포함되었다. 20일 뒤에 경기 관찰사 홍귀달은 이 문제를 가지고 아뢰었다.

홍귀달 신의 손녀는 참봉 홍언국洪彦國의 딸로 신의 집에서 성장하였습니다. 그 아이가 처녀이므로 대궐에 나가야 하는데, 마침 병이 있어 신이 언국을 시켜 사유를 갖추어 고하게 하였습니다. 그런데 담당 관사에서는 대궐에 나오기를 꺼리는 것이라 하여 언국을 국문하게 하였습니다. 정말 병이 없다면 신이 어찌 감히 대궐에 보내는 것을 꺼리겠습니까? 지금 바로 들어오라고 명하셔도 들어갈 수가 없습니다. 언국의 딸이기는 하지만 신이 실질적인 가장이므로 처벌을 받겠습니다.

연산군 홍언국을 국문하면 진상을 알게 될 것이다. 아비가 자식을 위하여 해명하고 아들이 아비를 위하여 해명하는 것은 결코 해서는 안 될 일이니, 홍귀달도 국문하라.

《연산군일기 10년 3월 11일》

홍귀달이 아뢴 말 가운데 특히 문제가 된 곳은 "지금 비록 바로 들어오라고 명하셔도 들어갈 수가 없습니다."라고 한 부분이었다. 병이 심해 지금 도저히 들어갈 수가 없다고 한 말을 연산군은 임금을 능멸한 것으로 듣고 묵과할 수 없다고 여겼다. 분노가 폭발한 연산군은 홍귀달을 처벌하는 데에서 그치지 않고, 이렇게 공손치 못한 말을 그대로 보고한 승지들까지 국문하게 하였다. 그러고도 성에 차지 않았는지 심문이 느리다고 의금부 당상을 심하게 독촉하였다.

홍귀달에 대한 국문이 왜 이렇게 늦어지는가? 필시 그가 재상이기 때문에 그럴 것이니, 이는 모두 임금을 능멸하는 풍조에서 나온 것이다. 의금부 당

의금부義禁府

의금부 관원들의 모임을 그림과 기록으로 남긴《금오좌목金吾座目》에 실린 것으로 의금부 관사의
전경을 그린 그림이다. 연산군은 임금을 능멸하는 풍조 때문에 홍귀달에 대한 국문이 늦어지고
있다며 의금부 당상을 심하게 질책하였다. |규장각한국학연구원|

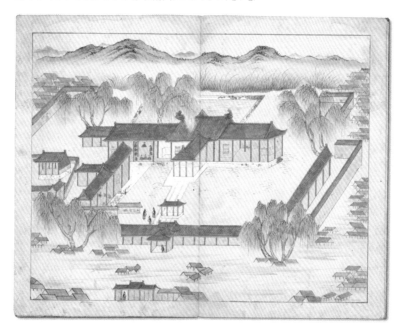

상을 불러 방금 내가 한 말을 전하도록 하라. 그리고 이미 홍귀달의 직첩을

거두었으니 재상을 추국하는 상황이 아니다. 목에 쇠사슬은 채웠는가?

《연산군일기 10년 3월 13일》

연산군은 자신을 업신여기는 분위기에 대해 특히 예민하게 반응했
다. 홍귀달의 목에 쇠사슬을 채웠냐고 물어본 것을 보면, 당시 연산군
의 정신 상태가 온전치 못했다는 것을 알 수 있다. 결국 홍귀달은 함경

도 경원慶源으로 유배가게 되었다. 연산군은 그렇게 하고도 화가 덜 풀렸던지 경기도 양근楊根까지 압송해 간 홍귀달을 다시 끌고 와 곤장을 치게 하고는 감독하는 승지를 통해 이런 말을 전하였다.

임금과 신하의 구분이 없어 임금을 능멸하는 풍조가 생겨났다. 반드시 먼저 나이가 많고 연륜이 있는 재상에게 벌을 주어야 아랫사람들이 조심할 것이다. 그래서 이렇게 하는 것이다.

《연산군일기 10년 3월 16일》

예로부터 2품 이상의 신하는 신문할 때 형장을 치지 않는 것이 원칙이었다. 이는 국가의 원로를 대접하는 기본 예의라고 할 수 있다. 그런데 연산군은 임금을 능멸하는 풍조를 뿌리 뽑겠다는 명분을 내세워 재상에게 모욕적인 형벌을 가하였다. 공포 정치를 통해 온 세상을 꼼짝 못하게 만들려고 했던 것이다. 불행은 홍귀달 한 사람에게서 끝나지 않았다. 그의 네 아들도 귀양을 가고, 부인 김씨는 이러한 상황을 견디다 못해 세상을 떠났다. 아무도 돌보는 이 없는 변방 귀양지에 갇힌 늙은 재상의 초라한 모습은《허백정집虛白亭集》에 실린 그의 시에 잘 드러난다.

서울 떠나 삼천 리
온종일 고향 생각뿐이네
귀양 간 아들은 아득히 떨어져 있고
처자식도 먼 나라 사람이네

머리 들어 앞을 보니 산천은 막혀 있고

돌아갈 마음에 세월은 더디구나

자고 먹는 일 여전히 쉽지 않아

앙상한 뼈에 가죽만 붙어 있네

　홍귀달의 귀양은 대재앙의 서막에 불과했다. 연산군은 자기 어머니인 폐비 윤씨를 왕비로 추숭追崇하는 일을 추진하다가, 폐비 사건에 관련된 인물들을 모조리 찾아내 처벌하는 이른바 갑자사화甲子士禍를 일으켰다. 그리고 이를 계기로 눈엣가시 같던 조정 신하들에게 줄줄이

태형笞刑
20세기 초 태형을 집행하는 장면이다.
2품 이상의 관원을 신문할 때엔 형장을 가하지 않는다는 원칙이 있었으나
연산군은 이를 무시하고 홍귀달에게 곤장을 치게 했다. |국립민속박물관|

가혹한 처벌을 내렸는데, 당시 승지로 있었다 하여 홍귀달도 도성으로 압송해 오다 함경도 단천端川에서 사형에 처하였다. 당시의 사관은 연산군이 유독 홍귀달을 가혹하게 대한 진짜 이유로 볼 만한 사실 하나를 기록하였다.

홍귀달은 당시 정사가 날로 타락해 가는 것을 보고 경연에서 누차 간언하다가 왕의 비위를 거슬렀다. 그가 경기 감사로 있을 때 경영고京營庫의 고지기[庫直]가 되고자 하는 자가 왕이 총애하던 장녹수張綠水를 통해 왕에게 청탁을 하였다. 이에 왕이 몰래 처남인 신수근愼守勤을 시켜 자기의 뜻이라고 하며 부탁하게 하였으나 홍귀달은 들어주지 않았다. 당시 왕은 고개를 끄덕이며 수긍했으나, 결국 다른 일로 귀양을 보냈다가 이때에 이르러 죽이니, 사람들이 모두 죄가 없는데 죽었다고 슬퍼하였다.

《연산군일기 10년 6월 16일》

홍귀달이 연산군의 청탁을 거부했다가 괘씸죄에 걸려 죽었다는 말이다. '잘 달리는 말은 발길질도 잘한다'라는 옛말이 있다. 강직하고 소신 있는 사람은 그만큼 능력도 뛰어나다는 말이다. 한 나라가 발전하기 위해서는 홍귀달과 같은 모난 돌이 필요하다. 그 모난 돌을 포용하는 정도가 그 사회의 성숙도와 발전 가능성을 가늠할 수 있는 기준이 될 수도 있을 것이다.

이규옥

측근의 말을 가려들어야 한다

오만방자한 내시 최한형

공자孔子는 "물이 서서히 스며드는 것과 같은 참소와 피부에 와 닿는 하소연을 받아들이지 않는다면 현명하다고 할 수 있다."라고 말하였다. 그만큼 가까운 사람이 반복해서 하는 모함과 자신의 이해와 관련 있는 하소연에 대해서는 명확한 판단을 하기 어렵다는 뜻이다.

항상 임금의 곁에 그림자처럼 붙어 있는 환관은 언제든지 정치에 영향을 끼칠 수 있는 존재였다. 고려 말 공민왕의 시해에 환관이 가담한 일을 거울삼아, 조선에서는 환관에게 권력을 주지 않았고 승진할 수 있는 품계도 제한하였다. 그런데도 환관이 관련된 사소한 문제가 발생했고, 그때마다 조정 관원들은 작은 조짐을 키우면 큰 문제가 될 수 있으니 죄에 합당한 처벌을 하라고 요구하였다.

명종 6년1551 왕명을 전하는 내시인 승전색承傳色 최한형崔漢亨이 시험에서 좋은 성적을 받은 성균관 유생들에게 시상하라는 임금의 명을 7일 동안이나 묵혀 두고 승정원에 전하지 않았다. 사헌부가 왕명을 심하게 능멸한 최한형을 파직한 다음 추국推鞫하여 처벌하라고 청하자, 명종은 그저 잊어버린 일이라며 가벼운 처벌인 추고推考만 하고 벌도

《경국대전》이전吏典 중 내시부

《경국대전》은 조선 건국초의 법전인 《경제육전經濟六典》의 원전과 속전,
그리고 그 뒤의 법령을 종합해 만든 조선 시대 두 번째 통일 법전이다. 내시부 조항에는
감선監膳, 전명傳命, 수문守門, 소제掃除가 주요 업무로 기록되어 있다. |규장각한국학연구원|

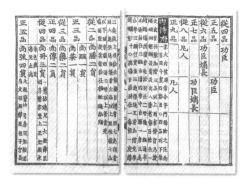

속전贖錢을 바치는 것으로 대신하게 하였다. 그러나 사관의 생각은 명
종과 크게 달랐다.

궁형宮刑을 받은 천한 자에게는 청소하는 일이나 맡겨야 한다. 그런데 환관
들에게 분에 넘치는 은총을 베풀어 측근에서 보좌하는 신하들이 가득한 자
리에서 친근하게 조정의 일을 묻고 심지어 정사에 간여하게 하기도 하였다.
이 때문에 당시 환관의 오만방자함이 어느 때보다 심했다. 최한형이 오랫동
안 왕명을 전하지 않고 방치해 둔 것은 사실 평소에 임금을 업신여긴 불경한
마음에서 기인한 것이다. 죄상이 이미 드러났는데도 심문하여 처벌하지 않
으니 총애를 믿고 오만방자하게 구는 버릇을 어떻게 바로잡겠는가?
그 후에 사간원의 관원이 최한형에게 언제 주상의 비답批答이 내려오느
냐고 묻자, 최한형이 갑자기 업신여기는 마음을 먹고 곧바로 주상에게 일러

바처 임금을 격노하게 하였다. 죄가 있는데도 처벌하지 않았기 때문에 훗날 이런 일이 생긴 것이니, 통탄을 금할 수 없다.

《명종실록 6년 7월 16일》

사관의 말 가운데 그 후에 최한형이 주상에게 일러바쳤다고 한 일은 무엇일까? 명종 14년1559 12월 29일, 임금이 승정원에 내린 전교에 그 내용이 있다.

평상시에 대간이 올린 계사啓辭에 대한 결정을 언제 내릴지는 위에서 판단할 일이지 승전색이 간여할 바가 아니다. 오늘 사간원의 계사가 올라온 지 얼마 되지 않는데 승전색 최한형이 빨리 결정하여 내주기를 바라는 기색을 보이기에, 내가 괴상히 여겨 캐묻자, "계사를 가지고 들어오는 길에 한 서리가 성상소城上所를 맡은 사간원 정언正言 이중호李仲虎가 오늘 아뢴 것에 대한 결정을 빨리 알고 싶어 한다고 부탁해서 그렇습니다."라고 하였다. 사간원 서리가 중간에서 이렇게 공공연히 지껄였다고 한다면, 위에서 결정하는 일을 어찌 일개 서리가 재촉할 수 있단 말인가? 조정의 체통을 크게 잃은 것이니 경악할 만하다. 성상소에서 서리에게 시킨 것이라 해도 이 또한 전에 없던 일이다.

《명종실록 14년 12월 29일》

전교 내용만으로 보면 승전색을 재촉한 사간원의 관원이나 서리의 행동이 백번 잘못된 것이고, 명종이 노여워하는 것이 이상한 일은 아니다. 그러나 보고 듣는 것이 모두 사실은 아니다. 승정원에서는 사간원 관원이 와서 이유를 아뢸 때까지 기다려 달라고 조심스럽게 아뢰었다. 나중에 최한형이 중간에 술수를 부린 정황을 파악한 사관은 다음과 같이 기록하였다.

> 환관들이 일으키는 해악이 극심하다. 조금이라도 마음에 들지 않는 일이 있으면 곧바로 음흉한 술수를 부리니, 지혜로운 임금이라도 그 술수에 빠지지 않는 이가 드물다. 최한형은 왕명을 전하는 책임을 맡았으니, 마땅히 성실하고 신중하게 임무를 수행해야 한다. 결정을 언제 내릴지는 주상께서 판단할 일이지만, 관서의 보고를 주상께 올리고 주상의 하교를 해당 관서에 전달하는 것이 그의 직분인데, 중간에서 늦장을 부리며 관서에 제때 알려주지 않았다. 그는 이미 예전부터 고집스럽고 오만한 실상을 보여 왔기 때문에 이중호가 그 잘못을 조금 말한 것이다. 그러나 최한형은 조금도 반성하지 않고 도리어 대간에게 대항하려 들었다. 그래서 일부러 표정에 바라는 바가 있음을 드러내 주상의 의구심을 불러일으키고 그에 대해 묻자 믿을 수 없는 말을 꾸며내 음흉하게 개인적인 화풀이를 한 것이다. 그런데도 최한형을 옹호하는 주상의 하교가 내려와 관원들이 모두 놀라고 당혹했으니 통탄을 금할 수 없다.
>
> 《명종실록 14년 12월 29일》

사헌부도 이중호는 주상의 결재를 재촉한 것이 아니라 승전색이 중산에 지체하지 못하도록 말한 것에 불과하다고 아뢰었다. 또한 승전색들이 지난날 벌을 받았는데도 반성하지 않고 교만한 짓을 자행하였다고 지적한 후, 대간을 중상모략한 최한형을 파직하여 내쫓으라고 아뢰었다. 그러나 명종은 다음과 같은 비답을 내리며 버텼다.

헌종가례진하도 憲宗嘉禮陳賀圖

1844년(헌종 10)에 헌종이
효정왕후孝定王后와 가례를 치른 후
신하들의 축하를 받는 장면을 그린 병풍의 일부분이다.
그림 중앙 상단 임금의 자리 옆 가장 가까운 곳에
서 있는 환관의 모습을 확인할 수 있다.
임금의 곁에 그림자처럼 붙어 있는 환관은
언제든지 정치에 영향력을 끼칠 수 있는 존재였다.
|국립중앙박물관|

내가 어리석은 임금이기는 하나 어찌 환관이 참소하는 말을 믿는 지경에 이르겠는가? 마음이 몹시 편치 않다. 자고로 임금을 섬기는 신하는 큰 일이든 작은 일이든 정직하게 아뢰어야 한다. 그러므로 최한형은 내가 묻는 말에 감히 숨기지 못하고 정직하게 아뢴 것이다. 이것이 과연 참소하려고 한 일이겠는가? …… 내가 경솔하게 말을 꺼낸 것이 잘못이라고 주장하는 것은 괜찮지만 이 일로 왕명을 따랐을 뿐인 내시를 탄핵하고 있으니, 나는 그 의도를 모르겠다. 최한형을 파직할 수 없으므로 윤허하지 않는다.

《명종실록 15년 1월 3일》

사관의 붓끝은 환관이 아닌 명종을 향하였다.

심하다, 피부에 와 닿는 하소연이여! 현혹되기는 쉬워도 깨닫기는 어렵도다. 지금 최한형이 서리의 말에 발끈하여 음해하는 술책을 썼으니 그의 교만하고 흉악한 실상이 의심할 것도 없이 분명하게 드러난 것이다. 마땅히 직위에서 물러나게 하여 사람들이 통쾌함을 느끼게 했어야 한다. 그러나 경솔하게 말했다는 하교와 폐단을 염려했다는 어명이 이처럼 준엄하니, 누가 다시 바른 말을 하고 강경하게 논쟁하면서 그 폐단을 아뢰겠는가? 환관의 교만과 횡포는 이로부터 더욱 기승을 부릴 것이다.

《명종실록 15년 1월 3일》

최한형을 파직할 수 없다는 비답을 받은 사헌부 관원들은 이튿날 명종의 대처가 실망스럽다며 사헌부의 관직에서 물러나게 해 달라고 청하였다. 그러자 명종은 마음이 편치 않아 그리 말한 것뿐이니, 사직하지 말라며 한발 물러섰다. 다음 날 사헌부도 한발 물러서서 경솔하게 낭설을 퍼트린 사간원 정언 이중호에게도 잘못이 있으니 그의 벼슬을 갈고 최한형도 파직하라고 아뢰었다. 그제야 명종은 둘 다 잘못했다며 사헌부의 계사를 윤허하였다. 사관은 이 일도 시비是非와 호오好惡의 판단이 잘못되었다며 다음과 같이 논하였다.

> 이중호가 폐단을 말한 것과 최한형이 앙심을 품은 것 중 어느 쪽이 옳고 어느 쪽이 그른지는 분명하다. 주상이 비록 사헌부의 계사에 따라 최한형을 파직하기는 하였으나, 이중호는 사심이 작용한 것이라 폄하하고 최한형은 정직했다고 옹호했다. 어찌 이렇게까지 한쪽만 편애한단 말인가?
>
> 《명종실록 15년 1월 4일》

얼마 후인 5월에 명종은 최한형을 복직시키라는 명을 내렸다. 자신이 참소나 받아들이는 용렬한 임금이 아니라고 대간을 향해 언성을 높였던 명종은 이로써 환관을 옹호했다고 한 사관의 견해가 옳았다는 것을 스스로 증명하였다. 끝까지 최한형을 감쌌을 뿐 아니라 곧 복직시켜 다시 자신의 곁으로 불러들였으니 말이다.

《대학大學》에서 "사랑하면서도 그 사람의 단점을 알고 미워하면서도 그 사람의 장점을 인정할 줄 아는 사람이 세상에 적다."고 하였다. 사랑이나 미움 때문에 판단을 흐리지 않는 것은 예나 지금이나 윗자리에 있는 사람들이 갖추어야 할 중요한 덕목이다.

정영미 ▮

사관은 곧은 붓을 들어야 한다

반정 공신 이귀와 김류의 주도권 다툼

조선에서는 사관이 역사를 있는 그대로 기록하는 직필이 가능하도록 제도적으로 보장하고자 했다. 이는 당대의 역사를 두고 후대 사람들이 거울삼을 수 있게 하기 위해서였다. 이러한 제도가 있었기에 사관들은 당대의 권력자에 대한 평가와 비판도 과감히 기록할 수 있었다.

1623년 3월 인조반정이 성공한 뒤, 반정 공신 세력은 정국의 주도권을 잡았다. 공신 세력은 광해군 때 집권파였던 대북大北 세력을 숙청하는 데 서슬 퍼런 칼날을 휘두르는 한편, 빈자리를 메울 새로운 인물들을 등용하는 일도 함께해 나갔다. 이때 이러한 일을 공신 세력의 두 축이었던 이귀李貴와 김류金瑬가 같이 이끌어 나갔으나, 이 둘은 정치적 의견이 달라 팽팽하게 대립한 경우가 적지 않았다. 이귀는 자신이 옳다고 생각한 일들을 인조 앞에서도 거침없이 말해 사관에게 '잡군자雜君子'라는 평가를 받기도 했는데, 김류와의 관계에서도 예외는 아니었다.

인조 7년1629 7월 23일, 경덕궁慶德宮 자정전資政殿에서 낮에 임금과 함께 공부하는 주강晝講이 열렸다. 이귀는 지경연사知經筵事 자격으로 참석하여 좌의정 김류가 권력을 남용하고 있다고 맹비난하였다.

지난날 윤원형이 나라의 권력을 마음대로 휘둘렀지만 청직淸職의 후보자를 정하는 일에는 간여하지 못하였고, 이이李珥 같이 현명한 분도 이조 판서로 있으면서 사헌부 지평 후보자 하나도 정할 수 없었습니다. 이는 당하관인 청직의 후보자 선정을 이조의 낭관郎官이 주관했기 때문입니다. 대신이 관원을 천거하여 임명하는 것이나 이조의 낭관이 청직의 후보자를 정하는 일이 모두 현직 대신의 손에서 이루어진다면 권세가 너무 강해져 또 하나의 이이첨李爾瞻이 될 것입니다. 《인조실록 7년 7월 23일》

인조의 신망을 받은 김류는 그 즈음 조정의 인사에 적극 개입하고 있었다. 이에 이귀는 주강이 열린 자리에서 김류가 임금을 속이고 권한을 마음대로 행사했다고 논박하면서 김류를 간흉 이이첨에 빗대기까지 한 것이다. 김류는 다음 날 바로 사직을 청하는 차자箚子를 올려 자신의 입장을 인조에게 알렸다.

신과 이귀는 결의하던 날부터 한 몸이나 마찬가지였습니다. 거사가 실패하면 함께 도륙당하고 성공하면 같이 복을 누릴 처지였으니, 이러한 상황에서 어찌 서로를 해칠 마음을 조금이라도 가졌겠습니까? 신이 변변치 못하여 사태가 이 지경에 이르렀습니다. 모두 신이 자초한 일이니, 누구를 원망하고 탓하겠습니까? 예전에 역사서를 보니, 어떤 사람이 친구와 같이 길을 가다가 금덩어리를 줍게 되자 강에 던지면서 "이 금덩어리 때문에 돈독했던 우정이 혹시라도 변할까 두렵다."고 하였습니다. 이번 일도 이 이야기에서 교훈을 얻을 수 있을 것이니, 신은 부끄럽기도 하고 서글프기도 합니다. 《인조실록 7년 7월 24일》

이귀 초상

반정 공신 이귀의 초상이다. 김류와 함께
인조반정에 결정적인 역할을 하였으나,
반정이 성공한 뒤 김류가 권력을 남용하고
있다고 맹비난하였다. 사관은 이귀가
'순수하지 못한 면은 있지만
선을 좋아하는 것이 장점'이라고 평했다.
|국립중앙박물관|

김류 초상

반정 공신 김류의 초상이다.
반정이 성공한 뒤 조정의 인사에
적극 개입하다가 이귀로부터
권력을 남용한다는 비난을 받았다.
사관은 김류가 '고집이 세긴 했지만 명예를
탐내는 사람은 아니었다.'라고 평했다.
|북저종택|

김류는 이귀가 자신을 간흉으로 지목한 것을 신하로서 차마 들을 수 없는 말이라고 하면서 이귀와의 관계가 틀어진 것이 모두 자기 탓이라고 하였다. 두 공신의 이런 모습을 보고 사관은 다음과 같이 논평했다.

김류와 이귀는 함께 반정에 참여하여 공을 세웠지만 지향하는 바가 달랐다. 김류는 붕당의 폐단을 바로잡으려 했고 이귀는 한쪽 편만 등용해야 한다고 주장했다. 김류 편에서 빠져나온 자들은 모두 김류가 명예를 탐낸다고 하고 이귀 편으로 들어간 자는 모두 이귀가 선善을 좋아한다고 하여 시비가 들끓고 분쟁이 일어났는데, 김류가 이귀를 헐뜯는 일은 적었고 이귀가 김류를 비방한 일은 많았다. 김류가 고집이 세긴 했지만 명예를 탐낸다는 것은 사실이 아니었고 이귀가 순수하지 못한 면은 있지만 선을 좋아하는 것이 장점이었으니, 둘 다 군자라 할 만했다. 그러나 서로 의심하고 시기하는 결과를 면하지 못하였다. 이귀는 명망과 실제가 본래 가벼웠는데, 김류가 마음을 넓게 먹지 못한 것이 안타깝다.

《인조실록 7년 7월 24일》

이 사평에서 보이는 사관의 시각이 꼭 객관적이라고 할 수는 없을 것이다. 하지만 사관의 평가를 통해 우리는 당대 권력자인 이귀와 김류의 모습을 좀 더 생생하게 들여다볼 수 있다.

인조반정 후 권력의 정점에 있던 두 인물에 대해 사관이 거리낌 없이 비판할 수 있었던 데에는 직필을 보장했던 조선의 사관 제도와 사관이 지닌 투철한 기록 정신이 중요한 역할을 했다. 당대의 권력자였던 공신들을 비판적인 시각으로 바라보며 자신의 판단을 기록으로 남길 수 있었던 존재가 '사관'이었으며, 이러한 일들이 가능했던 나라가 조선이었다. 옳다고 생각하는 것을 거침없이 주장하고 그르다고 생각하는 것을 가감 없이 비판할 수 있는 사회가 건강한 사회라고 할 때, 과연 우리가 살고 있는 현재가 수백 년 전 조선 사회보다 건강하다고 할 수 있을까?

강성득

권세에 예술혼을 팔 수 없다

권력자에 맞선 예술가 진재해와 김성기

지금은 기술자나 예술가와 같이 전문성을 지닌 직업이 나름 대접받는 세상이다. 하지만 이른바 '사士, 농農, 공工, 상商'으로 직업의 귀천을 가른 조선에서는 세 번째인 '공工'에 속하는 기술자, 예술가들은 별반 좋은 대접을 받지 못했을 뿐만 아니라 심지어는 천시당하기까지 했다. 공자는 "도道에 뜻을 두고, 덕德을 굳게 지키며, 인仁에 의지하고, 예藝에 노닐어라."라고 하여 예의 중요성을 나름대로 역설했지만, 정작 유교 사회인 조선은 예에 전문적으로 종사하는 이들을 푸대접했다.

궁에서 그림 그리는 일을 담당하는 관서인 도화서圖畫署의 주요 구성원은 전업 화가인 '화원畫員'들이었다. 그 유명한 김홍도金弘道, 신윤복申潤福 등도 도화서 화원 출신인데, 이들은 문관이나 무관이 아닌 잡직雜職에 속했으며, 신분상으로는 양반이 아닌 중인中人에 속했다. 도화서 화원이 맡은 주요 임무 중의 하나는 바로 임금의 초상화인 어진御眞을 그리는 것이다. 숙종 때에 초상화에 능했던 진재해秦再奚라는 화원이 있었는데, 숙종의 어진도 그가 그렸다고 한다. 그는 임금뿐만 아니라 당시 노론의 영수인 영의정 김창집의 초상도 그렸다.

경종 때에 이르러 지관地官 목호룡睦虎龍이 노론 세력을 해치기 위해 노론들이 경종을 시해하려 했다고 고발하자, 수많은 노론 인사들이 이에 연루되어 줄줄이 해를 입은 사건이 발생했다. 김창집 등 노론사대신은 사약을 받았고, 국청鞫廳에 끌려가 처형된 사람이 20여 명, 곤장을 맞다가 죽은 사람이 30여 명이었으며, 이들의 가족으로 체포되어 교수형을 당한 사람이 13명, 유배된 사람이 114명, 자결한 부녀자가 9명, 그밖에 연좌된 이들이 173명에 달할 정도였다. 신축년1721, 경종1부터 임인년1722까지 계속된 이 참극을 '신임사화'라고 한다. 고발자인 목호룡은 역적을 토벌한 공으로 부사 공신扶社功臣에 책봉되었고, 동지중추부사에 동성군東城君의 지위까지 얻었다. 명당자리나 봐 주던 일개 지관이 남을 해치는 말 몇 마디를 한 것으로 일약 권세가로 신분이 급상승한 셈이다.

조선에서는 공신으로 책봉되면 나라에서 초상화를 그려 주는 제도가 있었다. 당시 공신 책봉을 주관하던 녹훈도감錄勳都監에서는 숙종의 어진을 그렸던 진재해에게 목호룡의 초상을 그릴 것을 명했는데, 힘없는 화원에 불과했던 진재해는 이 명을 단칼에 거절했다.

제가 이 손으로 숙종 임금의 어진을 그렸는데, 어찌 차마 목호룡을 그릴 수 있겠습니까?

《영조실록 1년 4월 21일》

뜻밖의 반항에 목호룡과 한패인 김일경金一鏡 등이 수차례 공갈과 협박을 하였지만 진재해는 끝까지 소신을 굽히지 않았고, 결국 도화서

월하취적도 月下吹笛圖
조선 후기의 화원 진재해가 그린 그림이다.
진재해는 노론의 영수 김창집의 초상을 그렸는데, 이후 노론을 모함해 김창집을 죽게 만들고 권세를
거머쥔 목호룡의 초상을 그릴 것을 강요받자 단칼에 거절하였다. |서울대학교박물관|

에서 쫓겨나는 처지가 되고 말았다. 일개 화원인 그가 내쫓기면서까지 일관되게 반항을 했던 이 일을 두고 사관은 이렇게 평하였다.

세상 사람들은 송나라 상안민常安民이 현명하다고 칭찬하지만, 상안민은 이미 새긴 당비黨碑에서 자기 이름을 빼 달라고 요청한 것이 전부였다. 진재해가 끝까지 거절하여 아예 손을 대지 않은 것과 비교해 볼 때 누가 더 낫겠는가? 옛날에 주자朱子는 올바른 의견이 아랫사람에게서만 나오는 것을 근심하였는데, 요즘은 올바른 의견이 신분이 미천한 화가에게서 나오는 것인가?

《영조실록 1년 4월 21일》

《영정모사도감의궤影幀摹寫都監儀軌》
1900년(광무 4)부터 이듬해까지 태조·숙종·영조·정조·순조·문조·헌종 등 일곱 선왕의 영정을 모사하는 과정을 기록한 의궤이다. 진재해는 도화서에 소속된 화원으로서 1713년(숙종 39), 숙종이 원유관遠遊冠을 쓴 모습과 익선관翼善冠을 쓴 모습을 그리는 일을 주관하였다. |규장각한국학연구원|

진재해는 숙종을 거론하였지만, 실제 그가 의리를 지키고 싶었던 인물은 바로 김창집이 아닐까 하는 생각이 든다. 자기 손으로 직접 김창집의 초상화까지 그렸는데, 그를 참혹한 죽음으로 몰아넣은 목호룡의 초상을 차마 태연히 그릴 수는 없었을 것이다. 신임사화는 조선의 사화 중에서도 가장 많은 인명을 앗아간 끔찍한 사건이었다. 목호룡의 말 몇 마디에 수십 명의 목숨이 이슬처럼 사라져 버린 이 참극을 가까이에서 지켜본 진재해의 심정은 어땠을까? 세상은 그를 하찮은 화원으로 취급했지만, 그는 단순히 그림 그리는 재주만을 지닌 사람이 아니라 심장이 뛰고 혼이 살아 있는 예술가였다.

당시 권세에 저항했던 예술가는 진재해뿐만이 아니었다. 악공樂工 김성기金聖基는 거문고와 통소의 명인으로 이름이 높았다. 당시 악공은 천인 취급을 받았는데도 김성기에게 거문고를 배우려는 제자들이 문전성시를 이루었고 종친인 남원군南原君도 그의 제자를 자처했다고 한다. 그런데 하루는 목호룡의 무리가 모여서 잔치를 벌이다가 이런 자리에 풍악이 빠질 수 없다며 사람을 보내 김성기를 불렀다. 하지만 김성기는 단칼에 거절해 버렸다. 그러자 성난 목호룡은 심부름꾼을 통해 "오지 않으면 큰 코 다칠 줄 알라."라고 협박성 발언을 전했다. 그러자 이를 들은 김성기는 손에 들고 있던 비파를 그 심부름꾼에게 집어던지며 서슬 퍼렇게 꾸짖었다.

돌아가서 호룡이에게 전해라. 내 나이 70이니 어찌 너를 두려워하겠느냐? 네가 고변을 그리 잘한다 하니, 나도 역적이라고 고변해서 한번 죽여 보아라!

《완암집浣巖集》권4 〈김성기전金聖基傳〉

수모를 당한 목호룡은 속이 부글부글 끓었지만 세간의 이목이 두려워서인지 김성기에게 바로 해코지하지는 못했다. 하지만 그 후로 김성기는 도성을 떠나 두문불출하며 사람들 앞에 좀처럼 나오지 않았다고 한다.

2년 후 경종이 승하하고 영조가 새로 왕위에 오르자 신임사화를 재조사하였고, 결국 목호룡의 무고로 노론 인사들이 누명을 뒤집어쓴 정황이 드러났다. 한때 권세가로 기세등등하던 목호룡은 결국 의금부에서 매 맞다가 죽었고, 그의 목은 효수되어 서소문 밖에 내걸렸다. 한편 우의정 민진원閔鎭遠이 예전에 진재해가 목호룡의 초상 그리기를 거부했던 일을 영조에게 고하자, 영조는 다음과 같은 명을 내렸다.

기특하고도 기특하도다! 이처럼 신분이 미천한 사람은 순종하지 않는다면 반드시 화를 입을 것이니, 시속에 영합하고 권세에 빌붙어도 이상할 것이 없다. 그런데도 끝까지 굳게 거절하였으니, 그 마음이 몹시 가상하다. 특별히 자급을 높여 주고, 해당 조에 분부하여 근속 기간에 따라 적당한 직위에 임용하도록 하라.

《영조실록 1년 4월 21일》

권력 앞에서 약자는 한없이 작아질 수밖에 없다. 비록 이들의 눈에 목호룡이 세아무리 혐오스러웠어도 일개 화원이나 악공 처지에서 대놓고 저항한다는 것은 거의 목숨을 내건 행동이나 다름없었다. 당시에는 사대부들도 정쟁政爭에 희생되어 처참하게 죽어 나가는 형국이었기 때문이다. 그렇다면 이들이 이토록 소신을 굽히지 않고 권세에 맞설 수 있었던 그 용기는 어디에서 나왔을까? 고금을 막론하고 예술가들 중에는 높은 기개와 긍지를 가진 이가 많았다. 진재해와 김성기 역시 이러한 기개와 긍지를 바탕으로 권세에 위축되지 않고 당당하게 처신한 사람들이다.

조선의 예술가들은 시대를 잘못 만나서 천대받았지만, 그들 모두가 약자를 자처하며 스스로 자신의 앞가림에만 급급해한 것은 아니다. 양반 사대부는 아니었을지라도 옳지 못하다고 여긴 권세에 맞서며 소신껏 처신했던 예술가들의 행적에서 범접할 수 없는 '예술가의 혼'이 느껴진다.

허유만

역사는 과연 승자의 기록인가?

노론의 영수 민진원의 졸기

'역사는 승자의 기록'이라는 말이 있다. 어쩌면 우리가 보는 대부분의 역사서는 패자의 입장이 배제된 채 승자의 시각에서 그들의 입맛대로 기록한 역사일 수도 있다. 특히 개인적으로 기록하고 은밀히 전할 수 있는 야사野史에 비해, 실록과 같은 공식 기록물은 더더욱 당시 권력자들의 영향력에서 자유로울 수 없었을 것이다. 그렇다면 실록에 보이는 논평도 온전히 승자의 관점을 반영한 기록일까? 꼭 그렇지는 않다.

영조 12년1736 11월 28일, 봉조하奉朝賀 민진원閔鎭遠이 세상을 떠났다. 민진원은 숙종의 비인 인현왕후의 오빠이자 노론의 영수로서, 정국에 막대한 영향력을 행사했던 인물이다. 그가 죽자 영조는 애도하는 뜻을 담아 비망기備忘記를 내렸는데, 그 내용이 그의 부음訃音 기사인 졸기卒記에 기록되었다. 그중 일부를 인용하면 이렇다.

봉조하 민진원은 고락을 함께한 신하로, 고집이 세기는 했으나 일편단심으로 나라를 위했다. 그렇기에 내가 시종일관 그를 소홀하지 않게 대우했고, 몇 년간 고심하면서 두 봉조하를 화해시키려 한 마음이 깊었던 것이다. ……

규례에 따라 녹봉을 3년 동안 그대로 지급하고 시호를 내리고 예를 갖추어
장례를 거행하라.

《영조실록 12년 11월 28일》

　고인의 죽음을 애도하면서 특이하게도 '고집이 셌다'는 점을 부각
시켰다. '두 봉조하를 화해시키려 했다'는 언급도 예사롭지 않아 보인
다. 두 봉조하는 민진원과 이광좌李光佐이다. 두 사람은 각각 노론과 소
론의 영수로서 중요한 국면마다 치열하게 맞붙었다. 영조는 두 사람을
화해시켜서 노론과 소론의 화합을 도모하려 무던히도 애를 썼다. 그러
니 여기서 말한 고심 자체는 사실이다. 문제는 이 고심을 왜 굳이 민진
원의 죽음을 애도하는 와중에 언급했냐는 점이다. 이 고심은 애도의

대상인 민진원의 노력과 업적이 아니라, 영조의 노력인데 말이다.

민진원은 노론 강경파의 상징적인 인물이었다. 이런 인물에 대한 평가는 단순히 개인에 대한 것이 아닌, 노론 영수로서의 활동과 관련된 것이기 때문에 매우 민감한 부분이다. 그리고 영조의 비망기는 노론 측의 의구심과 반발을 살 수 있는 내용이었다. 영조도 그러한 점을 의식했는지, 며칠 후인 12월 1일에 자신의 의도에 대해 재차 설명했다.

전에 내린 하교에서 나의 마음을 다 말하였다. 고집이 세다는 말을 이제 와서 꼭 해야 할 필요는 없었지만, 그가 그러하다는 것을 내가 마음으로 알고 있는데, 어찌 거짓된 말을 할 수 있겠는가? 일편단심으로 나라를 위했다는 말로 마무리한 것 또한 나의 진심에서 나온 것이다. …… 전에 두 봉조하를 함께 거론하여 유시諭示한 것에 대해서는 분명 죽은 사람이나 산 사람이나 모두 넌더리를 내겠지만, 같은 날 함께 벼슬을 그만두게 한 것은 실로 내가 두 사람을 화해시키려는 고심에서 한 일이다. 두 사람의 자손들이 이런 나의 뜻을 안다면, 결코 다시는 감히 미워하고 방해하는 짓을 일삼지 못할 것이다. 나의 이런 뜻을 깨치지 못한다면 이는 임금을 무시하는 것일 뿐 아니라, 실로 아비도 무시하는 것이다.

《영조실록 12년 12월 1일》

영조가 추구했던 탕평 정국을 완성하기 위해서는 두 당파의 영수인 민진원과 이광좌의 협조가 꼭 필요했다. 이광좌는 소론 내에서 비교적 온건파로 영조의 탕평책에 동조하는 입장이었지만, 민진원은 워낙 소론을 적대시했고 탕평책에 대해서도 격렬하게 반대했다. 결국 영조는 두 사람을 화해시키는 데 실패했고, 당쟁은 계속됐다. 영조가 보기에 민진원의 비타협적이고 강경한 성향은 정국의 향방에 영향을 미치는 주요한 요인이기도 했을 것이다.

그런 의미에서 민진원에 대한 평가는 고인에 대한 평가일 뿐 아니라 영조가 구상하는 탕평 정국을 위한 포석이기도 했다. 영조는 민진원의 죽음을 애도하면서, 동시에 이를 계기로 무분별한 당쟁을 중지하라고 경고한 것이다.

그러나 훗날의 정국이 영조가 바란 대로 전개되지는 않았다. 당쟁은 여전히 치열했고 상대 당파를 공격하는 행위도 그칠 줄 몰랐다. 이러한 대립은 사관의 논평에도 흔적을 남겼다. 민진원의 졸기에는 각기 노론과 소론의 대변인 발언 같은 두 건의 논평이 덧붙어 있다.

먼저 민진원의 졸기를 기록한 사관의 논평이다.

> 민진원은 성격이 고집스러운 데다 당파에 몹시 치우친 것이 문제였다. 그러나 관직에 있는 동안 청렴하고 검소하다는 칭송을 들었다.
>
> 《영조실록 12년 11월 28일》

영조의 평가는 당대 조정의 관료들을 향한 발언이고, 사관의 평가는 훗날 실록을 펼쳐 볼 후손들을 향한 전언傳言이라는 차이는 있지만, 서로 크게 다르지 않다.

이 사관은 아마도 소론 측 사람이었을 것이다. 만약 이 논평이 어떤 식으로든 공개되었다면 노론 측의 탄핵이 빗발쳤을 것이다. 그러나 사초는 당대에 열람할 수 없기 때문에 이 논평도 그 당시에는 논란이 되

지 않았다. 수십 년 후, 영조가 세상을 뜨고 《영조실록》을 편찬할 때가
되어서야 이에 대한 공격이 이루어진다. 《영조실록》의 편수관은 앞서
본 사관의 논평 뒤에 다음과 같은 논평을 덧붙였다.

> 민진원은 왕실의 가까운 친척으로서 가학家學을 계승하였고, 조정에서 벼슬
> 할 때에 강직한 품격을 굳게 지켜 당대에 명망이 높았다. 신축년, 임인년의 화
> 가 닥치자 먼 지방으로 귀양을 갔다. 을사년1725, 영조1에 가장 먼저 정승에
> 임명되자 임금을 직접 뵙고 상소를 올렸다. 상소에서 경종에게 병환이 있었
> 다는 것을 조정 안팎에 선포하여 왕위 계승자를 정한 것이 도의에 맞는 일이
> 었음을 밝히자고 청하였다가 반대파에게 큰 비난을 받았다. 정미년1727 이
> 후에는 조정에 있는 것을 불안하게 여겨 결국 이광좌와 동시에 벼슬을 그만
> 두었는데, 이때에 이르러 세상을 떠났다. 사관이 그에 대해 '고집이 세고, 당
> 파에 치우친 것이 고질적인 문제였다.'라고 기록한 것을 보면, 이광좌의 당
> 파에서 어떻게든 그를 비난하고 폄하하려 했던 것을 알 수 있다.
>
> 《영조실록 12년 11월 28일》

민진원의 인품과 공적에 대해 높이 평가하고, 민진원의 단점을 기록
한 사관을 '이광좌의 무리'라며 노론의 시각에서 비판한 것이다.

이렇게 하나의 기사에 서로 상반되는 논평이 모두 실릴 수 있었던
배경은 《영조실록》의 편찬 과정을 살펴보면 이해할 수 있다.

《영조실록》은 정조 2년1778부터 5년1781까지 만들었는데, 노론의
김상철金尙喆, 이휘지李徽之, 정존겸鄭存謙과 소론의 서명선徐命善 등이
주관하였다. 정조의 노선을 따르는 시파時派와 그 반대인 벽파僻派로

《영조실록》표지와 민진원 졸기
영조 12년 11월 28일 노론의 영수 민진원의 죽음과 영조의 대응을 기록한 기사이다. 이 기사를 기록한 사관은 민진원이 성격이 고집스러운 데다 당파에 몹시 치우친 것이 문제였다고 평했는데, 훗날 《영조실록》 편수관은 이 사론을 두고 '이광좌의 당파에서 어떻게든 민진원을 비난하고 폄하하려 했음을 보여준다'고 비판했다. |국가기록원 부산기록관|

갈린 노론 가운데서 김상철 등은 시파로서 극단적인 당론에 반대하였다. 소론의 서명선 역시 포용적인 태도를 취했다. 편수관들 또한 시파 계열의 노론이 중심에 있고 소론, 남인 등이 고루 분포되어 있었다. 이는 정조가 꾸준히 탕평으로 정국을 이끌어간 방식이 《영조실록》의 편찬에도 적용된 것이라 추측된다.

정조 5년에는 영조 때 소론에 의해 편찬된 《경종실록》과는 별개로 노론 측의 요청에 따라 수정한 《경종수정실록》이 간행되었다. 이때 원본과 수정본을 모두 남기는 주묵사朱墨史의 전통에 따라 이미 간행된 《경종실록》도 남기도록 하였다. 있는 그대로의 역사를 기술하고 시비 판단은 후대의 몫으로 남긴다는 원칙을 지키고자 노력한 것이다. 이러한 전통과 원칙, 정치적 고려가 복합적으로 작용하여, 우리는 역사서에서 패자의 목소리를 들을 수 있게 되었다. 실록 또한 승자의 기록일 수밖에 없지만, 여전히 큰 가치를 갖는 이유가 여기에도 있다.

최두헌

제3장

사건을 논하다

천재지변이 닥치자 임금과 신하가 그럴 듯한 말을 하며 서로 경계하기는 했지만 형식적으로 옛일을 따라한 것일 뿐이다.

그러니 어찌 하늘을 감동시켜 재변을 그치게 할 수 있겠는가?

세상에 비밀은 없다

정학비 간통 사건

최근 간통죄는 위헌이라는 판결이 났다. 그전까지 간통은 범죄였다. 지금보다 사회 윤리와 관련한 사안에 더욱 민감하게 반응했던 조선에서 간통은 최고 형벌인 사형에 해당하는 중범죄였다. 간통은 단순히 개인 간의 문제가 아니라 사회 기강과 관련된 공적인 문제였고, 때로는 왕과 대신들이 머리를 맞대고 고민해야 할 만큼 중대한 사안이기도 했다.

성종 20년¹⁴⁸⁹ 7월 25일, 사헌부는 분대 감찰^{分臺監察} 안당^{安瑭}의 보고 내용을 바탕으로 성종에게 보고를 올린다.

> 진주 사람 정은부^{鄭殷富}의 아내 정학비^{鄭鶴非}가 남편의 친척 동생 하치성^{河致成}과 간통한 사실에 대해서는 이미 다 실토하였습니다. 다만 정은부의 장모 공씨^{公氏}가 남편의 친조카 정윤례^{鄭允禮}와 간통한 일은, 이웃 사람이 '공씨가 남편 정미^{鄭湄}가 죽은 뒤에 정윤례를 불러 자기 집에 재워서 사람들이 모두 의심한다.'라고 말한 것 말고는 별다른 증거가 없습니다. 그러니 우선 친속^{親屬}이 죄를 지었을 때 숨겨 준 경우는 죄를 논하지 않는다는 법에 구애

받지 말고 노비와 일족들을 형장刑杖을 치며 신문하게 하소서.

《성종실록 20년 7월 25일》

두 건, 그것도 엄마와 딸이 각각 간통한 사건에 대한 보고이다. 딸인 정학비는 남편의 친척 동생 하치성과, 어미인 공씨는 남편의 조카 정윤례와 간통했다는 것이다. 정학비는 간통 사실을 시인했지만, 공씨의 경우는 소문만 무성할 뿐 별다른 증거가 발견되지 않았기 때문에 사헌부는 공씨에 대한 추가 조사가 이루어져야 한다고 주장했다.

또 죄인의 가족이나 가까운 친척, 노비 등이 죄인의 범행을 숨기고 말하지 않아도 처벌하지 않도록 한 법에 얽매이지 말고 노비와 일족을 신문해야 한다고 주장했다. 이는 증거가 부족해서이기도 하겠지만, 법

《심리록審理錄》
조선 후기 각종 범죄와 그 처리에 대한 내용을 기록한 책이다. 1785년 평안도 개천价川에 사는 윤금이尹金伊가 자신의 아내와 간통한 자를 쫓아가 칼로 찔러 죽인 사건을 처리한 내용이 자세히 기록되어 있는 것이 보인다. |규장각한국학연구원|

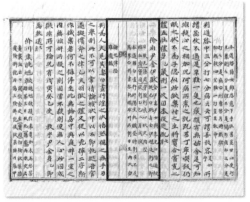

에 구애받지 않는 특별한 조치가 필요할 만큼 중대한 사건이라고 인식했기 때문일 것이다.

그런데 성종은 사헌부와 생각이 달랐다.

민간의 평범한 백성은 원래 누군가 그럴싸한 말을 한마디 하면 여러 사람이 그대로 호응하여 똑같은 말을 하는 법이다. 권덕영權德榮의 아내는 진상이 이미 드러났기에 형장을 치며 신문할 수밖에 없었다. 하지만 이번 일은 10여 년 동안 밝히기 어려웠던 일인데, 친속이 죄를 지었을 때 숨겨 준 경우는 죄를 논하지 않는다는 법을 따르지 않고 대뜸 형장을 친다면, 진술에 이름이 언급되어 억울하게 피해를 입는 자가 분명 많아 화기和氣를 해칠 듯하다. 내 생각에는 신문하지 않아도 될 것 같다.

《성종실록 20년 7월 25일》

풍속을 바로잡을 책임을 맡은 사헌부의 강경론과 현실 상황을 고려한 성종의 견해가 충돌하는 순간이었다. 이때 사헌부 장령 안윤손安潤孫이 절충안을 제시하였다. 공씨가 간통했다는 소문이 파다한데도 처리하지 않고 내버려 둔다면 사회윤리에 심각한 타격을 입힐 수 있으니 조사는 계속하되, 마을 사람들이나 상례喪禮를 도운 일족들만으로 그 대상을 한정하여 법을 어기지 않고도 조사가 가능하게 하자는 내용이 있나. 이에 대해 성종은 별다른 반응이 없었고, 이날의 논의는 여기서 일단 마무리되었다.

8월 1일, 성종은 이 문제를 다시 꺼내 들었다.

정학비는 이미 자신의 죄를 인정하였으니 법률에 의거하여 처벌해야겠지만, 공씨는 10년 전에 있었던 일이니 내버려 두는 것이 어떻겠는가?

《성종실록 20년 8월 1일》

성종은 여전히 공씨의 일을 덮어 두자고 하며 전·현직 최고위 관료들의 의견을 물었다. 이때 논의된 내용을 보면, 성종의 의견에 찬성하는 쪽도 반대하는 쪽도 있었지만 이전과 다른 새로운 견해는 나오지 않았다. 성종은 자신의 의견을 끝까지 밀어붙여 조사를 중지하라고 명했다. 이렇게 끝나는가 싶었는데 다시 승정원에서 반대 의견을 제기했다.

공씨의 일은 풍속에 관련된 중대한 사건인 데다 간통한 자가 남편의 조카이니, 행실이 더더욱 추악합니다. 보통 양반 가문에 이런 일이 생기면, 사람들이 함부로 이야기하지 못하기 때문에 그 일이 쉽게 들통나지 않는 법입니다. 들통이 났는데도 신문하지 않는다면 어떻게 악행을 징계할 수 있겠습니까?

《성종실록 20년 8월 1일》

앞서 다른 신하들의 의견과 별 차이 없는데 이때는 무슨 연유인지 성종은 마음을 돌려 조사를 계속하라고 명을 내렸다. 이후 8월 17일에 공씨가 이미 죽었으니 조사를 중지하라는 성종의 전교가 기록된 것을 끝으로《성종실록》에서는 관련 기록이 더 이상 보이지 않는다.

이 사건은 모녀가 각각 친인척과 간통을 했거나 했다고 의심되는 막장 드라마라는 점에서 흥미롭지만, 간략한 사실 기록만으로는 허전한

《대명률大明律》에 기재된 간통 관련 내용
《대명률》은 중국 명나라의 법률서로 조선 시대 법령 제정 및 적용의 표준이 되었던 책이다.
그림은《대명률》에 기재된 간통 관련 내용이다. 첫 조항에서 "부부가 아닌 남녀가
합의하에 간음한 경우[和姦] 장杖 80대를 치되, 남편이 있는 여자는 장 90대를 치며
여자를 속여 간음한[기姦] 자는 장 100대를 친다. 강간한 자는 교수형에 처하며
강간 미수자는 장 100대를 치고 3천 리 떨어진 먼 곳으로 유배를 보낸다."라고 명시하였다.
|규장각한국학연구원|

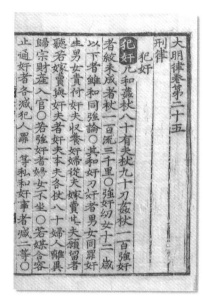

구석이 많아 여전히 궁금증이 남는다. 공씨는 과연 간통을 했을까? 정
학비는 결국 어떤 처벌을 받았을까? 안윤손은 왜 상례를 도운 친족들
을 조사하라고 한 것일까? 등등. 이러한 마음을 예상했는지 친절한 사
관은 8월 1일 기사 끝에 이 두 사건의 전말을 꽤 상세하게 기록해 두었
다. 이를 통해 우리는 궁금증을 해소할 수 있을 뿐 아니라, 이 사건이
생각했던 것보다 더 복잡하게 얽힌 치정극이었다는 것을 알 수 있다.

전에 공씨가 남편의 상을 치를 때 무당을 불러들여 신에게 제사를 지냈는데, 실무를 주관하던 남편의 조카 정윤례가 밤을 기다려 그 무당과 음란한 짓을 했다. 공씨가 밖에서 이를 엿보다가 자못 마음이 동하여, 결국 정윤례와 남몰래 정을 통한 것이다.

한편 공씨의 사위 정은부가 변방에 수자리 살러 가서 그의 처 정씨가 홀로 살고 있었는데, 공씨가 정은부의 조카 하치성을 정씨의 침실로 데리고 들어가더니 말했다. "젊은 여자가 혼자 자니, 가위에 눌리지 않겠느냐?" 이즈음 정은부가 변방에서 돌아와 자신의 부모를 찾아뵙고 나서 처를 그리워하며 "먹고 자는 것은 어떠하려나?" 하니, 동생이 곁에서 슬며시 웃으면서 말했다. "형 혼자만 그리워하는 것입니다. 확인해 보면 잘 있을 겁니다." 정은부가 그 말이 이상하게 들려서 다그쳐 물어봤지만 동생은 얼른 집으로 돌아가 보라고만 할 뿐이었다. 정은부는 그날 밤 즉시 집으로 돌아가서 침실로 곧장 들어갔다가 자기 처가 하치성과 함께 누워 있는 것을 보고는 칼을 뽑아 두 사람의 머리카락을 잘랐다. 공씨가 이를 듣고 말했다. "젊은 남녀가 장난을 좀 쳤을 뿐인데, 어찌 무턱대고 머리카락을 잘라 버렸는가?"

이후 사건이 들통나게 되어 조사가 이루어져 정은부의 처는 강계부江界府로 유배되었다. 뒤에 정은부가 종군從軍하여 강계부에서 수자리를 살게 되자, 정씨가 명주 적삼을 보내며 만나자고 부탁했지만 정은부는 거절하였다.

《성종실록 20년 8월 1일》

이렇게까지 구체적인 사정을 대체 어디서 듣고 기록한 것일까? 한참 뒤에야 밝혀졌을 사건의 전말을 이렇듯 상세하게 기록한 사관의 성실한 조사와 기록 정신에 새삼 감탄하게 된다. 한편으로는 시청자들이 욕을 하면서도 막장 드라마에 빠져드는 것처럼, 사관이 혀를 끌끌 차면서도 자기도 모르게 이야기 속으로 빠져들어 붓을 휘두르는 모습을 장난스럽게 상상해 본다. 예나 지금이나 남녀 문제는 참 치열한 사건이다.

최두헌

원칙 없는 용서는 처벌보다 못하다

잦은 사면의 폐단

'광복절 특사'라는 영화가 있다. 감옥에 갇혀 있던 두 명의 죄수가 자신이 광복절 특별 사면 대상이라는 것을 모르고 사면 전날 탈옥한다는 내용의 코미디 영화이다. 기발한 설정이기는 하지만, 이런 일이 실제로 일어날까 싶은 이야기이다. 그 반대의 경우, 그러니까 사면될 것을 예상하고 범죄를 저지르는 경우는 어떨까? 요즘은 모르겠지만 조선 시대에는 있었다. 다음은 중종 3년1508 1월 30일의 기사이다.

사섬시司贍寺의 노비 중에 탐욕스럽고 교활하며 글을 아는 자가 있었다. 그는 궁궐에 들어간 조카딸을 통해 얼마 후에 사면령이 내려질 것이라는 헛소문을 듣고는 취한 척하며 누이동생을 때려죽이고 그녀의 재물을 독차지하려다가 붙잡혀 옥에 갇히게 되었다. 잡혀가면서 아내를 돌아보며 '금방 집으로 돌아올 것이니, 술을 빚어 두고 기다리게나.' 했는데, 재판이 끝났는데도 사면령이 내리지 않았다.

아내가 울면서 어떤 사람에게 "장차 대사면이 실시되어 실수로 사람을 죽인 자는 처벌을 면할 수 있다는 이야기를 들었기 때문에, 남편이 나에게 술

향옥鄕獄

충청도 공주목의 지도에 그려진
관아에 속한 감옥이다.
나라에 특별한 일이 있을 경우
반역 등 중죄를 지은 죄인을 제외한
죄수들에게 대사면령이 내리곤 했다.
|규장각한국학연구원|

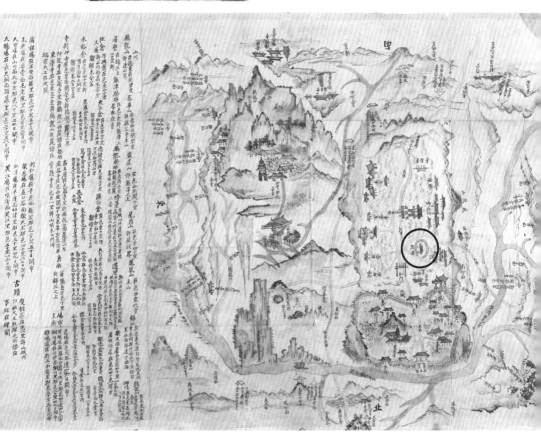

을 빚어 두고 옥에서 나오기를 기다리라 하였습니다. 그런데 사면령이 내려오지 않으니 어떻게 합니까? 내 남편이 죽게 생겼습니다." 하였다. 그 사람이 "장차 사면이 있으리라는 것을 어떻게 안 것이오?" 하고 묻자, "남편의 친척 중에 나인內人이 있는데 그가 '주상께서 얼마 전 병을 앓다가 나으시자 가벼운 죄를 지은 죄수들을 풀어 주셨으나, 마음에 차지 않아 얼마 후에 대사면을 실시하신다고 합니다.'라고 전해서 알았습니다. 그런데 지금까지 사면이 실시되지 않고 있으니 내 남편이 죽을까 안타까울 뿐입니다."라고 하였다. 그 사람이 "그렇다면 당신 남편이 사람을 죽인 것은 실수가 아닌 게 분명하군." 하니, 누이동생을 죽인 자의 아내가 아무 대답도 하지 못했다.

《중종실록 3년 1월 30일》

조선에서는 국가나 왕실의 경사가 있을 때, 왕이나 왕비의 병이 위독하거나 병이 나았을 때, 홍수·가뭄 등의 재해가 일어났을 때, 반역을 제압했을 때처럼 특별한 일이 있으면 그것을 기념하거나 어지러운 민심을 달래기 위해 사면령을 내렸다. 사면은 임금이 백성에게 직접 은혜를 베풀 수 있는 방법 중 하나였고 유용한 통치 수단이었다.

사면이라고는 해도 모든 범죄를 용서해 주는 것은 아니었다. 시대마다 기준이 조금씩 달라지기는 했지만, 사형이 선고될 만큼 무거운 범죄는 공통적으로 사면 대상에서 제외되었다. 반역을 시도한 대역 죄인, 조부모·부모를 죽인 경우, 처나 첩이 남편을 죽인 경우, 노비가 주인을 죽인 경우, 독약을 사용하거나 저주를 내린 경우 등이 여기에 해당된다. 또 하나 의도적으로 살인을 저지른 경우도 사면 대상에서 제외됐다. 뒤집어서 말하면, 고의적인 범행이 아닌 경우는 사람을 죽였어도 사면 받을 수 있었던 것이다. 사섬시의 노비가 실수를 가장하여 누이 동생을 죽인 것은 바로 이 점을 노린 것이었다. 그러나 그의 계산과는 다르게 사면령은 내리지 않았다. 실록에 이렇게 전말이 기록됐을 정도니, 그는 아마도 사형을 당했을 것이다. 술을 빚어 놓고 기다리라던 호기가 무색하게도.

이 사건에 대해 사관은 짤막하게 논평하였다.

> 이를 통해 풍습의 경박함과 잦은 사면의 폐단을 볼 수 있다. 나라를 다스리는 자가 고민해 보아야 할 일이다.

《중종실록 3년 1월 30일》

민주주의 국가에서 대통령 등 최고 지도자가 사면령을 반포하는 것은 불완전한 법 제도를 보완하고 국민 통합을 도모하기 위해 시도하는 초법적인 통치 행위이다. 조선 시대의 사면 역시 비슷한 취지로 시행되었다. 한편으로는 민심 안정을 위해, 다른 한편으로는 감옥의 죄인 수용 범위와 담당 관사의 사건 처리 능력이 범죄자의 수를 감당하지 못하는 현실적인 문제를 해결하기 위해서도 사면은 유용한 수단이었다. 하지만 그 폐단도 만만치 않았다.

명종 2년1547 9월 17일, 명종은 선왕인 인종의 부묘附廟를 계기로 사면령을 반포하겠다는 명을 내린다. 부묘란 삼년상을 치른 후에 그 신주를 종묘에 모시는 것으로, 왕실의 경사 중 하나였다. 부묘를 하고 나서 사면령을 반포하는 것이 관례였기 때문에 명종도 사면령을 내리겠다고 한 것이다. 그런데 이에 대해 사헌부 대사헌 안현安玹과 사간원

《은대편고銀臺便攷》 중 '경수방석輕囚放釋' 조항

《은대편고》는 조선 시대 승정원의 업무에 관련된 사례와 규정을 선별해 모은 책이다. 이 그림은
'죄가 가벼운 죄수를 풀어 주는 일'에 대한 조항이다. 죄가 가벼운 죄수를 풀어 주라는 명이 내리면,
형방 승지가 즉시 의금부와 전옥서로 가서 죄가 가벼운 죄수는 석방하고, 죄가 무거운 죄수는
그대로 가둬 둔다는 내용의 계사를 임금께 올려야 한다고 적고 있다. |규장각한국학연구원|

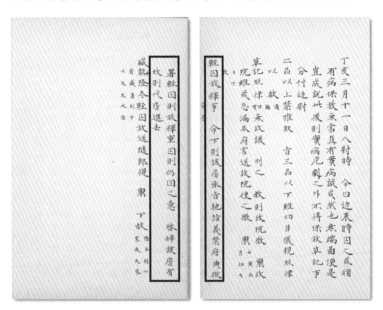

대사간 이명李蓂이 반대하고 나섰다.

삼년상을 치르고 부모의 예를 마쳤습니다. 이는 더없이 큰 경사이니 백성에
세 은혜를 베푸는 것이 관례이지만, 올해는 이미 두 번이나 대사면령을 내렸
습니다. 지금 또다시 사면령을 내린다면 1년에 세 번이나 사면을 실시하는
것으로 옛날에는 없던 일입니다. 사면은 하늘이 내린 벌을 무시하고 국법을
무너뜨리는 것이기 때문에, 옛사람들은 너무 자주 실시하는 것을 경계했습

니다. 3년에 한 번 사면하는 것도 잘못이라는 비판을 받는데, 1년에 세 번이나 사면하게 되면 어떻게 민심을 진정시키고 후세에 모범을 보일 수 있겠습니까? 근래에 해마다 사면을 자주 내리다 보니, 백성이 법을 두려워하지 않아 간사함이 날로 늘어나고 있습니다. 사면을 명하는 교서가 내리자마자 감옥이 가득 차고, 심지어는 사면령이 내릴 것을 예측하고 의도적으로 죄를 짓기도 합니다. 간사함이 이렇게 자라나고 풍습이 날로 타락하니, 자연재해가 발생하는 것도 이것 때문이 아니라고 하기는 어렵습니다. 그러니 사면령을 내리지 마소서.

《명종실록 2년 9월 17일》

부묘를 한 후에 사면령을 내리는 것 자체는 관례이기 때문에 반대할 이유가 없었다. 문제는 사면령을 너무 자주 내린다는 것이었다. 이해 1월에 중종의 부묘를 마친 후 첫 번째 사면령을 내렸고, 5월에는 가뭄 때문에 사면령을 내렸다. 이번에 또 내리면 세 번째 사면령을 내리는 것이 된다. 이렇게 자주 사면령을 내리면 죄를 짓고도 처벌받지 않는 사람이 너무 많아질 뿐만 아니라 사람들이 점점 법을 두려워하지 않게 되어 범죄율이 증가하고 치안이 악화된다. 심지어 사섬시 노비처럼 언제 사면령이 내릴지를 예측하고, 그 전에 의도적으로 범죄를 저지르는 경우까지 생긴다. 이 정도면 법은 있으나 마나 한 것이 되어 버린다. 사관을 비롯한 신하들이 걱정한 것은 바로 이러한 부분이었다. 그러나 명종은 결국 사면을 강행했다. 사면을 예상하고 죄를 지은 사람들은 어떻게 됐을까? 아마 대부분 풀려났을 것이다.

이런저런 폐단에도 불구하고 사면은 조선에서 지속적으로 시행되었다. 이 당시에 비하면 제도적인 보완도 이루어졌고 횟수도 많이 줄었지만, 현대 사회의 사면 역시 여전히 한계와 문제점을 안고 있다. 어차피 사면 받을 것을 알고 거리낌 없이 죄를 짓는 사람들이 요즘에도 있는지는 잘 모르겠다. 있다면 그들은 어떻게 되었을까?

최두헌

자리나 채우는 신하는 필요 없다

정사룡의 과거 시험 부정행위

우리나라의 교육열은 미국 대통령도 여러 차례 언급할 만큼 세계적으로 유명하다. 어떤 학자들은 조선 시대의 과거 제도가 교육열에 많은 영향을 끼쳤다고 주장하기도 한다. 능력 있는 인재에게 신분 상승의 길을 열어 주었다는 측면에서 당시의 과거 제도는 매우 선진적인 제도라고 할 수 있다. 그러나 능력 있는 인재 선발이라는 과거 제도의 본래 목적을 이루기 위해서는 반드시 시험의 공정성이 전제되어야 한다.

　조선 시대에도 과거 시험을 공정하게 치르기 위한 제도적 장치는 많았다. 부자, 형제나 가까운 친척이 한곳에서 시험을 치르지 못하도록 시험장을 나누어 운영하였고, 가까운 친척이 응시했을 경우에는 시관試官에 임명하지 않는 규정도 있었다. 그뿐만 아니라 과거 시험장에서 벌어지는 각종 부정행위에 대해서도 치밀한 대책을 마련하였고, 부정행위가 적발되면 응시 자격을 박탈하거나 유배를 보내는 방법 등으로 엄하게 처벌하였다. 그런데도 불구하고 부정행위는 끊임없이 일어났고 점점 그 수법이 교묘해지거나 대담해졌다. 과거 시험의 부정행위 중 가장 공정성을 해치는 것은 출제자와 응시자가 서로 짜고 부정을

저지르는 경우였다. 명종 13년1558에 있었던 사건을 보자.

정사룡은 과거 시험의 문제로 낼 만한 것을 미리 발설하여 유생들에게 퍼뜨
리고는 자신이 시관이 되자 실제로 그것을 문제로 냈으니, 그의 심보가 참으
로 고약합니다. 그를 파직하소서.

《명종실록 13년 8월 24일》

요즘도 국가에서 치르는 시험에서는 출제자가 누구인가가 초미의
관심사이다. 출제자가 누구인지 알면 시험 문제의 경향을 어느 정도
예측할 수 있기 때문이다. 당시 정사룡은 홍문관 대제학으로 있었다.
홍문관 대제학은 국가의 문필文筆을 주관하는 자리이니 그가 시관이

될 것이 뻔한데 그런 사람이 제자들에게 예상 문제를 미리 얘기해 주었다니, 이는 사전에 문제를 유출한 죄에 해당하는 것이다. 따라서 사헌부에서는 계사를 올려 정사룡을 탄핵하였으며, 그 결과 출제자인 정사룡은 파직되고, 시험 문제를 미리 알아 2등으로 급제한 신사헌愼思獻은 급제가 취소되었다.

그런데 두 달이 지나 이 문제가 다시 불거졌다. 신사헌의 아들 신희愼喜가 임금에게 글을 올려 자기 아버지의 급제 취소가 부당하다고 주장하였다. 시험 부정이 드러나 급제를 취소한 것만으로도 이미 시험의 공정성을 크게 손상하였는데, 그것을 다시 뒤집겠다는 것이었다. 그런데 이에 대한 명종의 하교는 뜻밖이었다.

> 지금 신희의 상언을 보니, 신사헌의 급제를 취소한 일은 정황이 모호한 데가 있다. 원통함을 풀어 주는 조치가 있어야 하겠기에 의금부에서 조사하여 사실을 알아내게 하였다. 경들은 그리 알고 있으라.
>
> 《명종실록 13년 12월 6일》

도대체 왜 이렇게 어처구니없는 일이 일어났을까? 이 사건의 배후에는 명종의 비 인순왕후仁順王后 심씨沈氏의 외숙인 이량李樑이라는 사람이 있었다. 그는 명종의 총애를 받고 있었는데 신사헌은 바로 이량의 심복이었다. 심복의 과거 급제가 취소되자 이량은 임금의 총애를 믿고 이를 번복하도록 일을 꾸민 것이다. 예상대로 명종은 의금부의 조사 결과를 보고받은 뒤 신사헌과 정사룡이 서로 내통한 단서가 없다고 단정하면서 신하들에게 어떻게 처리해야 할지를 물었다. 이런 상황

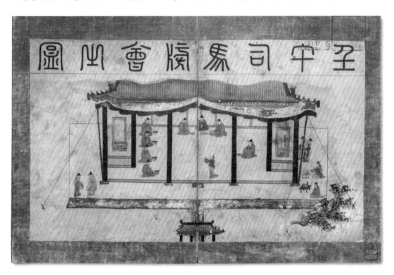

에서 조정 신하들은 어떻게 대답했을까?

신사헌과 정사룡이 서로 내통한 정황이 뚜렷하게 드러나지도 않았는데 형
장을 치며 신문한다면, 성상의 밝은 세상에 깊은 원망을 품게 될 것입니다.
정사룡이 당초에 신중하고 면밀하게 하지 않은 것에 대해서는 이미 처벌을
받았으니, 이것만으로도 훗날 있을 수 있는 과거 시험의 폐단을 없애기에
충분합니다. 그들의 진술을 참작하여 처리하는 것은 성상의 결단에 달렸습
니다.

《명종실록 13년 12월 8일》

명종의 심중을 헤아렸는지 영의정 상진 등은 급제 취소를 다시 번복해도 된다는 어조로 결정권을 다시 명종에게 넘겼다. 다시 조정 대신들에게 의견을 묻자 우의정 이준경李浚慶만 급제 취소를 번복해서는 안 된다고 하였을 뿐, 나머지 신하들은 모두 눈치만 살폈다. 결국 명종은 석 달이나 시간을 끌며 여론의 추이를 살피다가 신사헌의 급제 취소를 번복해 주었다. 이런 웃지 못할 상황을 두고 사관은 어떻게 평하였을까?

신사헌의 과거 급제를 취소한 것은 당시 조정의 여론으로 결정한 것이니, 자식이 원통함을 호소한다고 하여 고칠 수 있는 것이 결코 아니다. 그런데 대신은 자기가 한 말을 바꾸었고 대간은 그 일을 덮어 두고 있다가 다시 논의하여 결정한 뒤에야 나와서 간쟁하였다. 이런 식으로 나랏일을 처리하면 어떻게 국정의 올바른 방침을 정할 수 있겠는가? 구신具臣이라고 할 만하다.

나라를 다스리는 공정한 도리는 오로지 과거 시험 하나에 달려 있다. 그런데 전시의 책문 시험에서 간사한 술책을 부렸으니, 참으로 통탄할 일이 아니겠는가? 처음에는 정사룡이 재물을 탐내 부정을 저질렀고, 나중에는 심통원沈通源, 이량 등의 무리가 신사헌의 자제를 꼬드겨 급제 취소를 번복해 달라고 상소하게 하였다. 그런데 언관으로 있는 자들이 끝내 그 잘못을 바로잡지 못했으니, 과연 나라에 제대로 된 사람이 있다고 할 수 있겠는가?

《명종실록 15년 4월 20일》

'구신', 제 역할을 하지 못하고 자리나 채우는 신하라는 뜻이다. 임금의 잘못을 바로잡지 못하고 눈치만 살피다가 나랏일을 그르친 신하들을 비난하는 말인데, 특히 상진은 영의정의 자리에 있었으면서 급제를 취소할 때나 취소를 다시 번복할 때 두 번 다 임금을 바른 길로 인도하지 못했기 때문에 사관이 이렇게 비판한 것이다. 나라를 유지하는 기본은 '믿음'이다. 위정자가 공정함을 지키지 않고 편법과 사심으로 나라를 이끈다면 그 나라는 위태로워질 수 밖에 없다. 이를 막아낼 방법은 어디에 있는가? '자리를 제대로 지키는 신하'와 '자리나 채우는 신하'를 잘 분별해 내는 데 있지 않을까?

이규옥

말로는 재앙을 막지 못한다

조선의 씽크홀, 지함地陷

쓸데없는 걱정이라는 뜻의 '기우杞憂'라는 말이 있다. 옛날 중국 기杞나라 사람이 만일 하늘이 무너지고 땅이 꺼지면 어디로 피해야 할까 염려하여 잠도 못 자고 밥도 먹지 못하였다는 이야기에서 나온 말이다. 이 사람은 분명 주위 사람들에게 놀림을 받았을 것이다. 걱정도 팔자라고. 그런데 오늘날 도시에서 땅이 꺼지면서 구멍이 생기는 씽크홀을 보면서 기우가 기우만은 아니라는 생각이 든다.

조선 시대에도 씽크홀에 대한 기록이 있다. 씽크홀에 대응하는 그 당시의 용어는 무엇일까? 하늘이 무너졌다는 기록은 없지만 땅이 꺼졌다는 기사는 간간이 실록에 보인다. 땅이 꺼졌다는 뜻인 '지함地陷'이 그것이다.

지함에 관한 기사는 《세종실록》에 처음 보이는데, 세종 18년1436 12월 황해도 황주黃州에서 지함이 발생하였다. 이어 세종 21년1439 5월에는 황해도 해주海州에서, 문종 2년1452 4월에는 함경도 용진현龍津縣에서 지함이 발생했다는 보고가 올라왔다.

황해도 황주에서 땅이 꺼졌는데, 둘레가 9자, 너비가 3자, 깊이가 70여 자이고, 밑에는 물이 있었다. 해괴제解怪祭를 지냈다.

《세종실록 18년 12월 8일》

황해도 감사가 "해주에서 땅이 꺼졌는데, 너비는 5자 2치, 깊이는 29자 6치, 물 깊이는 18자 3치입니다."라고 보고하니, 해괴제를 지내라고 명하였다.

《세종실록 21년 5월 17일》

함경도 용진현에서 땅이 꺼졌는데, 제사를 지내 재앙이 사라지게 하라고 명하였다.

《문종실록 2년 4월 24일》

조선 시대에 길이를 나타내는 단위 '자'는 미터법으로 환산하면 대략 30cm 안팎이므로 1자를 30cm로 보면 그 규모를 대강 가늠할 수 있다. 황주의 지함은 너비 1m, 깊이 21m 정도이고, 해주의 것은 너비 1.5m, 깊이 9m 정도가 된다.

지함이 발생하면 해당 지역 수령은 조정에 보고하고, 조정에서는 바로 해괴제를 지내게 하였다. 해괴제는 괴이한 천재지변이 발생하였을 때 액를 풀어 주거나 하늘의 분노를 잠재우기 위해 지내는 제사이다. 과거에는 자연재해를 임금이 정치를 잘못하였을 때 하늘이 내리는 재앙으로 인식하였다. 따라서 지진이나 지함 등 원인을 알 수 없는 재해가 발생하면 해괴제를 지내 천지신명의 분노를 달래 주었는데, 해괴제를 지냈다는 기록은《태조실록》에서부터 보인다.

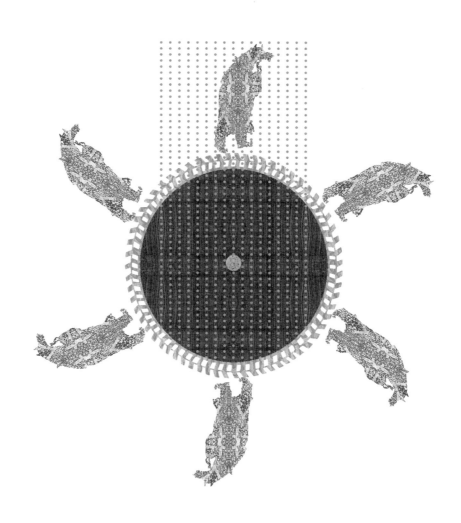

《해괴제등록解怪祭謄錄》

1638년(인조 16)부터 1693(숙종 19) 사이에 거행된 해괴제 관련 기록을 예조에서 모은 책이다.
해괴제는 괴이한 천재지변이 발생하였을 때 액을 풀어 주거나
하늘의 분노를 잠재우기 위해 지내는 제사이다. 조선왕조실록에는 땅이 꺼지는
지함이 발생하여 해괴제를 지냈다는 기록이 많이 남아 있다. |규장각한국학연구원|

자연재해가 발생하면 임금은 정전을 떠나 다른 장소에 머물고 반찬 가짓수를 줄이는 등 근신하는 한편 구언求言을 하였다. 구언은 신하들에게 정사의 문제점을 지적하고 바른 말을 해 달라고 요구하는 것이다. 이렇게 해야 백성의 원성이 줄어들고 하늘의 분노가 풀려서 나라가 안정된다고 여겼기 때문이다.

명종 11년1556 11월 16일, 명종은 "평안 감사가 땅이 꺼졌다고 보고해 왔으니, 매우 해괴한 일이다. 승정원은 알고 있으라."라는 전교를 승

정원에 내렸다. 《명종실록》을 보면, 이때의 지함을 두고 "대동강 근처 100보쯤 되는 큰길에서 땅이 꺼졌는데 그 둘레가 25자, 너비가 7자, 깊이가 8자이다."라고 한 기록이 있다. 승정원에서는 "지금 땅이 꺼진 일은 무서운 재변災變입니다. 대개 임금들은 재앙이 닥쳐도 반성하지 않는데 주상께서는 이런 재앙이 닥칠 때마다 반성하십니다. 재앙이 닥쳐와도 덕을 기르고 잘못된 일을 바로잡을 수 있다면 재앙을 상서로운 일로 바꾸기가 어렵지 않을 것입니다."라고 하며, 명종의 조처가 훌륭하다고 아뢰었다. 그러자 명종은 "평소 두려워하고 반성하는 마음을

〈어제권농정구농서윤음御製勸農政求農書綸音〉
정조가 1798년(정조 22) 11월 30일에 당시 농업 문제의 해결책을 구하기 위해 전국에 내린 윤음이다. 임금은 자연 재해 등 각종 어려운 일을 당했을 때 스스로 반성하며 신하에게 해결책을 올리라는 내용의 윤음을 내렸다. |규장각한국학연구원|

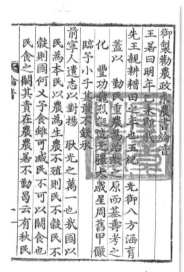

조금도 해이하게 하지 않았는데 재변이 날로 심해지니 더욱 두렵고 조심스럽다."라고 하면서 더욱 자신의 마음가짐을 단속하겠다고 하였다. 그런데 이때의 사관은 천재지변의 원인이 임금과 신하의 잘못된 행동에서 비롯되었다고 직설적으로 비판하였다.

천재지변이 닥치자 임금과 신하가 그럴 듯한 말을 하며 서로 경계하기는 했지만 형식적으로 옛일을 따라한 것일 뿐이다. 그러니 어찌 하늘을 감동시켜 재변을 그치게 할 수 있겠는가? 요즈음 들어 겨울 안개가 자욱하고 땅이 함몰된 것은 모두 음양이 조화를 잃고 땅의 기운이 안정되지 못해서이니, 재변 중에서도 큰 재변이다. 이러한 때에 재변의 원인을 일일이 셀 수도 없지만 모후가 국정을 마음대로 결정하고, 외척들이 권력을 멋대로 휘두르며, 군자는 재야에 있고 소인은 조정에 있으며, 중들이 멋대로 날뛰고, 오랑캐가 침략해 들어왔으니, 이것들이 불길한 기운과 천재지변을 불러일으킬 만한 것들이다. 임금과 신하 모두가 이것은 도외시한 채 고민조차 하지 않고, 덕을 닦아 일을 바로잡아야 한다느니 두려워하고 반성하겠다느니 하는 공허한 말만 하면서 재변이 사라지기를 바랐으니, 참으로 현실과 동떨어진 것이 아니겠는가?

《명종실록 11년 11월 16일》

재변은 음양이 조화를 잃어서 발생하는 것이라고 진단한 뒤 문정왕후가 국정을 독단적으로 결정하고 외척 윤원형이 권세를 쥐고 제멋대로 행동하며, 소인들이 세력을 잡고 승려 보우가 활동하는 것을 음양의 조화를 깨뜨리는 원인으로 보았다. 그런데도 임금과 신하들은 이러한 현실을 도외시한 채 허울 좋은 말로만 근심하고 괴로워하니 재변이 발생하지 않을 수 없다며 이들의 안일한 태도를 비판하였다.

오늘날 우리 사회도 마찬가지다. 대형 사고가 터지면 정치권이나 언론에서는 원인을 규명하고 안전 대책을 마련한다며 부산을 떨지만 얼마 지나지도 않아 기억 저편에 묻어 버린다. 태풍이나 지진 같은 자연재해는 어쩔 수 없다 해도 사람의 힘으로 막을 수 있는 재해를 두고 조선 시대처럼 해괴제를 지낼 수는 없는 노릇이 아닌가? 기우는 기나라 사람만의 걱정으로 남기를 바란다.

강대걸

평화를 바란다면 전쟁에 대비하라

을묘왜변과 조정의 대응

한반도는 오랜 옛날부터 외적의 침입에 시달려 왔다. 가장 큰 골칫거리 중의 하나는 왜구였다. 왜구는 일본 서부나 대마도를 거점으로 삼아 우리나라 남해안뿐 아니라 멀리 중국 동남부 지방까지 진출하여 노략질을 하던 해적 집단이다. 고려 말기부터 본격적으로 침입하기 시작하여 지속적으로 우리나라에 큰 피해를 입혔다. 조선 초기에 대마도 정벌 등의 강경책과 삼포三浦 개항 등의 유화책을 함께 써서 왜구의 침입이 줄었지만, 경계를 늦춰서는 안 될 위협적인 존재였다. 이런 상황이라면 늘 왜구에 대한 대비를 철저하게 하는 것이 당연하지만 실제로는 그렇게 하지 못했다. 명종 10년1555 5월 16일 기사를 보자.

전라도 관찰사 김주金澍가 긴급하게 장계狀啓를 올려 보고하기를, '5월 11일에 왜선倭船 70여 척이 와서 달량포達梁浦 바깥쪽에 정박해 있다가 이진포梨津浦와 달량포에서부터 동서로 나누어 상륙하여 성 주변의 민가를 불태워 버리고 결국 성을 포위했습니다.' 하였다. 처음에 왜선 11척이 바다의 섬 사이로 모습을 드러내더니 마침내 상륙하여 일부는 뿔피리를 불며 불을 질

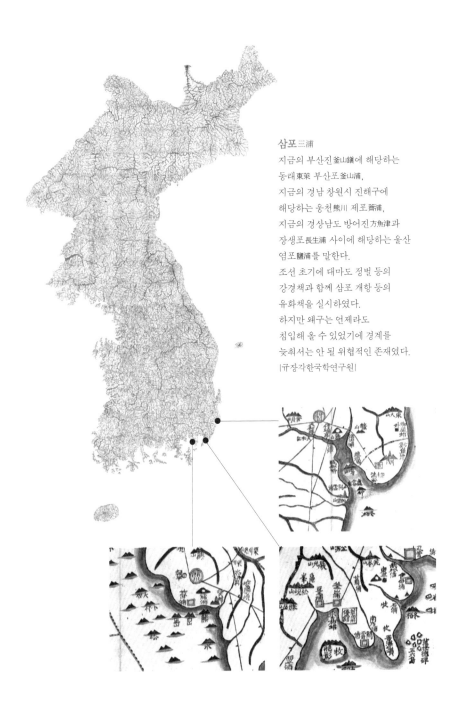

삼포三浦
지금의 부산진釜山鎭에 해당하는
동래東萊 부산포釜山浦,
지금의 경남 창원시 진해구에
해당하는 웅천熊川 제포薺浦,
지금의 경상남도 방어진方魚津과
장생포長生浦 사이에 해당하는 울산
염포鹽浦를 말한다.
조선 초기에 대마도 정벌 등의
강경책과 함께 삼포 개항 등의
유화책을 실시하였다.
하지만 왜구는 언제라도
침입해 올 수 있었기에 경계를
늦춰서는 안 될 위협적인 존재였다.
|규장각한국학연구원|

렀고, 일부는 창을 휘두르거나 칼을 뽑아 들고 공격해 왔다. 가리포 첨사加里 浦僉使 이세린李世麟이 즉각 병마절도사 원적元績에게 보고하자, 원적이 장흥 부사 한온韓蘊, 영암 군수 이덕견李德堅과 함께 구원하려고 달량으로 달려갔다가 포위되었다.

《명종실록 10년 5월 16일》

5월 11일, 왜구가 영암 달량포로 침입하여 민가를 약탈하고 성을 포위하면서 이른바 '을묘왜변'이 시작된다. 얼마 뒤에 성이 함락되어 원적과 한온은 전사하고 이덕견은 왜구에게 사로잡혔다. 병마절도사 휘하의 정예부대가 붕괴되었고, 왜구는 거칠 것 없이 영암의 어란포於蘭浦, 완도, 장흥, 강진, 진도 등 전라도 남해안 일대를 쑥대밭으로 만들어 버렸다. 조정에서는 이준경李浚慶, 김경석金景錫, 남치근南致勤 등을 장수로 삼아 전장으로 파견했고, 결국 5월 25일 영암에서 왜구를 격파하여 난을 진압했다. 다행히 그달을 넘기지 않고 사태가 마무리됐지만, 전라도 남해안 지방이 초토화되고 병마절도사가 전사하는 등 피해가 막심했다.

앞의 기사를 기록한 사관은 다음과 같은 논평을 남겼다.

국가가 오래도록 태평하자 임시방편으로 하는 정사가 많았고, 기강이 문란해져 공공이 도리기 없이졌다. 조성의 각 관사와 지방의 관원들은 쓸데없이 자리만 지키고 있으면서, 오직 권세가에게 들러붙어 좋은 벼슬에 오르고, 뇌물을 바쳐 좋은 명성을 얻는 것을 자신의 중요한 사업으로 여길 뿐, 국가의 일에 대해서는 남의 나라의 일만큼도 신경을 쓰지 않았다. 장수나 재상들은 편안히 놀고 즐기며 항상 은혜와 원한을 갚는 데만 신경 쓰다가, 변방에서 전투가 벌어지면 당황하여 어쩔 줄을 몰라 했다. 조정은 방비할 대책을 내놓지 못했고 변방은 전투에 임할 준비가 되어 있지 않아, 왜적의 칼끝이 향하는 곳마다 패배하였다. 왜적이 아무도 없는 곳에 들어오듯 쳐들어왔으니, 통탄스러운 마음을 견딜 수 있겠는가?

《명종실록 10년 5월 16일》

사실 당시의 조선이 온전히 태평한 상황은 아니었다. 오랜 기간 대규모의 정규전이 없었기 때문에 평화로운 시기로 보일 수도 있지만 전쟁의 위협은 늘 존재하고 있었다. 북방의 이민족은 물론이고 왜인만 해도 중종 5년1510에 삼포왜란을 일으켰고, 을묘왜변이 있기 불과 10년 전에도 사량진왜변을 일으켰다. 왜구는 해적이기 때문에 언제든 침입해 올 수 있었고 전투에 익숙했다. 그러나 조선은 이에 대한 대비가 제대로 되어 있지 않았다. 조선의 병사들은 흉년으로 인해 굶주렸고, 훈련 수준도 엉망이라 적을 맞아 제대로 싸울 수 있는 상황이 아니었다. 그 빈약한 병력마저도 부족했다.

왜변이 있기 두 달여 전인 3월 20일에 대마도주는 조선으로 보낸 서계書契에서 이미 왜구가 대규모로 침입해 올 조짐이 있다고 경고했다.

일본국의 서융西戎은 작년 10월부터 올봄까지 명나라를 침략할 목적으로 수만 척의 배를 앞다투어 바다 건너로 보냈다고 합니다. 서융들이 모의한 내용을 들어 보니 '조선의 바다를 통해 명나라로 가면 바닷길이 매우 가까우니, 조선의 바다를 먼저 확보해야 명나라를 침략할 수 있다.' 했습니다. 만약

임진전란도 壬辰戰亂圖

1834년(순조 34) 이시눌李時訥이 임진왜란의 시작을 알린 부산진과 다대포진에서의
전투 장면을 그린 그림이다. 재상 이하의 관원들과 장수들이 제대로 대비하지 못해
외적의 침입을 맞았고, 을묘왜변 이후 각성한 조선은 나름의 준비를 했지만,
임진왜란으로 망국 직전까지 몰리게 되었다. |규장각한국학연구원|

그들이 조선과 대마도 사이의 좁은 바다를 지나간다면 모조리 무찔러 우리

의 충성을 보일 수 있을 것입니다. 이 일은 결코 허황된 이야기가 아닙니다.

해안 지역을 굳게 방어하여 전투에 대비해야 할 것입니다.

《명종실록 10년 3월 20일》

서융은 원래 중국 서부 지역의 이민족을 지칭하는 말로 주로 쓰이지만, 여기서는 일본 규슈 서북부 지역에 사는 사람들을 가리킨다. 이들이 대규모로 조선의 근해를 지나 명나라에 침입하려는 계획을 세우고 있으니 대비를 철저히 해야 한다는 내용이었다. 그러나 조정은 이를 대수롭지 않게 여겼는지 별다른 움직임을 보이지 않고 있다가 두 달 가까이 지난 5월 12일에야 대비책을 논의하기 시작했다. 왜구가 최초로 침입한 것이 5월 11일이었으니 조정은 적이 침입한 다음날에야 그 사실도 모른 채 대비를 하기 시작한 것이다. 왜구가 침입했다는 보고를 받은 것은 5월 16일이다. 관리 부실로 봉수烽燧가 제 역할을 못하면서 5일이 지난 후에야 침입 사실을 알게 된 것이다. 이후에도 조정은 우왕좌왕하며 위기 상황에 대한 대응 체계를 갖추지 못했음을 여실히 드러냈다. 을묘왜변은 왜구가 일으켰지만, 피해를 키운 것은 불안정한 평화를 태평한 세월로 착각한 조정의 준비 부족과 군대의 기강 해이였다. 을묘왜변 이후 각성한 조선은 나름의 준비를 했지만, 임진왜란으로 망국 직전까지 몰렸다.

'평화를 바란다면 전쟁에 대비하라'는 말이 있다. 우리나라는 현재 분단국가로 일본·중국·러시아 등 강대국들에 둘러싸여 불안정한 평화 속에 있다. 평화를 위한 대비를 제대로 하고 있는지 잘 살펴봐야 한다.

최두헌

모이면 도적이요 흩어지면 백성이다

의적 임꺽정과 토벌군의 횡포

성호星湖 이익李瀷은 《성호사설星湖僿說》에서 조선의 대표적인 도적으로 홍길동洪吉童, 임꺽정林巨正, 장길산張吉山 3인에 대해 거론한 적이 있다. 성호의 눈에는 단지 강성했던 도적 떼에 불과했던 이들을 오늘날 우리 대중들은 탐관오리의 재물을 빼앗아 가난한 백성을 구제해 주던 의적義賊으로 인식하고 있다. 소설이나 드라마, 만화 등의 매체를 통해 대중들과 친숙해진 이들은 모두가 실존 인물이기에 실록에서도 그들의 자취를 대략이나마 살펴볼 수가 있다. 그들 중에서도 행적이 가장 상세히 기록된 인물이 바로 명종 대에 활약했던 임꺽정이다.

당대 위정자들이 바라본 도적 임꺽정은 벽초碧初 홍명희洪命熹의 대하소설이나 사극 드라마에서 주인공으로 그려진 호걸 임꺽정의 모습과 사뭇 다르다. 그가 가난한 민초들을 구제했건 안 했건 조정에서는 그저 관리들을 숙이고 강도짓을 일삼으며 조정의 안위를 위협하는 불순분자요, 위험한 세력으로 볼 뿐이었다. 임꺽정의 이름이 실록에 처음 등장한 것은 명종 14년1559 3월이다. 이후 그를 잡아야 한다는 조정의 논의와 여러 대책들이 쏟아졌지만 임꺽정과 그 일당들은 이를 비웃

《성호사설》속 임꺽정
이익의《성호사설》에 수록된 임꺽정 관련 기록이다.
이익은 임꺽정을 체포하는 과정을 구체적으로 기록하고,
작은 나라에서 도적 하나 제대로 잡지 못함을 개탄하였다. |국립중앙도서관|

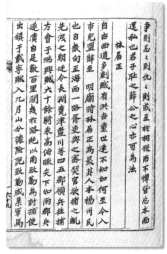

기라도 하듯 오히려 세력을 늘려 점점 더 조정의 골칫덩이가 되어 갔
다. 포도관捕盜官 이억근李億根에 이어 부장部將 연천령延千齡마저 이들
에게 목숨을 잃자, 조정에서는 급기야 황해도와 강원도에 순경사巡警使
까지 파견하여 토벌에 열을 올렸다. 순경사는 종2품의 고위 무관이었
다. 외적이 침입하는 변란에 대응해야 할 이들이 일개 도적 떼 토벌을
위해 파견된 셈이었으니 안팎에서는 우려의 목소리가 적잖았다.

하지만 순경사 둘에 중앙의 정예병까지 투입했는데도 약 한 달 동안
임꺽정의 종적도 찾지 못한 채 시간만 흘러갔다. 급기야 순경사를 소
환해야 한다는 논의까지 나올 즈음, 뜻밖에도 황해도 순경사 이사증李

思曾이 임꺽정을 체포했다는 기쁜 소식이 들려왔다. 그런데 조사 결과 체포된 자는 임꺽정이 아닌 그의 형 가도치加都致였다. 시일이 지나도 임꺽정을 잡지 못해 초조해진 이사증이 제대로 확인도 안 해 보고 가도치를 모질게 고문해 임꺽정이라고 거짓 자백을 받아 낸 바람에 일어난 일이었다. 임꺽정의 도당이었다가 체포되어 투항한 서림徐林의 증언이 아니었다면 꼼짝없이 온 나라가 속을 뻔한 일이었다.

이런 웃지 못할 사건은 한 번으로 끝나지 않았다. 이번에는 의주 목사義州牧使 이수철李壽鐵이 임꺽정과 그의 배후인 한온韓溫을 붙잡았다는 보고가 들어왔다. 하지만 조사 결과 이들은 해주海州 출신 군졸이었다. 이 역시 공명심에 눈이 먼 이수철이 저지른 조작극이었다. 그리고 조사 과정에서 이수철이 백발 노파를 임꺽정의 아내로 둔갑시키고 엉뚱한 백성을 모질게 고문해 임꺽정의 친족이라고 꾸민 정황도 드러났다. 그는 이사증이 들통난 전철을 밟지 않기 위해 서림에게 뇌물을 먹여 입을 막는 치밀함까지 보였다.

임꺽정의 무리로 조정이 시끄러워진 지 3년이 다 되었지만 토벌은 하지 못한 채 조작 사건만 잇달아 일어나 세간의 웃음거리가 되었으니, 조정의 체면이 말이 아니었다. 이에 좌의정 이준경이 다시 중앙군을 동원해서라도 도적의 뿌리를 뽑아야 한다고 주장하며 나섰고 명종도 이를 지지했다. 이번에는 토포사討捕使라는 이름으로 황해도와 강원도에 고위급 무관들을 파견하였다. 그 중 황해도 토포사는 사납기로 유명한 남치근南致勤이란 사람이었다.

조정의 위신을 세우기 위한 임금과 재상들의 결의는 활활 타올랐으나, 이를 바라보는 사관의 시선은 냉랭하기만 했다. 토포사 파견이 결

고석孤石

강원도 철원군 동송읍 장흥리長興里의 고석정 앞에 있는 바위이다.
조선 명종 때 임꺽정이 고석정 건너편에 돌벽을 높이 쌓고 칩거하면서
조공물을 탈취하여 빈민을 구제했다는 말이 전한다. |한국문화관광연구원|

정된 기사 바로 아래에 사관은 다음과 같은 논평을 남겼다.

국가가 선정을 베풀지 못하고 교화의 효과가 나타나지 않아 탐욕스러운 재
상과 포악한 수령들이 백성의 뼈와 살을 깎고 고혈을 짜내고 있으니, 백성
은 아무것도 할 수 없고 어디에 대고 호소할 길도 없다. 굶주림과 추위에 시
달리며 하루도 목숨을 보전하기 어려워 조금이라도 더 살고자 도적이 되었
다면 그것은 정치를 잘못했기 때문이요, 그들의 죄가 아니다. 어찌 불쌍하지
않은가? 근본으로 돌아가 생각해 보면 이런 사태를 막는 것이 그리 어려운

것은 아니다. 그런데 이준경은 재상의 자리에 있으면서 인정을 시행할 방도를 궁리하여 교화를 진흥시키는 정치에 힘쓰지 않고 도리어 생쥐처럼 미약한 무리들에게 천균千鈞 무게의 쇠뇌를 쏘려 하니 얼마나 잘못된 판단인가? 황해도의 도적들이 횡행한다고 하지만 그 무리가 8, 9명에 불과하며, 모이면 도적이요 흩어지면 백성이다. 깊은 산골에 흩어져 숨어 있어 붙잡으려 해도 눈에 띄질 않으니, 진을 치고 대오를 이루어 교전할 수 있는 적국敵國과는 다르다. 그러니 네 개 도의 병력을 합쳐서 일시에 호응하려 한들 어디서부터 손을 대겠는가? 극심한 흉년과 무거운 조세로 백성이 피폐해져 가만히 두어도 저절로 무너질 상황이다. 그런데 또 군대를 일으켜서 변방에 계속 머무르게 한다면 물자를 다 써 버려 곤경에 처하고 나라와 민간의 재물이 모두 고갈될 것이다. 거기다가 장수의 횡포와 군졸들의 약탈이 더해지니 백성이 누구를 믿고 살아가겠는가? 이는 네 개 도의 백성을 몰아붙여 모두 도적으로 만들어 버리는 짓이다.

《명종실록 16년 10월 6일》

사관은 임꺽정 같은 도적들이 횡행하는 원인을 정치의 잘못에서 찾고 있다. 임꺽정의 주 활동 무대였던 황해도는 당시 극심한 흉년과 재해에 시달리고 있었는데, 탐관오리들의 수탈까지 더해져 민생은 극도로 피폐해졌다. 도처에 유랑민이 넘쳐 났고 그나마 남은 백성도 떠난 자들의 조세 부담까지 뒤집어쓰며 결국 몰락하고 마는 악순환이 계속되었다. 하지만 외척 윤원형을 비롯한 집권 세력은 여전히 수탈에만 열을 올리며 백성을 더더욱 궁지로 몰고 있었다. 결국 굶주린 백성 중 일부는 살아남기 위해 도적이 될 수밖에 없었고, 그 결과 임꺽정의 무리가 황해도 일대에 횡행하게 된 것이다. 결국 임꺽정은 정치를 잘못한 조정이 만들어 낸 일종의 괴물이었다. "모이면 도적이요, 흩어지면 백성이다."라 하였으니, 만약 황해도에 선정이 널리 베풀어졌다면 임꺽정은 흉악한 도적 떼의 괴수가 아닌 평범한 백정으로 소박하게 살았을 것이다.

결국 토포사 남치근이 임꺽정을 끈질기게 추적해 기어코 사로잡음으로써 임꺽정의 난은 종식되었다. 명종을 비롯한 온 조정은 앓던 이를 뽑은 듯 쾌재를 불렀고, 토벌의 일등 공신인 남치근은 자급도 오르고 토지와 노비도 하사받는 영광을 누렸다. 하지만 얼마 지나지 않아 대간에서 남치근을 탄핵하는 목소리가 높아졌다. 토벌 당시 남치근은 임꺽정의 행적을 수사하기 위해 백성을 닥치는 대로 체포하여 모질게 심문하였다. 당시 황해도는 이미 민심이 조정에 등을 돌려 백성과 아전 가운데 임꺽정에게 동조하거나 협력하는 자들이 많았다. 이들이 임꺽정의 행적을 순순히 자백하지 않자 가혹한 형벌이 잇따랐고, 이 과정에서 수없이 많은 백성이 희생되었다. 남치근의 토포군이 이르는 곳마다 백성이 죽거나 재산을 빼앗겼고, 심지어 양반들까지도 매질을 당하였다. 황해도 온 고을이 공포에 떨며 지난 몇 년 동안 임꺽정의 도당들이 끼친 피해보다 석 달 동안 남치근의 토벌군이 끼친 피해가 더 컸다고 말할 정도였다. 결국 남치근은 토벌한 공으로 받은 은상恩賞을 모조리 빼앗기는 처분을 받았다.

임꺽정의 난으로부터 450여 년이 흐른 지금, 그는 실록에 기록된 대로 흉악한 도석으로서가 아닌, 민초들을 대변한 호걸이자 의적으로서 재조명을 받고 있다. 임꺽정의 난은 조정의 잘못된 정치가 초래한 민초들의 최후의 저항일 뿐이었다. 당시 임금과 대신들이 그저 타파해야 할 도적으로 몰았던 임격정을, '모이면 도적이요 흩어지면 백성'에 불과한 가련한 민초로 보았던 사관의 깊이 있는 통찰력이 그 당시의 진실을 여실하게 보여 주고 있다.

허윤만

도망쳐 도착한 곳에 낙원은 없다

도성을 버린 선조

'역사는 두 번 반복된다. 한 번은 비극으로, 한 번은 희극으로.'라는 말이 있지만, 사실 역사는 두 번을 넘어 몇 번이고 비슷한 모습으로 나타나기도 한다. 오랜 시간이 지나도 인간의 본성은 쉽게 변하지 않고 지난 역사를 통해 배우지도 못했기 때문일 것이다.

인간의 역사에서 가장 참혹한 비극은 전쟁이다. 우리 조상들은 오랜 기간 수없이 많은 전쟁을 겪었다. 조선 시대에도 몇 번의 큰 전쟁이 있었고, 그때마다 백성은 임금과 조정 신료들이 도성을 버리고 도망치는 모습을 목격했다.

선조 25년1592 4월 13일, 총병력 20여만 명의 일본군이 부산을 통해 쳐들어오면서 임진왜란이 시작되었다. 전쟁 발발 15일 째인 4월 28일, 도순변사都巡邊使 신립申砬이 충주의 탄금대에서 일본군에게 대패했다. 보고를 받은 신조는 4월 30일 새벽에 도성인 한양을 버리고 떠나 5월 1일 개성으로 몽진蒙塵했다. 그리고 5월 2일 한양이 함락되자 이튿날 바로 개성을 떠나 평양으로 향했다. 임진강 전투에서 도원수 김명원金命元을 격파한 일본군의 선봉대가 6월 8일 대동강 변에 진을 치자,

6월 11일 평양을 떠나 22일 의주에 도착했다. 더 이상은 갈 곳이 없었다. 압록강을 건너면 바로 요동, 즉 명나라 땅이다. 그러나 선조는 천자의 나라에서 죽을지언정 왜적의 손에 죽을 수는 없다며 요동으로 망명하기를 바랐다. 처음에는 극력 반대하던 신료들도 선조의 고집을 꺾지 못했다. 결국 왕세자 광해군이 이끄는 또 하나의 조정, 즉 분조分朝가 조선에 남아 전쟁을 지휘하고, 선조는 요동으로 망명하려는 계획을 세우게 되었다. 그런데 전황이 호전되기 시작하면서 요동 망명은 일단 중지되고, 선조는 계속 의주에 머물렀다. 해를 넘긴 선조 26년1593 1월 8일, 명나라 군의 도움을 받아 마침내 평양성을 탈환했다. 그리고 며칠 뒤, 선조와 좌의정 윤두수尹斗壽는 다음과 같은 대화를 나눈다.

> **선 조** 이제 와서 말인데, 경성을 무슨 수로 지킬 수 있었겠는가? 성곽밖에 없었으니 갑작스레 변란을 당해 무슨 수로 외적을 상대할 수 있었겠는가? 듣자 하니 북경은 평상시에도 무기를 설치해 둔다고 한다.
> **윤두수** 경성은 사실상 지킬 수 없었습니다.
>
> 《선조실록 26년 1월 14일》

선조는 전쟁이 발발한 지 보름여 만에, 충주에서 날아온 대패 소식에 다급히 한양을 버리고 몽진했다. 임진강을 건너면서는 일본군의 추격을 늦추려는 목적으로 배와 나루터, 주변의 민가를 파괴했다. 이로 인해 피난을 가던 백성, 조정의 신료 가운데 임진강을 건너지 못한 사람이 적지 않았다. 이 과정에서 한양을 버리고 도망친 선조의 권위는 완전히 바닥에 떨어졌다. 선조는 뒤늦게나마 이에 대해 항변하고 싶었

던 모양이다. 경성은 평소에 전쟁 준비가 전혀 되어 있지 않았기 때문에, 적이 턱밑까지 치고 올라오는 위기 상황에서는 도망치는 것 외에 다른 방법이 없었다고 말이다. 그러나 이 대화를 기록한 사관의 의견은 좀 달랐다.

도성은 종묘와 국가의 창고가 있는 곳이고 백관과 많은 백성이 모인 곳이다. 이곳보다 성곽의 방어가 견고하고 병력이 많은 곳이 어디에 있겠는가? 그러니 한 걸음이라도 이곳을 떠나면, 이로 인해 선조들이 물려준 영토를 잃게 된다.

성안의 사람을 모아 도성을 수비하게 하고, 팔도의 군사를 징발하여 도성 주변 지역에다 진을 치게 한 후, 적이 도성으로 쳐들어오면 도성 주변에 있던 군사들이 적의 뒤를 치고, 적이 병력을 나누어 도성 주변 지역을 공략하면 도성의 군사가 적의 후미를 공격하게 하는 식으로 서로 긴밀하게 호응하면서 쉬고 있던 군사를 번갈아 출동시켰다면, 홀로 깊숙이 쳐들어온 저 적들은 양식이 떨어지고 군사들이 지쳐 저절로 쓰러져 죽었을 것이다.

그런데 이러한 대책을 생각하지 않고 충주에서 한 번 실패하자 도성을 버렸고, 한강에서 재차 무너지자 개성을 버렸으며, 임진강에서 세 번째로 패배하자 평양을 버렸다. 다행히 하늘이 재앙을 내린 것을 후회하고 귀신이 정성껏 도와 마침내 흉악한 적이 평양성을 넘어 진격할 수 없게 하였으니, 이것은 하늘이 돌본 것이다. 만약 의주성이 공격을 받아 임금의 행차가 압록강을 건넜다면 우리의 산하는 적의 손아귀에 넘어가고 이씨의 사직도 의탁할 곳이 없게 되었을 것이다. 초야로 도망쳐 다니다가 결국 멸망당하는 것이 어찌 선왕이 물려준 나라를 지키며 '임금은 사직을 위해 죽는다'는 의리를 따르는 것만 하겠는가? 그런데 믿을 수 없는 하늘에 요행을 바라면서 목숨을 바쳐서라도 떠나지 말고 지키라는 경고를 준수하지 못했으니, 오늘날 임금이 피난을 다닌 것은 정말 위태로운 행동이었다.

　이산해李山海가 먼저 잘못된 주장을 했고, 윤두수도 이에 대해 대의大義를 내세워 반론하지 못했다. 단지 임금의 뜻에 따를 줄만 알아, '겉으로는 큰소리쳤지만 사실은 지킬 수 없었다.'라고 하였으니, 이 말이 후세에 전해지면 천하의 사람들이 틀림없이 오늘날의 임금과 신하들은 모두 적이 쳐들어오면 도망치는 것을 상책으로 삼았다고 할 것이다. 그러니 크게 잘못된 일이 아니겠는가?

《선조실록 26년 1월 14일》

　임금이 도성을 버리고 몽진했다는 것만으로 비판할 수는 없다. 전쟁 초반에 임금이 적에게 사로잡히거나 죽게 되면, 전세를 뒤집기 어려울 정도의 치명타가 될 수 있고 도성을 떠나지 않고 지킨다고 해서 전황이 사관의 주장대로 전개되리라는 보장도 없다. 전쟁 중에는 워낙 다양한 변수가 발생할 수 있기 때문이다. 그러나 몽진을 결정한 이후의 과정이 상당히 형편없었다는 점은 분명하다. 선조는 장기적인 안목으로 전략적인 후퇴를 한 것이 아니었다. 나라의 존망보다 자신의 안위를 우선시하여 도망치기에 급급했다. 심지어는 조국을 버리고 다른 나라로 망명하겠다는 계획까지 세웠다. 사관은 임금이 남의 나라로 도망쳐 목숨을 보전한다 해도, 국토가 모두 적의 손에 넘어간다면 그것이 바로 나라의 멸망이라고 생각했다. 아무 대책 없이 도망치다가 상황이 좀 나아지자 그땐 그럴 수밖에 없었노라고 자기 합리화를 하는 선조와

종묘전도宗廟全圖와 사직서전도社稷署全圖

《종묘의궤》와《사직서의궤》에 실린 그림으로, 종묘와 사직서의 주요 건물과 공간이 상세하게 묘사되어 있다. 종묘는 역대 왕과 왕비의 신위를 모신 곳이고, 사직은 토지를 관장하는 사신社神과 곡식을 주관하는 직신稷神에게 제사지내던 곳인데, '종묘사직'은 나라를 의미하기도 한다. 사관은 도성을 버리고 몽진한 선조에 대해 '종묘가 있는 도성을 버리고 외국으로 도망치려 하였으니 목숨을 걸고 사직을 지켜야 하는 임금의 도리를 저버린 것'이라 비판했다. |규장각한국학연구원|

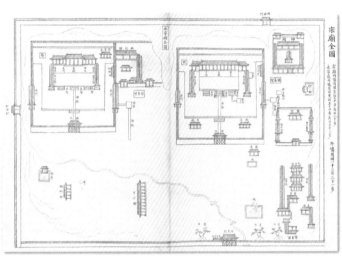

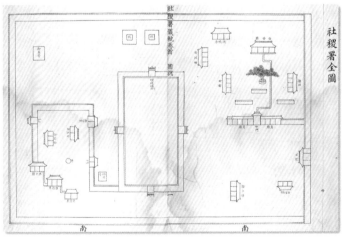

신료들을 보며 울분을 터트릴 수밖에 없었을 것이다. 이후로도 전쟁이 끝날 때까지 선조의 실책은 계속 이어졌다. 이순신이 이끄는 조선 수군과 각지에서 일어난 의병의 활약, 명나라 군의 지원이 없었다면 조선의 운명은 어찌 되었을지 모른다.

이로부터 30여 년이 지난 인조 2년1624, 이괄이 난을 일으켜 임진강을 건너자 인조는 도성을 떠나 수원, 천안을 거쳐 공주로 몽진했다. 인조 5년1627에는 파죽지세로 남하하는 후금後金의 군대를 피해 강화도로 몽진했다. 인조 14년1636, 청나라 군이 또다시 침공해 오자 이번에는 남한산성으로 몽진했다. 불과 50년도 되지 않는 기간에 임금이 네 차례나 도성을 포기한 것이다. 덕분에 임금은 옥체를 보전했지만 나라가 입은 피해는 막심했다. 큰 재난을 겪고서도 여전히 준비는 소홀했고 사후 대처는 형편없었다. 소를 잃고도 외양간을 손보지 않은 것이다.

그로부터 300여 년이 지난 1950년 6월 25일 전쟁이 터졌고, 또다시 최고 지도자가 수도를 버리고 퇴각했다. 역사는 몇 번이고 반복된다. 한 번은 비극으로, 그 다음 또한 비극으로.

최두헌

백성을 지키는 것은 국가의 책임이다

전쟁 중에 잡혀간 여성 포로들

전쟁은 언제나 한 사회의 기반을 재편하도록 강요한다. 조선과 청나라 사이에 일어났던 병자호란도 약 2개월간의 짧은 전쟁이었지만 조선 사회에 끼친 영향은 매우 컸다. 조선은 전쟁이 가져온 변화를 어떤 방식으로 받아들여야 할지 지속적으로 고민해야 했다. 인조는 두 아들과 며느리들을 청나라에 볼모로 보내야 했으며, 수많은 사람이 전쟁 포로가 되어 끌려갔다. 전쟁이 끝난 뒤 조선은 전쟁의 책임 소재를 가리는 문제뿐만 아니라 청나라에서 도망쳐 오거나 속환贖還되어 온 이들을 어떤 방식으로 수용해야 할지에 대한 문제에도 직면했다.

인조 16년1638 3월 11일, 신풍부원군新豊府院君 장유張維가 자신의 며느리 문제로 예조에 단자單子 한 통을 올렸다.

신의 외아들 장선징張善澂의 처가 병자호란 때에 잡혀갔다가 속환되어 지금은 친정에 있습니다. 예전처럼 부부로서 함께 조상의 제사를 모실 수 없으니, 이혼하고 새로 장가들도록 허락해 주십시오.

《인조실록 16년 3월 11일》

장유 초상
조선 중기의 문신
계곡谿谷 장유의 초상이다.
그는 자신의 아들이
청나라에 잡혀갔다 돌아온 며느리와
이혼할 수 있게 해 달라고
인조에게 요청했다.
좌의정 최명길崔鳴吉은
심양에 잡혀갔을 때 본
여성 포로들의
비극적 상황을 이야기하며
이를 반대하였고 인조도
이혼을 허락하지 않았다.
그러나 사대부가 자제들은
모두 새로 장가를 갔고
돌아온 아내를 다시 받아들이는
경우는 없었다.
|국립중앙박물관|

병자호란 당시 강화가 함락되면서 청나라로 잡혀갔던 자신의 며느리가 속환되어 돌아왔지만, 절의를 잃었으므로 받아들일 수 없다는 내용이었다. 이를 통해 사대부가에서 청나라로 잡혀갔다가 돌아온 여인들을 어떻게 인식하고 있었는지 엿볼 수 있다. 단자를 받아든 예조에서는 이 일을 판단하기 난처했던지, 돌아온 사족의 여인이 한둘이 아니니 신중히 결정해야 한다는 의견을 덧붙여 임금에게 보고하면서 대

신의 의견을 들어 처리하기를 청하였다. 그러자 심양瀋陽에 다녀왔던 좌의정 최명길이 다음과 같은 의견을 인조에게 올렸다.

신이 전에 심양에 갈 때 가족을 속환하기 위해 따라간 양반 가문 사람들이 매우 많았습니다. 남편과 아내가 서로 만나자 마치 저승에 있는 사람을 만난 듯이 부둥켜안고 통곡하니, 길 가다 보는 사람들이 눈물을 흘리지 않는 이가 없었습니다. 돈이 부족해 속환하러 가지 못한 부모나 남편들도 차차 가서 속환할 터인데, 만일 이혼해도 된다는 명을 내리면 분명 속환을 원하는 사람이 없어질 것입니다. 이는 수많은 부녀자를 영원히 다른 나라의 귀신으로 만드는 것입니다. 한 명의 남편은 바란 대로 되겠지만 수많은 집안에서 원망을 품을 것이니 이는 화기和氣를 상하게 할 만한 일이 아니겠습니까? 신이 반복해서 생각해 보고 정황을 참작해 보았지만, 아무리 생각해 봐도 이혼이 옳은 것인지 모르겠습니다.

《인조실록 16년 3월 11일》

이어서 최명길은 심양에 갔을 때 자신이 들었던 여인들의 이야기를 들려주었다.

청나라 병사들이 돌아갈 때 미모가 매우 빼어난 처녀 하나를 끌고 갔는데, 온갖 방법으로 달래고 협박하였지만 끝내 받아들이지 않다가 사하보沙河堡에 이르러 굶어 죽었습니다. 그러자 청나라 사람들도 감탄하여 땅에 묻어 주고 떠났습니다. 또 신이 심양의 관사에 있을 때, 처녀 한 사람을 약속한 값을 치르고 속환하기로 되어 있었는데, 청나라 사람이 뒤에 약속을 어기고 값을 더 요구하였습니다. 그러자 그 여인은 돌아갈 수 없다는 것을 알고 칼로 자신의 목을 찔러 죽었습니다. 결국 여인의 시체를 사 가지고 돌아왔습니다. 이 두 여인이 제때 속환되었더라면 분명 자결하지 않았을 것입니다. 그러나 깨끗하게 지조를 지켰다 한들 누가 또 알아주겠습니까? 이로 본다면 급박한 전쟁 상황 속에서 몸을 더럽혔다는 누명을 뒤집어쓰고서도 스스로 결백을 밝히지 못하는 사람 또한 얼마나 많겠습니까? 잡혀간 부녀들이 모두 몸을 더럽혔다고 이렇게 일률적으로 주장해서는 안 됩니다.

《인조실록 16년 3월 11일》

이야기를 들은 인조는 이혼을 허락하지 않는다고 명을 내렸다. 하지만 명이 내린 뒤에 실제로 사대부가에서는 청나라에서 돌아온 여인들을 받아들였을까? 안타깝지만 사회 분위기는 그렇지 않았다.《인조실록》에서는 당시 상황을 "그 뒤로 사대부 집 자제들은 모두 새로 장가를 갔고, 다시 합하는 경우는 없었다."라고 아주 짧게 전한다. 이 일과 관련한 사관의 기록을 보자.

충신은 두 임금을 섬기지 않고 열녀는 두 남편을 섬기지 않으니, 이는 절의가 국가와 관련이 있고 세상을 떠받치는 대들보이기 때문이다. 잡혀갔던 여인들은 비록 그녀들의 본심은 아니라지만 변고가 닥쳤는데도 죽지 않았으니, 절의를 잃지 않았다고 할 수 있겠는가? 절의를 잃었다면 남편의 집과는 의리가 이미 끊어진 것이니, 절대로 억지로 다시 합하게 해서 사대부의 가풍을 더럽혀서는 안 된다.

《인조실록 16년 3월 11일》

삼전도비三田渡碑
1639(인조 17) 삼전도에 세워진
청 태종 공덕비이다.
높이가 약 4m에 달하며 몽고문과 만주문,
한문 세 종류의 문자가 새겨져 있다.
인조가 삼전도에 나가 청 태종에게
항복한 굴욕적인 역사를 담고 있다.
|개인소장|

사관은 또 정자程子의 말을 들어 "절의를 잃은 사람과 짝이 되면 이
는 자신도 절의를 잃는 것이다."라고 강조하였다. 최명길의 견해를 두
고는 "백 년 동안 이어져 내려온 나라의 풍속을 무너뜨리고, 삼한三韓
을 오랑캐로 만든 자는 최명길이다. 통분을 금할 수 있겠는가?"라고 강
하게 비판한다. 병자호란 후 대신 중심의 정치 질서를 마련하고자 했던
최명길을 상하게 비판한 사관의 정치적 입장은 제쳐 두고라도 두 사람
의 견해 모두에 무언가 핵심이 빠져 있는 듯한 느낌을 지울 수 없다.

병자호란 후 청나라로 잡혀간 조선 백성은 많게는 50만 명에 달했다
고 한다. 전쟁이 끝난 뒤 인조는 청나라에 포로의 송환을 적극 요청했

지만, 포로들을 인적 자원으로 인식했던 청나라는 속환가를 받아 내려 했다. 조선 정부의 송환 노력은 주로 종실宗室, 신료들의 가족, 남한산 성을 지켰던 군사의 가족을 대상으로 이루어졌다. 이들은 자신의 가족 을 빨리 송환하기 위해 몇 배의 웃돈을 지급하는 경우까지 있었다. 결 국 속환가가 올라가면서 실제로는 고위 관료층이나 일부 부유층만이 가족을 속환해 올 수 있었다고 한다.

전쟁의 책임이 어찌 포로로 잡혀간 여인들에게 있겠는가? 여전히 고국으로 돌아오지 못한 사람들을 위해 조선은 어떤 조처를 취했어야 했을까? 당시 조선이 취한 조처는 미흡하다 못해 미미했다. 청나라에 잡혀간 자국의 백성을 송환하려는 노력의 부족과 '돌아온 여인'을 두 고 조선의 지배층이 취했던 박정한 조처는 조선이 자신의 백성을 저버 렸음을 여실히 보여 준다.

강성득

법은 멀고 정치는 가깝다?

당쟁이 만든 기구한 운명, 도망자 이봉상

옳고 그름의 기준은 개인마다 다르고 집단마다 다르다. 그러다 보니 법의 원칙이 정치 논리에 의해 흔들리는 상황 속에서 어제의 죄인이 오늘의 영웅이 된다거나 어제의 영웅이 오늘의 죄인이 되는 경우가 있다. 경종에서 영조로 이어지는 시대의 격변기, 당파 간의 갈등이 대립을 넘어 생사를 건 싸움으로 번지는 상황에서 가문의 혈통을 잇기 위해 국법을 어긴 기구한 운명의 주인공이 있었다. 영조 1년¹⁷²⁵ 5월 9일, 작고한 영중추부사領中樞府事 이이명李頤命의 처 김씨가 임금에게 글을 올렸다.

죽은 남편은 아들 이기지李器之 하나를 두었고 이기지는 아들 둘을 두었는데, 하나는 눈이 멀어 이봉상李鳳祥만이 후사를 이을 수가 있었습니다. 임인년의 화란禍亂이 일어났을 때 그의 나이는 겨우 16살이었는데, 이기지가 옥사에 연루되어 죽은 뒤에 의금부에서 이기지의 처자를 노비로 만드는 처벌을 적용한다는 소식을 전해 들었습니다. 이런 상황에서 제가 어찌 엄벌이 두려워 하나밖에 없는 핏줄을 살리지 않을 수 있겠습니까? 그때 마침 어린 종

하나가 이봉상과 나이와 용모가 비슷하기에 대신 죽어 줄 수 있겠느냐고 타이르니, 그 어린 종은 거절하지 않고 강에 몸을 던져 죽었고 이봉상은 도망쳤습니다. 그리하여 어린 종의 시체를 염하고 관에 넣어 담당 관사의 부검을 거친 다음 무덤과 신주를 만들었습니다. 이봉상이 도망친 뒤 생사를 모르다가 금년 2월에야 살아 있다는 것을 알고는 즉시 찾아서 자수하게 하였습니다.

《영조실록 1년 5월 9일》

이이명은 경종 2년1722 목호룡의 고변으로 벌어진 임인옥사 때 죽은 노론사대신 중의 한 사람인데, 그의 외아들 이기지도 이 사건에 연루되어 고문을 받다 죽었다. 남편과 아들이 역적으로 몰려 죽은 상황에서 대를 이을 손자를 살리기 위해 나이와 용모가 비슷한 어린 종을 대신 죽게 하고 손자를 피신시켰다가 영조 1년 을사환국으로 정권이 소론에서 노론으로 바뀌자 자수하게 한 것이다. 영조는 노론사대신이 목숨을 바쳐 자신을 왕위 계승자로 만들어 준 덕분에 왕위에 올랐다. 그러니 가슴속 깊이 고마움을 느끼던 은인의 후손이 살아 있다는 소식에 몹시 반가웠을 것이다. 영조는 이봉상을 공릉 참봉恭陵參奉에 제수하고, 대궐로 불러 직접 만나 보았다.

경자년1720에 그대의 조부를 만났었는데, 6년 뒤에 또 그대를 보니 마치 그대의 조부를 만난 것 같다.

《영조실록 1년 5월 9일》

노론의 세상이 되었으니 전날 국법을 어기고 도망간 것은 전혀 문제

영조 어진

조선 제21대 왕 영조의 어진이다. 이이명 등
노론사대신의 지원을 받아 세제로 책봉되고 왕위에
오를 수 있었던 영조는 즉위 후 목호룡의 모함을 받아
역모죄로 사형당한 노론사대신의 복권을 단행하였다.
이 과정에서 처벌을 피해 도피했던 이이명의 손자
이봉상의 죄를 사면하고 벼슬을 주었다. |국립고궁박물관|

이이명 초상

영조의 세제 책봉에 핵심적인 역할을 한
노론사대신 중 한 명인 이이명의 초상이다.
목호룡의 모함을 받아 역모죄로
사형을 당했으나 영조 즉위 후 복권되었다.
이이명의 손자이자 유일한 후사였던 이봉상은
정국의 변화에 따라 도피와 복권과 유배를
번갈아 겪는 기구한 생을 보냈다. |국립중앙박물관|

가 되지 않았다. 오히려 그동안 억울하게 숨어 지낸 것을 동정하고 그를 영웅처럼 여기는 분위기가 역력했다. 이 일에 대해 당시 사관은 이렇게 기록하였다.

> 이봉상이 도망쳤을 때, 흉악한 무리들은 그가 죽었다는 말이 거짓이 아닌가 의심하였다. 그리하여 포도대장 이삼李森이 영호남의 각 지역을 샅샅이 수색하였으나 끝내 찾지 못하였다. 이는 하늘이 도운 것이라 하겠다. 그리고 어린 종이 주인을 대신해 죽은 것은 실로 만고에 없을 우뚝한 절개라 하겠다.
>
> 《영조실록 1년 5월 9일》

이봉상의 집안에서 국법을 어기고 죄인을 바꿔치기한 것에 대해 전혀 문제 삼지 않은 것을 볼 때, 노론 측 사관의 논평임이 분명하다.

그러나 영원한 것은 없다. 2년이 지난 영조 3년, 정국이 다시 바뀌었다. 신임옥사를 일으켰던 소론 정권에 대한 노론의 처벌 요구가 너무 거세자 영조는 다시 소론 세력으로 정권을 바꾸는 이른바 정미환국丁未換局을 단행하였다. 그러자 정권을 잡은 소론 측에서 다시 이봉상 문제를 들고 나왔다.

> 죄인 이봉상은 처벌하라는 명령이 내린 날 제멋대로 도망쳐 숨었으니, 이는 참으로 선에 없던 사건입니다. 앞으로 난신적자亂臣賊子들이 형벌을 받으면 도망가면 된다고 생각할 것이 분명합니다. 선왕 때 처벌을 피해 도망쳤던 죄인 이봉상을 형률에 따라 처단하소서.
>
> 《영조실록 3년 9월 12일》

어제의 영웅이 오늘의 죄인이 되었다. 이봉상에 대한 처리는 정국의 방향을 알려 주는 풍향계처럼 되었다. 영조는 이봉상을 죽여야 한다는 소론 측의 끈질긴 요구를 막아 내고 결국 외딴섬인 진도에 안치하는 것으로 절충하였다.

그 뒤 당파 간의 지나친 갈등을 극복하려는 영조의 의지에 의해 소론과 노론을 함께 등용하는 탕평 정국이 형성되었으나 이봉상의 처리 문제는 여전히 조정에서 뜨거운 감자였다. 소론 측은 국법을 무시하고 도망친 그의 죄를 엄하게 처벌해야 한다고 하고, 노론 측은 이봉상의 부친인 이기지가 뒤집어쓴 역적죄가 벗겨졌으니 이봉상을 처벌할 근거가 없다고 주장하였다. 영조는 서두르지 않고 문제에 접근하였다. 영조 10년1734에 우선 외딴섬에 있던 이봉상을 가까운 육지로 옮겨 주었다. 조정에서는 다시 이 문제를 두고 소론과 노론 간에 치열한 공방을 벌였으나 영조의 뜻은 전보다 확고했다.

김일경의 당이 흉악하였기 때문이다. 이봉상은 나라의 법을 피해 도망친 것이 아니라 당쟁으로 인한 재앙을 피해 도망친 것이다.

《영조실록 11년 1월 28일》

정상적인 나라의 법을 무시하고 도망친 것이 아니라 역적들이 장악한 조정의 불법적인 명을 피해 달아난 것이라는 논리였다. 당쟁의 피해를 누구보다 깊이 이해하고 이를 극복하기 위해 평생 탕평 정치를 실시한 영조였지만, 기본적으로 그는 노론의 시각을 갖고 있었다.

영조 16년1740, 인원왕후가 왕비에 오른 지 40주년이 되는 해를 기넘하여 시행한 대사면 때 이봉상은 유배에서 풀려났다. 실로 14년 만에 자유의 몸이 된 것이다. 이렇게 풀려날 수 있었던 것은 영조가 탕평 정국을 주도하면서 이봉상에게 적대적인 소론 세력을 제어할 수 있게 되었기 때문이다. 이로부터 17년이 지난 영조 33년1757에 이봉상은 사헌부 지평에 제수되었다. 그 배경에는 영조 31년1755 급진 소론 세력들이 나라를 비방하는 글을 나주羅州 객사에 붙인 것 때문에 촉발된 이른바 을해옥사乙亥獄事가 있었다. 이로 인해 소론 세력은 크게 위축되고 노론 중심의 정국이 형성되었다. 이후 노론이 주도하는 정국이 계속되면서 파란만장했던 이봉상의 삶에도 평화가 찾아왔다.

자신이 어떤 가치관을 갖고 있든 자신의 의지와 상관없이 돌아가는 정치적인 환경에 따라 그 사람의 인생이 좌지우지된다는 점에서 모든 인간은 기본적으로 정치적인 존재이다. 근현대사의 격변기를 헤쳐 오면서 남북의 대립, 동서의 대립, 세대 간의 대립, 정파 간의 대립을 겪어 온 우리 사회는 지금 또 얼마나 많은 이봉상을 만들어 내고 있을까?

이규옥

나라가 약하면 굴욕을 당한다

칙서 실종 사건

예나 지금이나 외교는 중요하고 어려운 일이다. 중국, 일본, 북방 유목 민족에 둘러싸인 우리나라는 특히나 더 외교에 신중할 수밖에 없었다. 그러다 보니 종종 웃지 못할 일들이 벌어지기도 했다. 영조 12년¹⁷³⁶ 3월 15일, 영조는 원자^{元子}를 세자로 책봉했다. 이때 책봉된 세자가 우리가 잘 알고 있는 사도세자이다. 다음 해 7월 25일, 세자 책봉에 대한 승인을 받기 위해 서명균을 정사^{正使}로 하는 주청사^{奏請使}가 청나라로 떠났다. 그리고 영조 14년¹⁷³⁸ 1월 17일, 청나라의 칙사가 세자의 책봉을 승인한다는 내용의 칙서를 가지고 조선으로 출발했다는 소식이 조정에 전해졌다. 조정에서는 부담스러워하면서도 기뻐하는 분위기였다. 부담스러운 것은 사신 접대를 위해 치러야 할 갖가지 비용 때문이었고, 기쁜 것은 주청사를 보낸 지 6개월 만에, 기대했던 것보다 빨리 책봉 승인을 받게 되었기 때문이었다. 조정은 비상 체제에 돌입하여 칙사를 맞이할 준비를 하는 한편 하전^{賀箋}, 즉 세자의 책봉을 축하하는 글을 올리라고 전국에 공문을 보내는 등, 책봉 관련 의식 절차를 준비하기 시작했다. 그런데 얼마 후 김빠지는 소식이 전해졌다.

예조 판서 송진명宋眞明 이번 칙사의 행차는 세자를 책봉해 주기 위한 것이 아니었는데, 우리나라에서 잘못 알고 팔도에 공문을 보내 하전을 올리도록 하였습니다. 그에 따라 이미 온 것도 더러 있습니다.

영 조 완전히 착각했으니 참으로 부끄럽구나.

송진명 잘못 전달한 역관은 의금부로 잡아다 처벌해야 합니다. 또한 칙사가 무슨 목적으로 오는지 제대로 알아보지 않은 변경의 신하도 죄가 없을 수 없습니다. 올라온 하전은 어찌할 수 없습니다. 돌려보내면 괜히 웃음거리만 될 것이니 일단 받아 두는 것이 좋겠습니다.

《영조실록 14년 2월 7일》

알고 보니 이때의 칙사는 세자 책봉을 위해서 온 것이 아니라, 2년 전에 즉위한 청나라 건륭제가 자신의 생모를 황태후로 높이고, 부인을 황후로 책봉했다는 사실을 알리기 위해 보낸 칙사였다. 세자 책봉을 축하하는 글을 올리라고 공문까지 돌린 조정으로서는 굉장히 민망하고 부끄러운 상황이었다. 그래도 더 늦기 전에 사실을 알게 되어 다행이었고, 칙사가 오는 것은 그것대로 사실이었기 때문에 완전히 헛고생을 한 것도 아니었다. 말을 잘못 전한 역관과 제대로 알아보지 않은 의주 부윤義州府尹을 치벌하는 것으로 이 문제는 그럭저럭 해결되었다. 진짜 문제는 다른 데에 있었다.

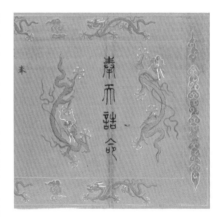

조선국왕세자 책봉 고명
청나라 옹정제가 경의군敬義君 이행李緈을 조선의 왕세자로 책봉한다는 내용을 담은 두루마리 문서이다. 경의군은 영조의 맏아들로 왕세자에 책봉되었으나 10세에 죽었다. 이로 인해 이후 사도세자가 왕세자가 되었다. 사도세자를 세자로 책봉할 즈음 청나라에서 다른 일로 칙사를 보냈는데 오는 길에 칙서가 사라졌다는 소문에 임금과 신하가 몹시 불안해하며 절절맨 기록이 실록에 실려 있다.
|한국학중앙연구원|

영의정 이광좌 원접사遠接使가 이조 판서 조현명趙顯命에게 편지를 보내면서 우의정에게도 보여 주도록 하였는데, 매우 시급히 처리해야 할 사안이라 가지고 왔습니다.

영 조 무슨 편지인가?

우의정 송인명宋寅明 대개 칙사가 의주에 도착하면, 우리 쪽 사람이 으레 밤을 틈타 몰래 칙서를 봅니다. 그런데 이번에는 칙서가 없이 빈 상자만 있었다고 합니다.

영 조 (편지를 가져와 읽은 후) 이는 참으로 전에 없던 일이다. 어떻게 해야 하겠는가?

송인명 혹시 저들 나라에서 앙심을 품은 자가 있어서 두 칙사에게 문제를 일으키게 하려고 이런 짓을 한 것이 아닐지요? 그 이유를 정말 모르겠습니다.

송진명 만약 우리나라 사람들을 속이려고 일부러 다른 곳에 감추어 두었다면 어차피 문제가 없을 것입니다. 하지만 정말 권력 다툼을 하느라 문제를 일으킨 것이라면, 저들 또한 스스로 해결할 길이 없어 분명 우리나라 탓으로 돌릴 것이니, 장차 큰 사달이 날 것입니다.

이광좌 이는 우리에게 잘못이 있는 일이 아니니, 앞으로의 상황에 따라 임기응변해야 합니다. 어찌 우리가 먼저 동요하겠습니까? 만일 저들이 칙서가 없어진 것을 알고 놀라고 동요한다면, 우리도 함께 놀라고 동요하며 위로하면 그뿐입니다. 혹시 그들이 우리가 잃어버렸다고 하면서 우리에게 찾아내라고 한다면, 우리는 '칙서를 받아서 넣고 잠그는 것을 모두 당신들이 주관했으니, 어찌 우리가 잃어버릴 리 있겠는가?'라고 해야 합니다.

영　조　내 생각도 영의정의 말과 똑같다.

송인명　칙사가 우리나라 경내로 들어온 직후에 칙서를 가진 사람을 일부러 물에 빠뜨려 물에 약간 젖게 하고, 이를 핑계로 상자를 열어 보자고 청하는 것이 좋을 듯합니다.

영　조　이는 임금 앞에서 할 말이 아니구나.

《영조실록 14년 2월 7일》

칙서가 사라졌다. 칙사가 의주에 도착하면 대개 밤에 몰래 칙서를 훔쳐봤던 모양이다. 칙서 내용을 미리 조정에 보고하여 대비할 수 있게 하려던 목적이었을 것이다. 이번에도 평소대로 했는데, 달랐던 것은 상자 안에 칙서가 없었다는 것이다. 의주로 마중나간 원접사가 놀라서 이를 조정에 보고하자 조정에서는 매우 당황하면서 사건의 전말을 추리하고 어떻게 대응할지를 논의하였다. 이에 대해 사관은 어떻게 생각했을까?

청나라가 아무리 기강이 없다고 해도, 어찌 칙서를 잃어버릴 리 있겠으며, 또 어찌 일부러 감추어 두고 우리에게 뇌물을 요구할 리가 있겠는가? 설령 도중에 잃어버렸다 해도 그 책임은 저들에게 있고, 몰래 숨겨 놓고 뇌물을 요구한다 해도 우리나라는 할 말이 있다. 그런데 칙서가 없어졌다는 보고가 있자 온 조정이 불안해하고, 심지어 물에 젖게 한 뒤 열어 보도록 청하자는 의견까지 나왔다. 묘당廟堂에서 내놓은 대책이라는 것이 이런 식이니, 식견 있는 사람들이 해괴하게 여겼다.

《영조실록 14년 2월 7일》

경기감영도京畿監營圖 중 모화관慕華館
중국에서 온 사신을 영접하던 곳이다.
중국 사신이 올 때는 2품 이상인 원접사를 의주에 보내고,
선위사 또한 2품 이상인 자로 도중 다섯 곳에 보내어 맞이하게 하고
연회를 베풀어 위로하였다. 중국에서 온 사신이 모화관에 들면,
조선의 왕세자는 그의 앞에 나아가 재배의 예를 행하고
백관도 재배의 예를 행했다. |삼성미술관 Leeum|

원래 칙서는 사신이 서울에 도착하여 조선의 임금에게 전달하기 전
까지는 청나라 측에서 관리하기 때문에 없어졌다 해도 조선에서 책임
질 일이 아니다. 그런데도 칙사들의 횡포를 오랫동안 겪어 온 터라 조
정에서는 동요하고 있었다. 상자를 일부러 물에 빠뜨려 확인해 보자는
구차한 방법까지 거론될 정도였다. 임금과 중신들은 엄청난 스트레스
를 받으면서 칙사가 서울에 도착할 때까지 칙서에 대한 논의를 계속
했다.

한동안 조정을 바짝 긴장하게 한 이 사건의 결말은 결국 어떠했을까?

칙사가 들어왔다. 주상이 모화관에 거둥하여 칙사를 영접했다. 돌아와서 인정전에 나아가 상사上使와 부사副使를 영접하여 다례茶禮를 행하고, 그들의 하인들을 불러 인정전 밖에서 술을 하사했다. 지난번에 칙서를 분실했다고 한 것은, 칙사가 가죽으로 만든 상자 속에 보관해 두고 있다가 파주에 도착한 뒤에야 내놓았기 때문에 역관들이 잃어버렸다고 오인한 데서 생긴 일이었다.

《영조실록 14년 2월 19일》

칙서는 칙사가 계속 가지고 있었다. 결과적으로는 다행이었지만, 노심초사했을 임금과 중신들은 허탈함에 다리에 힘이 풀렸을지도 모르겠다. 물론 애초에 몰래 상자를 열어 보지 않았다면 고민할 일도 없었겠지만, 만반의 대비를 해야 하는 조선의 처지에서는 그럴 수밖에 없었을 것이다. 칙사는 왜 평소와 달리 칙서를 상자에서 꺼내 본인이 직접 가지고 있었을까? 어쩌면 조선에서 미리 칙서를 훔쳐보곤 했다는 사실을 알고서 일부러 숨긴 것은 아닐까? 이유야 어쨌든, 저들의 사소한 행동 하나가 한 나라의 조정을 들쑤셔 놓았다. 첫 단추부터 잘못 끼우며 시작된 이 사건은 약소국의 설움과 외교의 어려움을 잘 보여 주는 한 편의 블랙코미디였다.

최두헌

제4장

제도를 논하다

굶주린 백성이 있다면 내가 배고프게 한 것이고, 추위에 떠는 백성이 있다면 내가 춥게 만든 것이라고 여기셨으니, 이 마음은 바로 요순 같은 성군의 마음이다. 그런데 요순 같은 성군의 정치를 이루지 못한 것은 무엇 때문인가?

오래 사는 것은 운명에 달려 있다

성종과 이심원의 축수재 논쟁

누군가 자신의 장수를 축원해 주겠다고 하면 어떤 마음이 들까? 병 없이 오래 살고자 하는 마음은 누구에게나 다 있겠지만 사는 게 만만치 않다고 느끼는 사람들 중에는 더러 오래 살까 걱정이라며 손사래를 치는 이도 있을지 모르겠다. 옛날에는 사찰에서 신하들이 임금의 장수를 기원하는 행사가 있었다. 이를 축수재祝壽齋라고 불렀다.

축수재는 불교 행사의 하나로 고려 때부터 행했는데, 조선 태종 11년1411에 와서 매년 행하던 축수재를 혁파했다. 태종은 "오래 살고 일찍 죽고는 운명에 달려 있다. 기도가 무슨 소용이 있겠느냐?"라고 축수재를 혁파하는 까닭을 밝혔다. 이후 세종도 축수재를 시행하지 말라고 명했다.

그러나 무슨 이유에서인지 세조 1년1455 삼각산 승가사僧伽寺 등 여러 절에서 탄신 축수재를 다시 베풀었다. 그러다 축수재에 대한 본격적인 논란이 일어난 것은 성종 때이다. 논란의 중심에 있던 인물은 종친인 효령대군의 증손 주계 부정朱溪副正 이심원李深源이었다. 그는 김종직金宗直의 문인으로 평소 '학문은 경술經術을 깊이 연구하고 마음

삼각산 승가사
1455년(세조 1)
탄신 축수재를 베풀었다는
삼각산 승가사의 일주문 모습이다.
축수재는 불교 행사의 하나로 고려
때부터 행해져 왔는데 1411년(태종
11)에 와서 매년 행하던 축수재를
혁파하라는 명이 내린다.
오랜 논란 끝에 이루어진 축수재
혁파는 이후 왕실에 여전히 남아
있던 각종 불교 행사를 혁파하라고
주장하는 근거가 되기도 하였다.
|개인소장|

은 바른 이치를 간직하였으니, 나는 성현聖賢의 문도門徒이다.'라고 자
부하던 인물이었다.

성종 8년1477 9월 9일, 이심원은 임금과 함께한 자리에서 축수재에
대해 논한다.

이심원《경국대전》에서 예제禮制에 어긋나는 제사인 음사淫祀를 금지하였
지만 제대로 지켜지지 않다 보니 습속이 변하지 않았습니다. 지금
성수청星宿廳을 수리하라 명하셨다고 들었습니다. 전하께서 불교를
믿지 않는다 해도 궐 밖 사람들이 어찌 그것을 다 알겠습니까?

성 종 경의 말이 분명 옳다. 그러나 이것은 내가 처음 만든 것이 아니라 선
대왕 때에 시작한 것이다.

이심원 축수재는 주상을 위하여 거행하는 것이라서 신하들이 감히 말하기

어렵습니다. 그러나 옛말에 '부정한 방법으로 복을 구하지 말라.' 하였고, '제사 지내야 할 귀신이 아닌데 제사 지내는 것은 귀신에게 아첨하는 것이다.' 하였습니다. 임금이 어진 정치를 시행한다면 근본이 튼튼해지고 나라가 편안해져 건강과 장수를 누릴 것이니, 어찌 부정한 방법으로 복을 구할 것이 있겠습니까? 큰 덕을 지니면 반드시 걸맞은 지위를 얻고 반드시 장수를 누린다는 말이 있습니다.

(주상이 좌우를 돌아보고 신하들의 의견을 물었다.)

윤자운 尹子雲 장수를 빌며 기도하는 것은 주상을 위하는 일이니, 올바른 방법이 아니라 해도 갑자기 혁파하기는 어렵습니다.

이심원 윤자운의 말은 틀렸습니다. 장수를 기원할 때에 식견이 있는 사람이 겉으로는 따르는 척해도 마음속으로는 잘못이라 여긴다면 무슨 유익함이 있겠습니까? 선대왕 때부터 해 온 일이라도 도리에 어긋난다면 바로 고쳐야 하니 어찌 삼년상이 끝나기를 기다릴 것이 있겠습니까? 청컨대 속히 혁파하십시오.

성 종 내가 생각해 보도록 하겠다.

《성종실록 8년 9월 9일》

그러나 성종은 이심원의 의견을 받아들이지 않는다. 이해 11월 26일 이심원은 다시 장문의 글을 올렸다.

사람의 화와 복은 모두 스스로 가져오는 것입니다. 선한 일을 하지도 않고 귀신에게 아첨하고 기도해서 복을 얻은 자는 없으며, 악한 일을 하지 않고 정도만을 지키고도 화를 당한 자 또한 없습니다. 하물며 임금의 탄생은 실로 천명을 받은 것입니다. 신과 인간의 주인으로서 욕망을 절제하고 언행을 바르게 하며 덕을 닦아 정사를 행하고 억조창생을 편안하게 할 수 있다면 수고롭게 기도하지 않아도 재해가 사라지고 장수와 복이 올 것입니다. …… 하늘에 죄를 지으면 사람들이 원망하고 신이 노할 것입니다. 그렇게 되면 날마다 천금을 허비하여 나쁜 귀신에게 제사한다 하더라도 결국 화를 재촉할 뿐이니, 끝내 무슨 유익함이 있겠습니까? …… 만약 부처의 힘을 빌려 성상의 수명을 하루 한 시각이라도 연장할 수 있다면 신하의 마음으로는 자기 몸을 백번 바친다 해도 괜찮을 것입니다. 그렇지만 고금에 한 번도 그런 사례가 없었으니, 어찌 그것이 이치에 맞는 일이겠습니까?

《성종실록 8년 11월 26일》

이심원은 덕을 닦아 어진 정치로 백성을 편안하게 해 주면 절로 장수하게 될 것이니 축수재를 지낼 필요가 없다고 주장했다. 성종은 이 상소를 읽고 이심원이 자신의 명성을 위해 상소를 올린 것은 아닌지 의심하며 다른 신하들의 생각을 물었다. 그때 승지들이 이심원의 말에는 그른 점이 전혀 없다며 두둔했다. 한참 있다가 성종은 이심원을 불러 놓고 표범 가죽 한 벌을 하사하며 전교했다.

축수재는 선왕께서 지내시던 것이기 때문에 감히 혁파할 수 없다. 세조는 선왕이 아니신가? 그대는 세종을 본받길 바라는가? 그대의 말은 받아들일 수 없으니, 앞으로 받아들일 수 없는 말은 아뢰지 말라.

《성종실록 8년 12월 2일》

그러나 이심원은 12월 2일, 다시 차자를 올렸다. 세조가 예종에게 세상의 변천에 따라 일을 해 나가야 한다면서 부왕의 행적이라고 바꾸기를 꺼린다면 '둥근 구멍에 모난 자루를 끼우는 격'이 된다고 일러 준 말을 인용했다. 그리고 세조를 본받으려거든 '도道를 좇으라'고 일러 준 세조의 뜻을 따르라고 설득했다.

경복궁 자경전 십장생 굴뚝
경복궁 자경전 뒤뜰 꽃무늬 담의 한 면을 돌출시켜 만든 굴뚝이다.
십장생은 해[日]·달[月]·산[山]·내[川]·대나무[竹]·소나무[松]·거북[龜]·학[鶴]·사슴[鹿]·
불로초[不老草] 등 불로장생不老長生을 상징하는 열 가지 사물이다.
옛 사람들은 장수를 기원하며 십장생을 시문詩文·그림·조각 등에 많이 사용하였다. |문화재청|

경전의 글을 인용하고 세조의 말까지 끌어와 성종의 논리를 정면으로 반박을 하니, 성종도 더는 버티기 어려웠을 것이다.

올바른 도리를 힘껏 진술하고 이단을 배척하여, 나를 요순 같은 성군으로 만들려고 하는구나. 내가 비록 무지몽매하지만 그 정성을 매우 가상히 여긴다. 경의 의견에 따라 즉시 축수재를 혁파하겠다.

《성종실록 8년 12월 2일》

마침내 이심원은 성종으로부터 축수재를 혁파하겠다는 답을 받아냈다. 축수재를 혁파하라고 끈질기게 주장한 이심원에 대해 사관은 다음과 같이 기록하였다.

이심원은 독서를 좋아하고 옛 성현의 도를 흠모하여, 유자儒者를 만나면 반드시 성리性理의 연원에 대해 토론하였다. 이단의 책을 찢어서 버리며, 고상한 뜻을 품고 직언을 하니, 사람들이 간혹 미친 사람으로 보기도 하였다.

《성종실록 8년 12월 2일》

이심원이 축수재 혁파를 청하는 상소를 올린 것은 혈기가 왕성한 나이인 24세 때였다. 옳다고 생각하는 일에 대해서는 관철될 때까지 물러서지 않는 거침없는 성격으로 인해 남들의 눈 밖에 나기도 했지만 결국은 임금의 마음을 돌리는 데 성공하였다. 이후 축수재 혁파는 왕실에 여전히 남아 있던 각종 불교 행사를 혁파하라고 주장하는 근거가 되기도 하였다.

올바른 도리를 바로 세우기 위해 그릇된 길의 근원을 끊어야 한다는 이심원의 줄기찬 주장은 관습적으로 행해 온 왕실의 행사까지 혁파할 만큼 집요하고 강력한 것이었다.

하승현

맡긴 후에는 의심하지 말아야 한다

암행어사를 보는 두 가지 시각

금 동이의 좋은 술은 천 사람의 피이고

옥 소반의 맛있는 안주는 만백성의 기름이네

촛농 떨어질 때 백성 눈물 떨어지고

노랫소리 드높은 곳에 원성도 높구나

이몽룡은 거지 차림새로 남원 부사의 생일잔치에 불쑥 나타나 이 시 한 수를 지어 보여 모인 수령들의 등골을 서늘하게 했다. 그리고 그는 얼마 후 '암행어사 출또야!'를 외치는 나졸들을 거느리고 남원 관아에 들이닥쳐 잔치판을 뒤엎었다. 보는 이의 가슴을 후련하게 만드는 《춘향전》의 한 장면이다. 암행어사는 본디 수령의 불법과 비리를 감찰하고 백성의 고통을 살피는 존재였다. 행정뿐만 아니라 군사, 사법 등 지방 통치를 전적으로 담당한 수령의 정사를 관찰사가 자세하게 살피기에는 역부족이었기에 조정에서는 때때로 별도의 관원을 파견하여 수령을 감찰하게 하였다. 이렇게 파견된 관원이 바로 암행어사이다.

몰래 관원을 보내 지방 수령을 감찰하게 하는 것이 통치자 입장에서

마패馬牌의 앞면과 뒷면

마패馬牌의 앞면과 뒷면
마패는 공무로 출장 가는 관원에게 역마를 이용할 수 있도록 지급한 증표이다.
마패에 그려진 말의 수는 품계에 따라 정해졌다. 암행어사에게도 감찰할 내용을 적은 봉서封書,
놋쇠로 만든 자인 유척鍮尺과 함께 마패를 지급하였다. |국립중앙박물관|

는 매우 효과적인 방법이 될 수 있지만 감찰의 대상이 된 지방 수령은
임금에게 믿음을 받지 못한다는 생각이 들 수 있다. '불시에 사람을 보
내 백성의 고통과 수령의 불법에 대해 조사하게 하자'는 사헌부의 건
의에 대한 세종과 신하들의 대화를 살펴보자.

　세　종　찰방察訪을 파견하여 수령의 정사를 감찰하게 하자는 의견은 받아
　　　　들이지 않겠다. 한 도의 권한을 전적으로 관찰사에게 맡기고 한 고
　　　　을을 다스리는 책임을 수령에게 위임해 놓고서, 그들을 의심하여 조
　　　　정의 관원을 보내 감찰하게 하는 것이 어찌 정치의 중요한 원칙에

부합하겠는가? 예전에 재상 유정현柳廷顯이 팔도에 암행을 보내자는 의견을 올려 몇 년 동안 시행해 보았지만 상당히 많은 폐단이 생겼다.

......

안숭선安崇善 임금의 직무는 오직 적임자를 잘 선택하여 임용하는 것입니다. 임용하기 전에 적임자를 잘 선택하고 임용한 뒤에는 의심하지 말아야 임금과 신하 간의 믿음이 돈독해질 것입니다. 이제 감사와 수령을 이미 임용하셨으니 누군가 헐뜯는다고 쉽사리 물러나게 해서는 안 됩니다. 하물며 조정에서 파견한 사람이 백성에게 수령을 고소하도록 해서야 되겠습니까?

세 종 그대의 말이 나의 마음과 꼭 맞는다.

《세종실록 15년 7월 27일》

지신사知申事 안숭선은 임금의 중요한 직무로 '적임자를 임용하는 것'을 꼽았고, 맡긴 후에는 의심하지 말 것을 요구하였다. 또한 백성이 중앙에서 보낸 관리에게 자기 고을 수령을 고소한다면 백성이 윗사람을 업신여기는 풍조가 생기지 않을까 우려하였다. 이는 안숭선뿐 아니라 많은 사람이 공유하는 인식이었다.

그러나 얼마 후 세종도 결국 "봄가을로 경기도에 감찰을 파견하여 불법을 삼찰하는 것처럼 다른 도에도 파견한다면, 백성의 호소나 고발이 아니더라도 백성의 고통을 알아낼 수 있을 것입니다."라는 사헌부의 건의를 받아들인다. 나라의 근본인 백성을 위해 탐관오리를 징계한다는 측면에서 감찰의 필요성을 인정한 조치였다.

성종 때, 사헌부 장령 정미수鄭眉壽가 어사를 보내 수령의 불법을 조사하자고 청하였다. 이에 성종이 예고 없이 불시에 보내자고 하자, 정미수는 반대한다. 불시에 보낸다면 수령들이 문서를 감추기에 급급할 텐데, 수령이 이런 행동을 한다면 백성의 본보기가 될 수 없다는 것, 그리고 왕명을 받든 신하가 몰래 다니는 것은 온당치 못하다는 것이 그 이유였다. 이에 대해 사관은 다음과 같이 논하였다.

전에 여러 차례 어사를 보내 불시에 자세히 조사하게 하였는데, 한 고을만 지정한 적도 있고, 경유하는 고을을 모두 조사하게 한 적도 있다. 문서와 장부를 조사해서 많은 잘못을 적발해 내니 여러 고을이 소란스러웠다. 그러나 요행히 그물을 빠져나간 고을에서는 간악한 정사가 날이 갈수록 늘었다.

임금을 곁에서 모시고 경연에 참석하는 반열의 관원이 어사로 나가는 경우가 많았기 때문에 이들이 한번 역참을 지나가기만 해도 여러 고을에서는 긴급한 공문보다도 신속하게 기별하였는데, 이를 '호랑이가 나타났다는 소식[虎聲息]'이라 하였다. 어사를 호랑이처럼 두려워하였기 때문이다. 이따금 말을 달려 고을을 지나가는 협객이라도 있으면 '홍문관 관원'이라고 지목하면서 어사가 나타났다고 선동하기도 했다.

조지서趙之瑞가 광주廣州에서 매우 혹독하게 조사한 적이 있었다. 후에 한 어사가 광주에 도착하자 고을 서리書吏가 달려가 수령에게 알리려고 "조지서가 옵니다. 조지서가 옵니다." 하고 연거푸 외치다가 앞을 제대로 못 보고 기둥에 부딪혀 넘어졌다. 어사가 멀리서 보이기만 해도 이렇게 소동이 벌어진 것이다.

정미수의 의견을 받아들여 감찰할 고을을 추첨하여 은밀히 적발하는 법이 결국 폐지되었다.

　사관은 암행어사가 수령의 많은 불법 행위를 적발해 낸 것을 암행 감찰의 긍정적인 측면으로 보았다. 그러나 감찰을 면한 고을에서 수령의 불법이 더욱 심해진 것, 암행어사가 나왔다는 소문만으로도 소요가 일어나는 것 등 부정적인 측면이 컸으므로 암행 감찰 제도에는 문제가 있다고 지적하였다. 결국 정미수의 의견을 받아들인 것을 보면 성종과 신하들도 이러한 폐단을 인식했음을 알 수 있다.

　중종과 영가부원군永嘉府院君 김수동金壽童의 대화는 암행어사가 제도화된 이후에도 이러한 고민이 계속되었다는 것을 보여 준다.

김수동 근래 암행어사를 보내 수령의 범법 행위를 적발하는데, 이는 타당하지 못한 듯합니다. 윗사람이 올바른 방법으로 아랫사람을 대하지 않는다면 아랫사람 역시 올바른 방법으로 윗사람을 섬기지 않을 것입니다. 봄가을로 어사를 보내 백성의 고충을 물으면 되니, 암행어사는 보내지 말아야 합니다. 수령이 법을 어기고 분수에 넘는 짓을 하면 본디 감사가 조사하여 적발하는 법이 있으니 다시 엄하게 살피라고 명하는 것이 마땅합니다.

숭　종 낱낱이 살피는 것이 좋은 일은 아니다. 그렇지만 백성의 행복과 불행이 수령에게 달려 있고, 또 역대 조정에서 시행했던 사례가 있으므로 보내는 것이다.

김수동의 주장은 "임금은 신하를 예로 부려야 하고, 신하는 임금을
충성으로 섬겨야 한다."라는 공자의 말과 일치한다. 정당하지 않은 방
법으로 대하는 사람에게 충성을 다할 사람이 어디 있겠는가? 또한 관
찰사의 입장에서 보면 수령을 관할할 책임을 맡겨 놓고 자신을 믿지
못해 암행어사를 파견한다고 느낄 수도 있다. 그러나 중종은 김수동의
명분에는 동의하면서도 백성의 고충을 살피기 위해 필요한 제도라고
여겼다.

조선 후기에는 판소리의 소재가 될 만큼 암행어사 제도가 널리 시
행되었다. 수령의 불법을 적발하는 것은 물론, 진휼이나 양전 등 특별

한 사안이 있을 때에도 암행어사를 파견하여 조정의 명령이 제대로 시행되고 있는지를 살폈다. 이는 수령을 감시하고 백성의 고충을 살피는 암행어사의 순기능을 적극 인정한 결과일 것이다.

그리고 더 이상 조선 전기에 고민했던 원론적인 문제, 즉 맡기고 나서 의심해도 되는지, 임금의 명을 받든 신하가 몰래 돌아다니는 것이 옳은지에 대해 고심한 흔적은 보이지 않는다. 이미 조선 후기 사회에는 수령의 불법과 부정부패가 만연해 이러한 원론적인 고민이 무색해졌기 때문일 것이다.

정영미

공물은 때를 보아 거두어야 한다

정유재란 중의 공물 요구

전쟁이 일어나면 가장 고통받는 사람은 일반 백성이다. 선조 25년1592에 시작되어 7년간 지속된 왜란은 조선 팔도에 회복하기 힘든 크나큰 상처를 남겼다. 삶의 기반인 농업이 무너지면서 백성은 극심한 굶주림에 시달려야 했다. 장정들은 전쟁터에 끌려가 목숨을 잃었고, 남은 사람들도 명나라 군대의 군량미 운반과 같은 각종 부역에 강제로 동원되는 등 이루 말할 수 없을 정도로 고초를 겪었다.

하지만 이 난리 통에도 왕실을 유지하는 여러 기능은 변함없이 돌아가고 있었던 것으로 보인다. 정유재란丁酉再亂이 한창이던 1598년 1월, 궁궐의 음식을 맡은 관청인 사옹원司饔院에서 선조에게 다음과 같이 여쭈었다.

경상도에서 중전中殿에 별도로 진상하는 생청어生靑魚를 배지인陪持人을 시켜 가져오게 한다면 먼 도道 사람들에게 많은 폐해가 생길 것입니다. 조처하기가 매우 어렵기에 감히 여쭙니다.

《선조실록 31년 1월 16일》

246

'영일현 토산' 청어

《신증동국여지승람》을 보면 경상도 영일현에서 나는 토산품 중 하나로 청어가 실려 있다.
매년 겨울이 오면 이곳에서 청어가 가장 먼저 잡혔다고 한다. 임진왜란과 정유재란을 겪으며
경상도가 황폐화되었을 때에도 선조는 생청어 공물을 견감해 주지 않고 계속 바치게 하였다.
|국립생물자원관, 규장각한국학연구원|

아직 전란이 완전히 끝나지 않아 백성은 초근목피草根木皮로 연명하
던 상황인데 조정에서는 엉뚱하게도 중전에게 진상하는 생청어 이야
기가 오가고 있었다. 생청어를 바치게 되어 있는 경상도 지방은 왜적
이 침입하는 1차 관문으로, 전란에서 가장 큰 피해를 입은 지역이었다.
비록 정유재란 때에는 왜적이 전국적으로 들끓지는 않았다고 하지만,
경상도 지역에는 여전히 수많은 왜적이 활개를 치고 있었다. 이 상황
을 보고 답답했던 건 당시의 사관도 마찬가지였던 것 같다.

경상도는 왜적이 처음으로 쳐들어온 곳이었기 때문에 다른 도보다도 더 심

하게 인가가 텅 비고 백골이 산처럼 쌓여 있었다. 게다가 또다시 큰 전쟁이 일어나 장정들은 전쟁터에서 죽고 노약자들은 군량을 운반하느라 고초를 겪었다. 아내가 남편의 죽음을 슬퍼하고 자식이 아비를 잃고 통곡하니 애통한 소리가 처참하게 들려왔다. 그런데도 공물貢物로 올리는 청어 하나를 없애지 않고 원래대로 바치게 했으니, 이를 통해 나랏일이 하나같이 어처구니없는 지경에 이르렀음을 알 수 있다.

《선조실록 31년 1월 16일》

나라에서 요구하는 공물의 진상은 평상시에도 백성에게 큰 부담과 고통을 주었다. 그런데 전란 중에도 변함없이 공물을 바치라고 하니 그 고통은 더욱 배가 되었을 것이다. 당시 백성은 사면초가四面楚歌의 처지에 놓여 있었다. 한편으로는 왜적의 침략에 벌벌 떨어야 했고, 다른 한편으로는 공물을 납부하라는 관가의 독촉에 피가 말라 갔다.

청어는 예로부터 동해, 남해, 서해를 가리지 않고 두루 잡힌 흔한 생선이었다. 《난중일기亂中日記》에는 수군들이 청어를 잔뜩 잡아다가 군량미와 바꾸었다는 기록들이 나온다. 워낙 흔하고 값이 싸다 보니 가난한 선비들도 살찌운다 하여 '비유어肥儒魚'라는 애칭을 얻기도 했다. 당시 가장 유명한 청어 산지는 포항 앞바다의 영일만迎日灣으로, 그곳에서 맨 처음 청어를 잡아 진상하면 비로소 다른 고을에서도 진상을 시작했다고 한다.

그런데 당시 조정에서 요구한 것은 그냥 청어가 아닌 '생청어'였다. 등 푸른 생선이라서 쉽게 부패하는 청어를 생물로 바치기 위해서는 빠른 운송이 필수적이었다. 결국 이 때문에 흔히 파발擺撥이라 불리던 배지陪持까지 동원해야 했다. 한창 전란 중에 급보를 알리기 위해 존재하던 파발을 진상품 수송에까지 동원하다 보니 현지에서 발생하는 폐해가 만만치 않아 사옹원에서 임금에게 여쭙는 지경까지 이르게 된 것이다. 결국 이 일은 사옹원에서 따로 사람을 파견해 생청어를 인계받는 방식으로 바꾸어 폐해를 줄이는 쪽으로 정해졌다. 하지만 이는 어디까지나 미봉책에 불과할 뿐, 궁극적으로 백성의 고통을 덜어 주는 조처는 아니었다.

왜란이 발발한 초기에 선조는 황해도의 생청어 공납을 견감해 준 적이 있었다. 도성을 버리고 의주까지 피신했다가 가까스로 환도還都하면서 해주에 머무르는 동안에 내린 조치였다. 하지만 전란이 전국으로

《공폐貢弊》
1753년(영조 29)에 공물을 생산하는 공인들이 자신들이 겪고 있는 문제에 대해 조정에 탄원한 상소와 이에 대해 정부 측에서 조처한 내용을 기록한 책이다. |규장각한국학연구원|

확산되지 않은 정유재란 때에는 왕실의 안위에 큰 문제가 없다 보니 경상도 지역에서 받는 고통을 미처 헤아리지 못한 모양이다.

전란이 끝난 뒤에도 청어 진상은 계속해서 백성들을 괴롭힌 것 같다. 선조 33년1600에 체찰사體察使 이항복李恒福이 올린 보고를 살펴보자.

잘못된 정사를 조사하여 조금이라도 개선할 방법을 모색하여 보았습니다만, 예전부터 지켜 오던 규정이라 어찌할 수 없어서 장부를 조사하며 한숨만 쉴 뿐 감히 변경하지 못하였습니다. 그중에 그나마 조정해 볼 만한 것이 딱 세 가지가 있었는데, 청어의 진상과 각 관사에 긴요하지 않은 공물을 올리는 일과 조운선漕運船이 침몰했을 경우 연해의 백성에게 곡식을 징수하는 일 등이었습니다. 상황을 잘 고려하여 이것들을 모두 감면하도록 하소서.

《선조실록 33년 2월 25일》

체찰사 이항복은 연해의 백성이 청어 진상으로 인하여 고통받는 모습을 직접 보고 그 실상을 임금께 아뢰어 폐해를 줄일 것을 건의하였다. 그러나 이로 인해 청어 공물을 감면해 주었다는 기록은 그 어디에서도 찾아볼 수 없다. 오히려 선조 36년1603에는 청어가 많이 잡히니 이왕이면 세금까지 매겨 국가 재정을 확충하자는 호조戶曹의 기막힌 주장까지 나왔다.

신조는 왜란이 발발하자 도성마저 포기한 채 의주로 몽진蒙塵하였다가 왜적이 평양까지 진격하자 요동으로 망명하려고까지 했었다. 위기를 당해 국토와 백성은 이토록 쉽게 포기하면서 왜 그 흔한 물고기 하나는 전란 중에도 포기하지 못했을까? 사옹원이 생청어를 진상하는 일에 대해 여쭈자 선조가 즉석에서 내린 대답은 "편한 대로 하라."였다. 임금 자신은 별반 관심 없는 사안이니 해당 부서가 알아서 처리하라는 어감이다. 한창 전란 중인 상황에서 생청어가 중전의 상에 오르기까지 백성의 노고가 얼마나 컸을지를 돌아보지 못한 임금의 무심함이 그저 야속할 따름이다.

허윤만

관리는 얼음처럼 맑고 옥처럼 깨끗해야 한다

선조의 청백리 선발

예나 지금이나 지위가 높아지면 자연스레 부와 명예가 따르기 마련이다. 직무의 대가로 받는 녹봉 등의 급여가 늘어나기도 하지만 지위를 이용해 재산을 증식할 기회도 많아지기 때문이다. 공자는 "부귀는 사람들이 원하는 것이지만 정당한 방법으로 얻은 것이 아니면 누리지 않겠다."라고 하였다. 공자의 말씀을 금과옥조로 여겼던 조선 시대 사람이 이 말씀을 몸소 실천했다면 조금 더 바람직한 세상이 되었겠지만 실상은 그렇지 못했다. 관직에 있으면서 부정한 방법으로 부를 축적한 사람이 너무나도 많았다.

또한 당시 사회 분위기도 부정부패를 어느 정도는 묵과하는 듯했다. 성호 이익은 "우리나라를 본래 인정人情의 나라라고 이르는데, 이는 큰 일이나 작은 일이 뇌물로 말미암아 이루어지지 않는 것이 없기 때문이나."라고 하였는데, 여기서 인정은 뇌물을 가리키는 말이다.

이런 사회 분위기 속에서는 잠깐 눈감아 주기만 해도 경제적 여유를 누릴 수 있으니, 이를 마다할 사람은 많지 않을 것이다. 그러다 보니 조정에서는 관직에 있으면서도 재산을 축적하는 데 마음을 쓰지 않고 청빈한 생활을 한 관리를 '청백리淸白吏'나 '염근리廉謹吏'로 뽑아 다른 관리의 모범으로 삼았다.

선조 34년1601 1월, 선조는 청백리를 선발하라고 이조에 명하였다. 임진왜란 이후 더욱 심해진 관리들의 부정부패를 척결하기 위한 하나의 방편이었다. 사관은 이 일에 대해 다음과 같이 적었다.

이때 전쟁을 겪고 난 뒤에 부정부패가 점점 심해져 수령이나 변방의 장수는 말할 것도 없고 지위가 높은 관원이나 청직淸職에 있는 자들까지도 양심에 따라 뇌물을 거절하지 못하여 돈 좋아한다는 비난을 받았다. 그러니 청백리를 선발하라는 성상의 이 하교는 당시의 폐단에 딱 들어맞는 대책이다. 청백리를 등용하는 것이 바로 탐관오리를 억제하는 방법이니, 나라의 중흥을 위한 급선무가 바로 여기에 있다.

《선조실록 34년 1월 8일》

사관은 청백리를 선발하라는 선조의 하교를 탐관오리를 억제하기 위한 매우 적절한 조치라고 보았다. 그런데 추천의 권한을 가진 대신들은 5월이 되어서야 청백리라는 이름을 함부로 부여하기 어렵다는 이유로 명칭을 염근리로 바꾸어 13명을 추천하였다. 염근리라는 명칭은 이때 처음 나왔다. 추천된 이는 유성룡柳成龍, 이원익李元翼, 김수金晬, 이광정李光庭, 성영成泳, 최여림崔汝霖, 허욱許頊, 오억령吳億齡, 허잠許潛, 이유중李有中, 이시언李時彦, 김장생金長生, 이기설李基卨이다. 하지만 이들에 대한 사관의 평가는 어떠했을까?

《청선고清選考》

조선 초기부터 한말까지 동·서 양반兩班의 주요 관직 및
직계별 선생안先生案을 수록한 인명록이다. 이 책에 실린 〈청백靑白〉에는
태조 때부터 영조 때까지의 청백리 189명의 명단이 올라 있다. |규장각한국학연구원|

 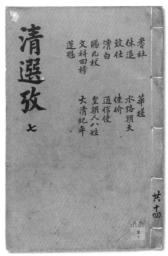

이 당시 얼음처럼 맑고 옥처럼 깨끗하여 흠집 하나 없는 사람을 많이 찾아볼
수 없었다. 그러나 이원익은 충성스럽고 지조가 있어 일편단심으로 국가를
위해 힘껏 일하기만 했지 털끝만큼도 사적인 이익을 추구하지 않았다. 그래
서 벼슬이 정승에 이르렀는데도 생계를 유지하기 어려웠다. 사람들은 평생
청빈하게 사는 것을 견디지 못하지만 그만은 태연하였다. 최여림은 무인이
다. 신중한 몸가짐과 맑고 깨끗한 품행을 젊어서부터 늙을 때까지 한결같이
지켰다. 이는 문사文士도 하기 어려운 것이니 그의 맑은 절조節操는 더더욱
당시 사람들에게 칭송받을 만했다.

이런 사람들은 청백리로 선발해도 명칭과 실상이 어긋나지 않는데, 청백

리에서 염근리로 낮추어 선발했다. 그리고 많이 뽑는 데만 급급하여 부적절한 사람으로 채워 넣는 것도 개의치 않았다. 심지어 간사한 무리로 지목되었던 이유중과 평소 청렴하다는 명성이 없었던 김장생도 그 안에 끼워 넣었다.

《선조실록 34년 5월 16일》

사관은 13명 중에 이원익, 최여림 두 사람은 청백리로 선발해도 충분한데 염근리로 격을 낮춘 것을 안타까워하였다. 그리고 보통 5, 6명 정도 뽑던 것을 13명이나 선발하면서 부적절한 사람까지 포함시킨 것을 비판하였다. 4개월이 지난 10월 16일, 선조는 다시 2품 이상의 관원을 불러 염근리를 선발하게 하였다. 이때 선발된 사람은 이원익, 유성룡, 허잠, 이시언이었다.

이날 선발된 허잠에 대해서는 "성품이 매우 간사하여 가는 곳마다 청렴한 척하여 명성을 얻었으나 실제로는 임금에게 총애를 받는 신하들을 잘 모셔 그들 덕에 출세할 계획을 가지고 있었다. 그런데 이때에 와서 염근리로 선발되니 비난하는 사람이 많았다."는 기록이 보인다. 또 이시언은 평산 부사平山府使로 재임하면서 관아 창고의 곡식을 마음대로 처분하여 생긴 이익을 착복한 혐의가 있어 후임 평산 부사가 그를 염근리로 선발한 것을 취소하자고 요청한 일도 있었다.

하지만 두 차례 모두 염근리로 선발된 이원익은 이들과는 달랐다.

전 의정부 영의정 완평부원군完平府院君 이원익이 졸하였다. 이원익은 사람됨이 강직하고 청빈하였다. 여러 고을의 수령을 역임하며 뛰어난 치적으로 이름이 났고, 평안도 관찰사를 두 번 역임했는데 그곳 백성들이 공경하고 그

이원익 초상
조선 시대 대표적인
청백리로 알려진
이원익의 초상이다.
'사람됨이 강직하고
청빈하였으며,
여러 고을의 수령을
역임하며 뛰어난
치적으로 이름이 났다.'는
평가를 받았다.
|국립중앙박물관|

리워하여 사당을 세우고 제사를 지냈다. …… 늙어서 직무를 맡을 수 없게 되자 벼슬에서 물러나 금천衿川으로 돌아갔다. 비바람도 막지 못하는 몇 칸의 초가집에 살면서 떨어진 갓에 베옷을 입고 쓸쓸하게 여생을 보내니 그를 본 사람들이 그가 전직 재상임을 알아차리지 못했다.

《인조실록 12년 1월 29일》

《인조실록》에 실린 이원익의 졸기이다. 이 기사를 보면 이원익이 두 차례나 염근리로 선발되었던 이유를 짐작할 수 있다. 이뿐만 아니라 인조 15년1637 2월 16일의 《승정원일기》에도 그의 됨됨이를 잘 보여주는 일화가 실려 있다. 이원익이 평안도 관찰사 시절 몸소 밥과 식기를 가지고 다녔는데 이는 백성이 관원을 접대하는 수고를 덜어주기 위해서였다는 것이다. 이러한 기록들을 통해 사관이 이원익이 청백리가 아닌 염근리로 선발된 것을 왜 아쉬워했는지를 알 수 있다.

우리는 어려울 때일수록 모범이 될 만한 사람을 갈망한다. 그러나 만인의 사표師表가 될 만한 사람을 찾기란 쉽지 않다. 그런 사람이 흔하다면 몇 사람을 뽑아 청백리니 염근리니 이름 붙일 일도 없었을 것이다. 우리 시대에도 이원익처럼 '털끝만큼도 사적인 이익을 추구하지 않는' 공직자가 있을까? 그러한 사람이 있다면 그와 같은 시대를 함께 산다는 것만으로도 큰 위안을 받을 수 있을 것 같다.

정영미

백성은 먹는 것을 하늘로 삼는다

인조의 진휼 대책

수많은 종교나 사상이 정신과 도덕을 강조하지만 인간에게 보다 더 중요한 것은 먹고사는 문제이다. 생명을 유지할 수 없다면 어떤 종교적 진리나 뛰어난 사상도 결국 공허한 것이 되고 만다. 인간의 생존을 가장 크게 위협하는 것으로는 전쟁과 자연재해를 꼽을 수 있는데, 이 두 가지가 겹치기라도 하면 인간이 겪는 고통은 이루 말할 수 없이 커진다.

인조 6년1628 평안도와 황해도에 극심한 가뭄이 들자 인조가 다음과 같이 하교하였다.

평안도와 황해도 지방이 전쟁의 피해를 혹독하게 입었는데, 금년에는 또 유례없는 가뭄까지 들어 간신히 살아남은 불쌍한 우리 백성이 모두 굶어 죽게 되었다. 이 두 지역을 생각할 때마다 나도 모르게 목이 멘다. 해당 조로 하여금 특별한 대책을 세워 죽어 가는 백성을 구제하게 하라.

《인조실록 6년 7월 4일》

1년 전인 인조 5년에는 후금의 공격을 받아 평안도와 황해도 지역

이 그야말로 초토화되었다. 그때 싸우다 죽은 시신조차 수습하지 못하고 있는데, 이번에는 극심한 가뭄이 닥친 것이다. 굶주려 죽는 백성이 속출하자 조정에서는 진휼 대책을 논의하였다. 우의정 이정귀李廷龜는 이 지역이 명나라와 맞닿아 있으니 명나라의 곡식을 사들여 백성에게 먹이는 것이 어떻겠느냐는 의견을 제시했다. 사헌부와 사간원에서는 보다 구체적인 대책을 아뢰었다. 종묘의 제례祭禮 때 음악을 쓰지 않는 대신 악공들에게 베를 거두어 부족한 물자를 채우자는 방안, 왕실에 진상하는 각종 공물貢物을 줄이거나 폐지하자는 방안, 황해도 지방의 갈대밭에서 거두는 세금과 어염세魚鹽稅를 그 지역 관청에서 거두게 하자는 방안 등이었다. 모두 백성의 부담을 줄이고, 긴요치 않은 지출을 억제하자는 내용이었다. 병조 참의 유백증兪伯曾은 이보다 더 강력한 대책을 제시했다.

올해의 가뭄은 근래에 없던 심각한 수준입니다. 국가나 민간에 저장된 곡식이 고갈되어 옮겨 올 곳도 없고 사 올 방도도 없으니, 위에서 덜어 아래를 보충해 주는 것 외에 다른 방법이 없습니다. 신이 듣건대 내탕고內帑庫에 저장되어 있는 것도 충분하지 않다고 하니, 전부 나누어 주더라도 어떻게 굶주린 백성에게 두루 돌아갈 수 있겠습니까? 그러나 임금이 사재私財를 털어 나라 살림에 보탠다면 백성의 마음을 감동시키는 가장 좋은 방법이 될 것입니다. …… 황해도의 갈대밭은 대비전大妃殿에 소속되어 있고, 그 지역 물고기와 소금이 생산되는 땅은 왕족이 소유하고 있습니다. 이렇게 전쟁이 일어나고 흉년이 든 지금, 회수하여 백성에게 돌려주는 것이 좋겠습니다."

《인조실록 6년 7월 29일》

유백증 정사공신교서 兪伯曾靖社功臣敎書
유백증이 인조반정 때 세운 공으로 정사공신에 녹훈되었을 때 받은 교서이다. 정묘호란 직후
큰 가뭄이 들어 백성들이 도탄에 빠지자 당시 병조 참의였던 유백증이 임금의 사재를 털어
백성에게 나누어 주고 종친에게 하사한 땅도 백성에게 돌려주자고 건의하였다. |개인소장|

임금의 개인 재산인 내탕고의 재물로 굶주리는 백성들을 구휼하여
우선 모범을 보이고, 대비나 왕자, 공주들에게 하사했던 땅도 백성에게
돌려주어 문제를 해결하자는 것이다. 모든 백성이 우러러보는 위치에
있는 사람들이 먼저 그 책임을 다하도록 하자는 이른바 '노블레스 오
블리주'를 요구한 것이다. 인조는 이런 충정어린 건의에 답했다.

상소를 보고 잘 알았다. 그대의 의견이 매우 훌륭하다. 상소의 내용은 그대
로 시행하도록 하겠다.

《인조실록 6년 7월 29일》

보기에는 흠잡을 데 없는 답변이다. 그러나 무엇을 어떻게 하겠다는
구체적인 내용은 전혀 없는 쭉정이 같은 대답이었다. 이후로도 유백증
이 건의한 대로 시행했다는 기록이 보이지 않는 것을 보면 인조의 말
에 진정성이 없었다는 것을 알 수 있다. 백성들은 굶어 죽어 가고 있는
데 가진 자들은 내놓지 않으니, 이런 상황에서는 편법이라도 동원해서

추수 타작

김득신의 작품으로, 가을걷이를 하여 타작하는 모습을 그린 것이다.
백성에게 가장 절실한 것은 먹을 것이다. 정묘호란 직후 큰 가뭄이 들자 조정은
진휼 대책을 마련하였다. 세금을 감면하고 종친이 하사받은 땅을 돌려주는 등의
실질적인 대책을 제안했지만 결국 시행되지는 못하였다. |간송미술관|

재원을 마련할 수밖에 없었다. 그 대표적인 예가 곡식을 받고 벼슬을
파는 공명첩空名帖 장사였다.

국가가 난리를 겪은 뒤에는 항상 공명첩을 가지고 곡식을 모아들였는데 끝

내는 신뢰를 잃는 결과만 낳고 말았습니다. 선비나 백성이 공명첩을 오직 곡식을 얻기 위한 수단으로만 이용한다고 생각하기 때문에 곡식을 납부하라고 권해도 내려고 하지 않는다고 합니다. 하삼도下三道의 선비 가운데 수령의 직책을 감당할 만한 자는 곧바로 수령에 임명하고, 무과에 급제했으나 벼슬이 없는 자들 가운데 변장邊將에 적합한 자는 곡식을 납부한 양에 따라 첨사僉使, 만호萬戶 등의 직책에 제수하면, 필시 응모하는 자가 많을 것입니다. 이조와 병조에서 제수하는 자라고 하여 어찌 모두 곡식을 바친 자들보다 낫겠으며, 시골에서 농사짓는 자들이라 하여 어찌 모두 임용할 수 없겠습니까?

《인조실록 6년 9월 10일》

진휼청에서 올린 계사이다. 매번 공명첩 장사를 통해 '언발에 오줌 누기' 식으로 미봉책을 써온 결과 선비와 백성의 불신이 심해졌으니, 이제는 곡식을 많이 납부한 자에게 실제 관직을 주자는 주장이다. 이러한 주장까지 한 것을 보면 재원을 마련하기가 얼마나 어려웠는지 짐작할 수 있다. 그러나 상황이 이러한데도 인조의 대응에는 여전히 알맹이가 없었다.

각 도의 관찰사는 휘하의 수령들을 엄히 단속하여 나의 간절한 마음을 헤아려 밤낮으로 게으름 피우는 일 없이 궁핍한 자들을 구제하여 굶어 죽지 않게 히리. 내가 관원을 보내 조사할 적에 만약 굶어 죽은 백성이 있으면 용서하지 않을 것이다.

《인조실록 6년 9월 6일》

백성이 굶어 죽는 것을 해결할 구체적인 방안은 없고, 관원들이 구휼을 잘못하면 처벌하겠다는 경고뿐이다. 이런 상황을 기록한 사관의 평을 보자.

　이렇게 심한 흉년이 들자 주상께서 백성을 구해야 한다는 마음이 간절하여, 백성들이 바쳐야 하는 무명, 약재, 공물 등을 감해 주셨다. 날마다 백성의 고난을 안타까워하는 하교를 내리셨고 팔도에 자문을 구하는 것이 모두 백성을 진휼하는 문제였다. 굶주린 백성이 있다면 내가 배고프게 한 것이고, 추위에 떠는 백성이 있다면 내가 춥게 만든 것이라고 여기셨으니, 이 마음은 바로 요순 같은 성군의 마음이다. 그런데 요순 같은 성군의 정치를 이루지 못한 것은 무엇 때문인가? 왕실과 왕족이 가진 토지와 재물이 백성들을 먹이고 입힐 만큼 충분히 많았는데도 끝내 회수하라는 청을 따르지 않으셨으니, 참으로 애석하다.

《인조실록 6년 9월 6일》

　사관 또한 유백증과 같이, 지엽적인 대책만으로는 문제를 해결할 수 없다고 생각했다. 왕가가 소유한 토지와 재물을 백성을 위해 내놓는다면 굶어 죽는 문제를 해결할 수 있을 텐데, 이것은 전혀 손대지 않은 채 말로만 백성을 위하는 인조를 날카롭게 비판하고 있다.

　중국 역사상 최고의 태평시대를 열었다고 평가받는 당나라 태종은 태자에게 다음과 같은 가르침을 남겼다. "임금은 배와 같고 백성은 물과 같다. 물은 배를 띄울 수도 있지만 배를 전복시킬 수도 있다. 너는 장차 임금이 될 사람인데, 백성을 두려워하지 않아서야 되겠는가?" 권력을 휘두르기만 하는 것이 임금 노릇이라고 생각하는 위정자가 듣는다면 등골이 오싹해질 만한 말이다. 위정자가 백성을 두려워해야 백성들도 위정자를 하늘처럼 여길 것이다. 백성을 두려워한다면 어떻게 해야 하겠는가? 백성이 하늘로 삼는 먹고사는 문제를 해결해 주어야 한다.

이규옥

가혹한 정치는 호랑이보다 무섭다

현종 대 대흉년과 세금 감면

'가정맹어호苛政猛於虎'라는 고사성어가 있다. '가혹한 정치는 호랑이보다 무섭다.'는 말이다. 어느 날 공자가 제자들과 함께 태산泰山 부근을 지나다가, 여인의 구슬픈 울음소리를 들었다. 가서 물어보니 자신의 시아버지, 남편, 아들이 잇달아 호랑이에게 물려 죽었다는 사연을 들려주었다. 자로子路가 왜 호랑이를 피해 다른 곳으로 떠나지 않느냐고 묻자, 여인은 "그래도 이곳에 있으면 세금을 혹독하게 징수당하거나, 못된 벼슬아치에게 재물을 빼앗기는 일은 없습니다."라고 했다. 이 말을 전해 들은 공자가 제자들에게 한 말이 바로 '가정맹어호'다. 여인의 말을 통해서도 알 수 있듯이, 가혹한 정치의 선봉에는 늘 세금 수탈이 있었다.

조선에서도 마찬가지였다. 현종 4년1663 1월에 있었던 현종과 신하들의 대화를 살펴보자.

> **원임 대신 이경석**李景奭 선왕 때 호남에서 대동미大同米를 13말씩 거두기로 정했습니다. 그런데 지금 들어 보니 13말은 너무 많아서 필요한

《전남도 대동사목全南道大同事目》
전라도에서 운영된 대동법의 제반 원칙을 기록한 책이다.
1663년(현종 4)에 편찬·반포되었다. 큰 가뭄이 들자 이경석과 정유성 등은 원래 13말이었던
전라도의 대동미를 줄여 줄 것을 건의하였으나 현종은 윤허하지 않았다. |국립중앙도서관|

곳에 다 쓰고도 남는다고 합니다. 적절한 수준으로 대동미를 줄여
백성들의 부담을 덜어 주는 것이 좋겠습니다. 지난번에 관찰사도 대
동미를 줄여 달라고 청했는데, 묘당에서는 거들떠보지도 않았으니
몹시 잘못된 일입니다.

좌의정 원두표元斗杓 호남의 선비도 상소하여 줄여 줄 것을 청하였고 관찰
사도 줄여 달라고 청했지만, 모두 윤허를 받지 못했습니다. 그런데
지금 들어 보니 여러 고을에서는 조정의 명만 기다리면서 아직까지
대동미를 거두어들이지 않고 있다고 합니다.

현 종 그렇다면 결코 줄여 줄 수 없다. 쓰고 남은 것이 있을 때 줄여 달라고
청하는 것이야 관찰사의 직분이지만, 줄이라는 명만 기다리며 아직
까지도 거두어들이지 않는 것은 안 될 일이다.

《현종실록 4년 1월 4일》

현종이 즉위한 뒤 몇 년 동안 극심한 흉년이 이어져 백성은 처참한
지경에 처해 있었다. 현종 3년1662 2월에는 흉년으로 끼니를 제대로
잇지 못하는 사람이 경상도에만 8만 명이 넘는다는 보고가 올라왔다.
담양에 사는 백성 이정일李廷一은 자식들이 굶주리는 것을 차마 볼 수
없어 스스로 목을 매기도 했다.

이렇게 심한 흉년이 들면 피해 정도에 따라 부세賦稅를 일시적으로
줄여 주거나 아예 면제해 주었다. 당시 호남에서는 전지田地 1결당 쌀
13말을 대동미로 거두고 있었는데, 필요한 곳에 쓰고도 남을 정도로
많은 양이었던 것 같다. 이경석은 다 쓰지도 못할 대동미를 원칙대로
거두느니 필요한 만큼만 걷고 나머지는 감면해서 계속된 흉년에 시달
린 백성의 숨통을 조금이나마 틔워 주자고 청하였다. 상식적이고 시의
적절한 의견이었다. 그러나 현종은 단호하게 거부했다. 이유는 확실하
지 않지만, 현종에게는 곤경에 처한 백성을 구제하는 것보다 국가재정
을 확보하는 것이 우선이었던 듯하다. 이에 대해 사관은 다음과 같이
논평하였다.

이경석의 이 의견은 실로 위에서 덜어 아래에 보태 주는 도리에 부합한 것
이었다. 그런데 원두표는 정승의 신분으로 함께 어전에 나왔으면서도 말 한

마디 거들지 않아, 백성을 보살피는 정책이 시행되지 못하게 되었다. 너무도 애석한 일이다.

《현종실록 4년 1월 4일》

겉으로는 원두표만을 비판하고 있지만, 그 안에는 현종에 대한 비판도 담겨 있다. 결정을 내리는 것은 결국 임금이기 때문이다.

이렇게 대동미 감면은 없었던 일이 되는 듯했지만, 한 달여가 지난 2월 12일, 우의정 정유성鄭維城이 다시 문제를 제기했다.

우의정 정유성 호남에서 거두는 대동미를 줄여 줄 것인지 여부를 아직 정하지 않았습니다.

이조 판서 홍명하洪命夏 어떤 이는 줄여 주어야 한다고 하고 어떤 이는 줄여 주면 안 된다고 합니다. 영의정은 줄여 주면 안 된다고 했습니다.

현　종 나는 호남에서 거두는 13말이 경기에서 거두는 16말보다는 부담이 적다고 생각한다.

우의정 정유성 해마다 계속 흉년이 들어 백성이 목숨을 부지하기도 어려운데, 어찌 급히 필요하지도 않은 곡식을 바치라고 재촉하여 백성이 목숨을 부지하지 못하게 할 수 있겠습니까?

《현종실록 4년 2월 12일》

정유성은 이경석과 마찬가지로 어차피 대동미가 남을 것이니 백성의 부담을 줄여 주기를 청했다. 그러나 현종은 호남에서 거두는 대동미의 양이 경기보다 상대적으로 적으니 원래대로 거두어도 문제 될 것

호남 지방의 대동미 견감 관련 기사

현종실록 4년 2월 12일 기사이다. 호남 지방의 대동미 견감 관련 기사와
이에 대한 사론이 실려 있다. 사관은 "무거운 세금을 마구 거두어들이는데도
백성이 곤경에 빠지지 않고 나라가 위태로워지지 않은 적은 없었다."고 하며
대동미 견감을 반대한 신하들을 강하게 비판하였다. |국가기록원 부산기록관|

이 없다며 결국 현상 유지를 택했다. 이에 대해 사관은 다소 과격한 어
조로 논평했다.

호남에서 대동미로 거두는 13말 중에서 3말을 줄여 주어도 충분히 필요한
곳에 쓸 정도가 된다. 관찰사의 장계와 이경석 등이 올린 상소와 차자는 백
성들의 사정을 제대로 파악하고 수요를 감안하여 주상에게 아뢴 것이었다.
그러니 마땅히 한목소리로 줄여 줄 것을 청하여 은혜로운 정사가 백성에게

미치도록 하는 것이 대신의 도리이다. 그런데 지금 원두표는 줄여 주면 안된다고 힘껏 주장했고, 홍명하도 좇아서 맞장구를 쳤다. 무거운 세금을 마구 거두어들이는데도 백성들이 곤경에 빠지지 않고 나라가 위태로워지지 않은 적은 없었다. 정자는 '변변찮은 지위의 관리라도 만물을 사랑하는 마음을 가지고 있다면 반드시 다른 사람을 도울 수 있다.'라고 하였다. 그런데 원두표는 정승의 지위에 있으면서 이 점은 생각지도 않은 채 오로지 주상의 뜻에 영합하여 총애를 유지하려고만 하고, 백성을 괴롭히고 나라를 병들게 하는 것은 개의치 않았으니, 너무도 모질다.

《현종실록 4년 2월 12일》

여전히 신하들만 비판하는 듯하지만 앞서 본 사관의 논평보다 강도가 더 높아졌다. 백성의 삶을 고려하지 않은 세금 징수는 백성들을 고달프게 할 뿐 아니라 나라를 위태롭게 한다. 원두표처럼 대신의 지위에 있는 사람이라면, 임금이 이처럼 잘못된 정책을 주장할 때 적극적으로 바로잡아야 하는데 오히려 임금에게 영합하여 백성을 괴롭히고 나라를 병들게 하고 있다고 비판했다.

백성에게 세금을 걷는 것은 한 개인이나 특정 집단의 이익을 위해서가 아니라, 국가 재정을 안정적으로 유지하기 위해서이고, 이는 결국 백성의 삶을 안전하고 풍요롭게 만들기 위한 바탕이 된다. 따라서 세금을 얼마나 어떻게 거둘지 결정하는 기준은 늘 백성의 삶이어야 한다. 원칙은 그렇다. 그러나 위정자들은 이 대원칙을 곧잘 망각한다. 법을 무기로 백성을 수탈할 뿐 그들의 고통은 돌아보지 않는다.

언젠가 한 TV 뉴스 진행자가 여론을 들끓게 한 세금 인상에 대해 논평하면서 '가정맹어호'를 언급했다. 정부는 국가재정의 악화로 인해 세금 인상이 불가피하다고 항변했다. 이 와중에 전 세계 조세 피난처에 꽁꽁 숨겨진 돈이 800조 원에 육박한다고 한다. 우리나라 1년 예산의 두 배가 넘는 금액이다. 버거울 만큼의 세금을 성실하게 납부하여 국가재정을 채우는 것은 여전히 힘없는 백성의 몫이다. 그러나 혜택은 좀처럼 돌아오지 않는다. 담양의 백성처럼 희망 없는 삶보다 영원히 잠들어 편안해지는 것을 택하는 사람들이 늘고 있다. 공자가 이 시대에 태어났다면 이렇게 말했을지도 모르겠나.

가혹한 정치는 죽음보다 무섭다.

최두헌

신뢰는 임금의 보물이다

현종 대 대흉년과 병역 대책

아무리 부유하고 문화적 수준이 높은 나라라도 스스로를 지킬 군사력이 없으면 외적의 침입에 허무하게 무너질 수 있다. 그러다 보니 군대의 필요성에 이의를 제기하는 사람은 많지 않다. 그러나 한편으로 군대는 국가와 국민들에게 큰 부담이 된다.

현종 11년1670과 12년에는 전국적으로 큰 흉년이 들고 전염병까지 돌아 백성의 삶은 전쟁을 치른 것보다 더 참혹할 정도였다. 전근대 시기에는 천재지변이 임금의 실책이나 부덕 때문에 발생한다는 관념이 있었다. 이에 현종 13년1672 3월 16일, 임금은 대신의 건의에 따라 자신의 죄를 자책하고 새로운 각오를 다지는 내용의 교서를 반포했다. 여기에는 죄를 지은 자를 사면하고 죽거나 도망간 사람들에 대한 징포徵布를 탕감해 주는 대책과 함께 3년간 병력을 충원하지 않겠다는 내용이 포함되어 있었다. 당시에도 세금과 병역이 백성의 가장 큰 고충이었기에, 제대로 시행되기만 하면 조금이나마 백성의 고난을 구제하고 민심을 안정시킬 수 있는 조치였다. 그러나 제대로 시행되지 않았다. 다음은 같은 해 6월 23일의 기사이다.

병조 판서 민정중閔鼎重 흉년으로 인해 6월에 정기적으로 병력을 충원하는 세초歲抄를 시행하지 않았습니다. 그러나 정초군精抄軍과 포보砲保는 이미 그 전에 충원하였으니, 대궐의 호위가 중요하기 때문입니다. 응사鷹師도 정해진 날에 주상께 올릴 꿩고기의 공급을 맡고 있기 때문에 궐원이 생길 때마다 충원하도록 하였습니다. 그런데 지난번 대간의 계사로 인해 병력을 충원하지 말라는 명령이 있었기 때문에 지방에서는 어떻게 해야 할지를 몰라 물어보는 사람이 많습니다.

현　종 응사도 포보의 예에 따라 똑같이 충원하도록 하라.

《현종실록 13년 6월 23일》

정초군은 병조 소속의 병사 중에서 선발한 정예병으로 궁궐의 호위를 담당했다. 포보는 훈련도감의 재정을 충당하기 위해 둔 병역의 일종으로 직접 복무하지 않는 대신 포布를 납부했다. 훈련도감은 유사시에는 수도 방위를, 평시에는 군사들의 훈련과 임금의 호위 임무를 맡은 군영軍營이다. 3년간 병력을 충원하지 않겠다고 한 것이 불과 3개월 전인데, 궁궐과 임금의 호위가 중요하다는 이유로 정초군과 포보는 예외적으로 병력을 충원하고 있었다. 여기에 더해 병조 판서 민정중은 응사도 예외로 두어 인원이 비면 충원하자고 건의했고, 현종이 윤허했다. 응사는 매를 사육하고 매사냥을 해서 왕실에 진상할 꿩을 잡는 특수 병종이었다. 병역으로 분류되기는 하지만 정초군, 포보와는 달리 국방과 직접적인 관련은 없었다. 그럼에도 충원을 명령한 것은 그들이 임금에게 주기적으로 올릴 꿩고기의 공급을 맡았기 때문이었다. 지난번 교서에서 현종은 국가적인 위기 상황을 맞아, 수라상에 올리는 반

매하쌍치도梅下雙雉圖
조선후기 화가 최북崔北의
작품으로 매화나무 밑에서
노니는 암수 꿩 한 쌍을
그린 것이다. 현종은 국가적인
위기 상황을 맞아, 수랏상에
올리는 반찬 가짓수를 줄이고
호위 무사의 인원을 감축하는
등 검약의 미덕을 솔선수범하고
있다고 주장했다. 하지만
한편으로는 여전히 응사에게
꿩을 잡아 바치도록 하였다.
|국립중앙박물관|

찬 가짓수를 줄이고 호위 무사 인원을 감축하는 등 솔선수범하여 검
약의 미덕을 실천하고 있음을 주장했다. 그러나 응사가 바치는 꿩고기
는 차마 포기할 수 없었던 모양이다.

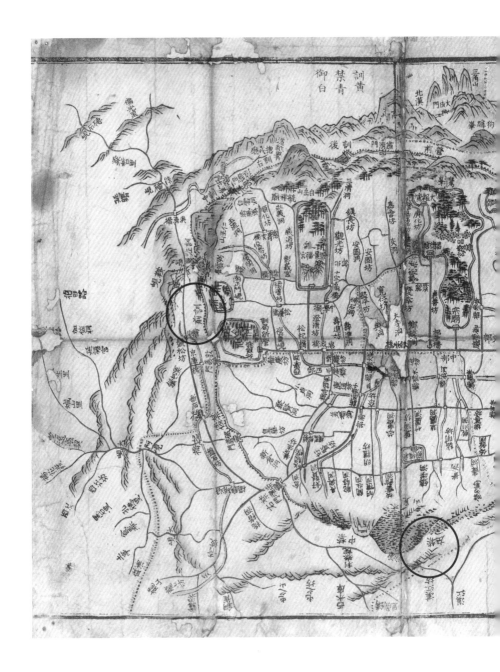

도성삼군문분계지도 都城三軍門分界地圖

1751년(영조 27) 제작된 수도 한성의 지도로서
영조가 도성의 수비에 관해 내린
윤음綸音과 절목節目 등을 기록한
《어제수성윤음御製守城綸音》에 수록되어 있다.
서울의 동쪽 대부분은 어영청의 관할 구역이며
남서쪽은 금위영, 북서쪽은 훈련도감의
관할 구역으로 표시되어 있다.
지도에 적힌 전훈前訓은 훈련도감의 전군前軍,
좌금左禁은 금위영의 좌군左軍,
중영中營은 어영청의 중군中軍을 뜻한다.
|성신여자대학교박물관|

이처럼 병역에 대한 대책을 번복한 것은 백성의 부담을 가중시킨다는 점에서도 문제였지만, 더 큰 문제는 백성과의 약속을 저버렸다는 데 있었다. 사관은 다음과 같이 비판했다.

신뢰는 임금의 보물이다. 자고로 백성에게 신뢰를 잃고도 나라를 훌륭하게 다스린 임금은 없었다. 금년 봄에 주상께서 특별히 자신을 자책하는 하교를 내렸는데, 그 안에 각종 군병의 빈자리를 3년 동안 보충하지 말아서 백성들의 살림이 필 수 있게 하라는 내용이 있었다. 주상께서 이렇게 말씀하셨으니 누군들 감동하지 않았겠는가? 그런데 얼마 되지 않아 교묘하게 명분을 만들어 내서는, 대궐의 호위가 중요하다는 이유로 정초군을 보충했고, 정예병을 키우는 데 재원이 필요하다는 이유로 포보를 충원했으며, 주상에게 올릴 꿩고기의 공급을 맡았다는 이유로 응사를 충원하는 등 평상시와 다를 것 없이 장정들을 찾아내 군역을 부과하였다. 그리하여 간신히 살아남은 백성은 뒤숭숭하여 안정을 찾지 못하게 되었으니, 백성에게 신뢰를 크게 잃고 만 것이다. 일을 맡은 신하들이 주상의 뜻을 잘 받들지 못하여 끝내는 조정이 신뢰를 잃게 하였으니, 그 안타까움을 이루 다 말할 수 있겠는가?

《현종실록 13년 6월 23일》

큰 흉년과 전염병으로 참담한 처지에 놓여 있던 백성에게 임금이 교서에서 내세운 대책들은 지옥 구덩이 속에 내려진 한 가닥 동아줄처럼 느껴졌을 것이다. 한시적으로 군대에 징발되지 않을 수 있다면 그동안 안심하고 생업에 종사할 수 있으니, 백성은 어려운 상황 속에서도 삶에 대한 희망과 의지를 다시 일으켰을 것이다. 그러나 알고 보니 백성에게 내려진 것은 썩은 동아줄이었다. 조정은 이런저런 구실로 다시 병역을 부과하기 시작했고, 그 정도가 교서를 내리기 전과 크게 다르지 않을 만큼 심했다. 이렇게 되면 국가에 대한 백성들의 신뢰는 무너지고, 간신히 찾은 희망은 앞날에 대한 절망과 임금에 대한 원망으로 변하게 된다. 이렇게 할 것 같으면 애초에 하지 않는 것이 나았을 것이다.

한 나라의 국방력은 병력의 수나 무기의 질적 수준만으로 결정되지 않는다. 경제, 정치, 외교 등 다양한 방면의 국가적인 역량이 필요하다. 여기에 더해 국가 구성원들의 안보관과 국가관 역시 중요한 요소가 된다. 잘못된 정치로 인해 내부의 신뢰와 결속이 무너지고 국가의 존재 의의에 대해 의심하는 사람이 많다면 이는 강한 외적의 침입만큼이나 위험한 상황이다. 사관의 비판과 우려는 바로 이 점을 겨냥한 것이었다.

이후로도 조선의 백성들은 오랜 세월 고질적인 폐단에 시달렸다. 시간이 갈수록 지배층의 무능과 횡포는 도를 더해 갔고, 백성들의 삶은 날로 황폐해졌다. 국가는 백성에게 믿음을 주지 못했고, 백성들은 더 나은 세상에 대한 희망을 갖지 못했다. 불치병과도 같은 국가에 대한 불신과 절망은 조선 후기와 말기에 민란의 급증이라는 형태로 그 증상을 드러냈다. 외세의 침탈이 있기 전에 조선은 이미 내부에서부터 무너지고 있었다.

최두헌

국가는 백성의 억울함을 위로해야 한다

전염병과 여제厲祭

'불가항력不可抗力', 인간의 힘으로는 어찌할 수 없는 힘이나 사태를 일컫는 말이다. 비 한 방울 떨어지지 않아 곡식은커녕 풀조차 말라 버리는 극심한 가뭄이나 자고 나면 사망자가 속출하게 하는 전염병을 바라보는 조선 시대 사람들이 떠올린 말이 아니었을까 싶다.

숙종 43년1717 봄부터 시작된 전염병은 1718년 3월 들어 잠잠해지는 듯하다가 9월부터 다시 기승을 부려 이듬해 초까지 계속되었다. 1718년 9월부터 11월까지 두 달 동안 보고된 각 도의 전염병 피해 상황이다.

9월 19일 : 함경도 환자 1470명, 사망자 230여 명

9월 21일 : 경기 환자 2750명, 사망자 1384명

9월 29일 : 평안도 환자 1770여 명, 사망자 400명

10월 3일 : 강원도 사망자 380여 명, 일가족 모두 사망 22호户

10월 27일 : 평안도 환자 2314명, 사망자 540명

10월 30일 : 황해도 환자 1700명, 사망자 120명

11월 10일 : 함경도 환자 6000여 명, 사망자 1000여 명

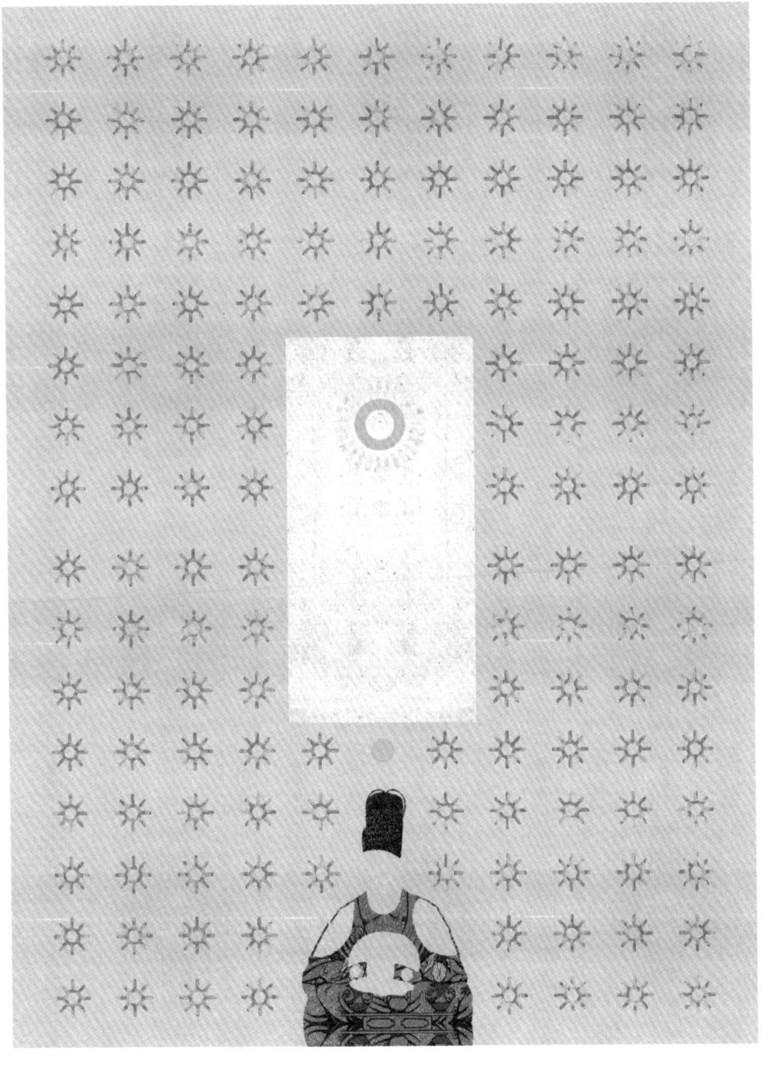

《마과회통麻科會通》

정약용이 홍역의 진단과 치료법을 정리하여 편찬한 책이다. 조선시대에는 전염병이 돌면 치료에 필요한 약재와 의서醫書 등을 내려보내고 의원을 파견하는 한편, 원한을 품은 귀신인 여귀厲鬼를 위로하고 재앙의 기운이 사라지길 기원하며 여제厲祭를 지냈다. |국립중앙도서관|

5개 도에서 두 달 동안 환자가 1만 6000여 명, 사망자가 4060여 명이 나 발생하였으니, 얼마나 전염력이 강하고 치사율이 높은지 가늠할 수 있다. 이런 사태에 직면한 조정은 어떤 조처를 취했을까?

전염병이 발발한 지역에 치료에 필요한 약재와 의서 등을 내려보내 고 의원을 파견하는 것은 전염병이 성행할 때 내리는 기본적인 조처였 다. 1717년 봄부터 전염병 피해가 이어지던 상황이라 이전부터 환곡 의 탕감과 상환 기한의 연기, 양전의 잠정적 정지, 축성築城의 정지 등 민생을 안정시킬 대책이 제기되고 있었다. 전염병 피해가 날이 갈수록 심각해지자 조정은 전염병으로 인해 사망한 자의 환곡과 신포身布를 탕감해 주는 조치를 내리고 아직 매장하지 못한 시신을 묻어 주라고 각별히 지시했다. 이어 피해가 심한 도에는 군포軍布, 노비 신공身貢, 신역身役, 부역 등을 경감해 주고, 곡식을 싼값에 발매發賣하여 백성들이 혜택을 입을 수 있도록 하며 수령을 유임시켜 접대로 인한 부담을 줄이게 하였다. 또한 정기적으로 병력을 보충하는 세초도 사망자 수만큼만 보충하도록 하고, 어영청 등 서울의 군영에 지방에서 군사들이 군역을 치르러 올라오는 것도 정지하였다.

전염병의 치료와 생활의 안정이라는 측면에서 취할 수 있는 조치는 거의 다 동원한 셈이었다. 그러나 전염병의 기세는 여전히 잦아들지 않았다.

인력으로 어찌해 볼 수 없는 재해 앞에서 임금은 신하들에게 자신의 잘못을 지적하고 정사에 대해 조언하도록 하였다. 그리고 임금이 정전을 떠나 다른 곳에 머무는 피전避殿, 수라상의 반찬 가짓수를 줄이는 감선減膳, 제사나 연회 등에 음악을 연주하지 않는 철악徹樂 등을 시행하였다. 자신을 반성하고 근신함으로써 재해를 누그러뜨릴 수 있다고 여겼던 것이다.

그리고 간절한 마음을 모아 재해를 소멸시켜 달라는 제사를 지냈다. 전염병이 확산 일로에 있던 10월 18일, 숙종은 동쪽, 서쪽, 남쪽 세 곳의 교외에 단壇을 설치하고 근신近臣을 보내 전염병으로 죽었으나 제사를 지내 줄 사람이 없는 혼령에 대한 제사를 지내게 하였다. 이렇게 하고도 전염병의 기세가 수그러들지 않자 11월에는 북교北郊에서 여제를 지내도록 하고는 병환 중임에도 직접 제문을 지어 내렸다.

여제는 여귀에게 지내는 제사이다. 옛사람들은 전쟁이나 형화刑禍, 홍수, 전염병 등의 재앙을 당해 비명횡사한 사람이나 제사 지내 줄 후손이 없는 귀신이 원통한 마음을 풀지 못하여 여귀가 되는데, 이 여귀의 원한이 온갖 재앙과 전염병을 만들어 낸다고 여겼다. 원통한 귀신을 위로하여 전염병을 종식시키고 전염병의 공포에 떨고 있는 산 사람의 마음을 안심시키려는 간절한 기원을 담아 숙종은 제문을 지었다.

아! 귀신도 마음이 있으니, 이치로 깨닫게 할 수 있다. 지금 우리 백성이 큰 재앙을 만났으니, 이런 때에 귀신이 아니면 누구에게 빌겠는가? 이에 내가 안타까운 마음으로 고통을 절감하며 최선을 다해 귀신에게 고하였는데도 언제나 들어줄지 갈수록 더욱 멀게 느껴진다. 어찌 귀신이 어질지 않아서이겠는가? 실로 나의 정성이 부족해서이다. 내 자신을 돌아보니 얼굴이 뜨거워지며 부끄럽다. 아! 본래 덕이 없는 내가 과분하게도 임금이 되었으니 백성을 구원하고 싶은 마음 간절하나, 정성이 신명을 감동시키지 못하였다. …… 여름에 농사를 짓지 못해 황폐한 이랑이 눈에 가득하더니, 겨울 들어서는 한데서 거처하여 굶주림과 추위를 견디지 못해 온 집안이 다 죽기도 하고 시신을 거두어 묻어 줄 사람이 없어 시체 더미가 쌓이고 마을이 텅 비게 되었다. 계속 이러면 사람의 씨가 마를 것인데 사람이 다 죽고 나면 나라는 어디에 의지할 것이며, 귀신은 또 누구에게 의탁할 것인가? 아! 참혹하다. 차마 더 말하지 못하겠다. 병든 몸으로 노심초사하여 마음이 불에 타는 듯하다. 차라리 내가 이런 일을 당하여 눈을 감은 채 아무것도 몰랐으면 싶다.

《숙종실록 44년 11월 23일》

여제의 제문은 지제교知製教가 짓는 것이 일반적이며 임금이 제문을 짓는 경우는 극히 드물다. 더구나 당시 숙종은 병이 심하여 직접 정무를 보지 못하고 세자가 대리청정代理聽政을 하고 있던 시기였다. 얼마나 급박한 상황이고 절박한 마음이었는지 짐작이 가는 대목이다. 제문

무무도巫舞圖

신윤복의 작품으로, 무당이 굿을 하는 모습을 그린 것이다.
옛사람들은 온갖 재앙과 전염병의 원인이 원한이 서린 귀신에게 있다고 보았다.
그리하여 재액을 물리치기 위해 간절한 마음을 모아 제사를 지내곤 했다. |간송미술관|

에 대해 사관은 다음과 같이 적었다.

아! 지극하다, 백성을 염려하는 성상의 덕이여! 옥체가 불편하신 지 7, 8년
이 되어 정무를 모두 세자에게 위임하셨으니, 한밤중에 신음하고 마음 쓰며
글을 지어서는 안 되었다. 그런데도 거듭해서 전염병이 참혹하게 도는 것을
근심하고 백성이 다 죽어 가는 것을 아파하여, 기도를 올릴 수 있는 모든 귀
신에게 정성을 모아 기도하였고 또 귀신에게 제사 지내는 글을 손수 짓기까

지 하셨다. 줄줄이 이어지는 수백 마디 말이 모두 애통하고 참담한 마음에서 나왔으니, 정성과 간절함은 금석金石을 꿰뚫고 귀신을 울리기에 충분하다. 아! 백성을 근심하는 지극한 덕을 지니신 우리 임금이 아니라면, 어떻게 이런 일을 할 수 있겠는가?

《숙종실록 44년 11월 23일》

사관은 병든 몸으로 손수 제문을 지은 임금에게 후한 평가를 내렸다. 백성의 고통을 그만큼 절박하게 인식하였다고 보았던 것이다. 여제를 통해 이런 통치자의 마음을 전하여 죽은 귀신들뿐 아니라 고통스러운 현실을 견뎌 내고 있는 산 사람들의 마음까지 함께 위로하고자 하였다. 위로를 통해 살아남은 백성이 마음을 추스르고 다시 힘을 낼 수 있는 계기를 마련해 주고자 했던 것이다.

곽성연

공평하지 않으면 인심을 잃는다

양전量田의 폐단

국가는 국민이 감당할 수 있을 만큼의 세금을 거두어들여야 하고 그 과정을 공정하게 관리해야 한다. 전세, 공물, 부역이 위주인 조선의 조세 제도는 전세 이외의 것도 점차 농지에 부과하는 전세의 형태로 바뀌어 갔다. 이에 따라 부과 기준을 명확히 세우기 위해 농지의 면적과 소유자, 경작 상황을 정확하게 파악해야 했다.

조선은 20년마다 한 차례씩 양전이라는 토지 조사를 하도록 법으로 규정하였다. 거두어들이는 대상을 정확히 파악하여 전세를 부과하기 위한 목적이라면 백성이 양전을 반대할 이유는 없다. 하지만 양전하는 과정에 드는 많은 비용이 백성에게 전가되고 농지의 조사와 등록이 공정하지 않다면 누가 이를 반기겠는가? 그래서 조정도 필요성은 인정하면서도 백성의 고통과 원망을 우려하여 제때 양전을 시행하지 못하였다. 또 양전을 시행한다 해도 농지 면적을 정확히 측량하는 과정은 매우 복잡한 데다 등급을 매기는 일도 주관적인 요소가 개입할 소지가 많아 논란거리가 될 수밖에 없었다.

숙종 34년1708, 강원도 관찰사로서 양전의 책임을 맡았던 송정규宋

廷奎가 탄핵을 당하였다. 이유는 이러했다. 송정규는 5가지로 정해진 농지 측량 기준을 무시하고 별도의 방식을 만들어 적용하는 바람에 많은 문제가 발생하였는데, 그 책임을 고을 수령과 양전의 실무 책임자인 감관監官에게 떠넘겼다. 또 그가 많은 수행원을 거느리고 양전 현장에 나오자 백성들은 그를 접대하느라 살림이 거덜 날 정도였다. 이에 대한 사관의 논평을 보자.

강원도는 수많은 산 사이에 자리 잡고 있어 농민들이 모두 산기슭에 불을 지르고 바위틈에 흙을 메워 겨우겨우 한 해 수확을 하고, 땅의 양분이 다하면 곧바로 다른 산으로 옮겨 가 개간한다. 이 때문에 농지에 일정한 형태가 없어 양안量案에서 빠진 것이 매우 많으며, 상등上等의 농지인데 하등下等의 농지가 되고, 하등의 농지인데 상등의 농지가 된 것도 매우 많다. 그래서 조정에서 다시 양전하자는 논의가 오래전부터 있었다.

그러나 해마다 기근이 들어 민심이 동요하기 쉬운 상황이다 보니, 감히 백성의 원성에도 개의치 않고 그러한 주장을 하는 자가 없었다. 이때 송정규는 최석정崔錫鼎의 천거로 발탁되어 과분하게 관찰사에 임명되어 양전의 임무를 맡았으나 번잡하고 가혹하게 일을 진행하다가 얼마 되지 않아서 실패하고 말았다. …… 너그럽고 충직한 사람을 특별히 뽑아 일을 맡겨도 백성의 원망을 사지 않기가 어려운 상황인데, 송정규처럼 괴팍하고 모진 사람이 제멋대로 일을 진행하도록 하였으니, 어찌 백성이 동요하지 않을 수 있겠으며, 일을 망치지 않을 수 있겠는가?

《숙종실록 34년 12월 13일》

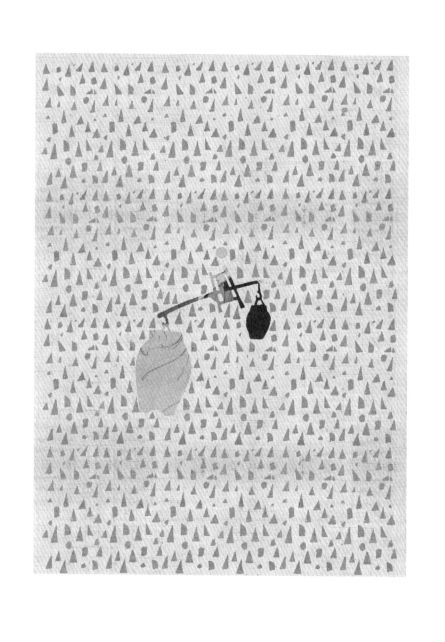

백성들은 양전하는 과정에서 드는 비용을 부담해야 했고, 실제 토지 품질보다 높은 등급이 매겨진 땅에 대해서는 많은 전세를 납부해야 했다. 그러자 궁지에 몰린 백성들은 농토를 버리고 떠나기도 했고 일부는 총포를 쏘며 관찰사의 죄를 규탄하는 과격한 저항을 벌이기도 했다.

경종 즉위년1720에는 한 해 전인 숙종 45년 7월부터 시작한 삼남三南의 양전을 마쳤다. 이는 인조 13년1635에 삼남에서 양전을 시행한 후 85년 만에 이루어진 일이었다. 조정에서는 양전의 폐단을 없애기 위해 관찰사에게 위임하지 않고 2품 이상의 고위 관원을 균전사均田使로 파견하였다. 또 백성의 부담을 줄이기 위해 양전에 필요한 종이, 붓, 먹을

《경자양안庚子量案》
조세 부과를 목적으로 전지를 측량한 후 만든 토지대장이다.
1719년(숙종 45)부터 1720년까지에 걸쳐 작성되었다. 조선 시대에는 20년마다
한 번씩 전국적인 규모의 양전을 실시하고, 이를 토대로 양안을 작성하여 호조 및
해당 도와 읍에 각각 1부씩을 보관하도록 되어 있었다. |규장각한국학연구원|

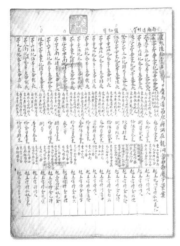

마련하는 비용 및 실무를 담당하는 관원의 늠료廩料와 식비를 관청에서 부담하도록 하였다. 이러한 조정의 노력은 얼마나 효과가 있었을까?

《경종실록》에서는 "전답의 면적은 예전에 비해 꽤 늘었으나, 간사한 자들이 온갖 폐단을 만들고 속임수를 부려 민폐가 도리어 심하였다."라고 기록하고 있다. 조세 부과 대상이 되는 전답의 면적이 늘어났으니 양전의 목적은 달성하였다는 것을 알 수 있다. 여기서 눈길을 끄는 것은 '간사한 자들이 온갖 폐단을 만들고 속임수를 부렸다'는 대목이다. 《경종수정실록》에는 같은 기사에 다음과 같은 사관의 논평이 있다.

> 정전법井田法이 폐지된 이후로 부유한 백성이 전지를 겸병兼幷하는 폐단이 생긴 지가 이미 오래되었다. 그러다가 이때에 삼남 지방을 다시 양전하여 세금을 정하였으니, 어찌 훌륭한 일이 아니겠는가? 그러나 균전均田의 명분만 흉내 내고 균전의 실효는 추구하지 않았다. 그러다 보니 관찰사, 군수, 현령에 적임자를 임명하지 못하였고, 이에 따라 간사하고 교활한 지방의 아전들이 중간에서 농간을 부리게 되었다. 세도 있는 집안의 전답은 하등으로 분류하고 곤궁한 백성의 전답은 상등으로 분류하여 속임수를 부리고 온갖 간교한 폐단을 만들어 냈다. 전답의 면적은 전에 비해 약간 늘었지만 백성들의 원망은 도리어 심해졌다. 사람들이 "삼남에서 인심을 잃은 것은 양전을 다시 했기 때문이다."라고 하는데, 참으로 맞는 말이다.
>
> 《경종수정실록 즉위년 10월 6일》

양전을 다시 하는 목적은 그동안 전세를 납부하지 않던 농지를 찾아 내 부족한 재정을 보충하기 위해서이다. 그러나 권세 있는 자들은 소

《고사찰요부록攷事撮要附錄》
1554년(명종 9) 어숙권魚叔權이 편찬한 책으로, 이 책에는 토지 측량법 및
토지 측량에 사용하는 자의 규격과 그림이 실려 있다. 전지의 면적과 등급을 조사하는 양전은
전세를 정확하게 부과하기 위한 것이었지만, 양전에 드는 많은 비용이 백성에게 전가되고
전지의 조사와 등록이 공정하지 않아 많은 원성을 샀다. |규장각한국학연구원|

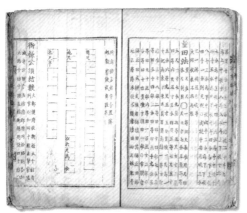

유한 농지의 면적을 줄이거나 등급을 낮추기 위해 갖은 방법을 다 동
원했다. 반면 힘없는 백성은 양전에 드는 비용을 부담할 뿐만 아니라
실제보다 높은 등급의 전세까지 내게 되었다. 이러니 누가 양전에 찬
성할 수 있겠는가? "삼남에서 인심을 잃었다."라는 짧지만 결코 가볍
지 않은 사관의 언급을 통해 백성들의 피해가 얼마나 크고 반발이 심
했는지 헤아릴 수 있다. 이로부터 100여 년이 지나면 이른바 '삼정三政
문란의 시기', '민란의 시대'가 도래하는데, 그 조짐은 이미 이때부터
싹트고 있었다. 세금은 얼마나 내느냐도 중요하지만 얼마나 공평하게
내느냐도 중요하다.

정영미

해와 달은 사람을 가려 비추지 않는다

서얼 정진교의 상소

조선에서 신분제 때문에 울분을 삼키고 살아야 했던 대표적인 존재가 서얼庶孼이다. 서얼은 첩의 자식을 이르는 말로, 어머니가 상민일 경우에는 서자庶子, 노비일 경우에는 얼자孼子라고 불렀다. 서얼은 아버지를 아버지라 부르지 못하고, 가문의 대를 이을 수도 없었다. 관직에 나아간다 해도 승진할 수 있는 품계가 제한되어 있었다. 태종 13년1413 서얼의 관직 진출을 제한하는 서얼금고법庶孼禁錮法이 만들어진 뒤로 서얼의 신분 차별 철폐 요구가 이어졌다.

영조 즉위년1724 12월 17일, 서얼인 진사進士 정진교鄭震僑 등 260명이 장문의 상소 한 통을 올렸다. 그 전에 이미 수차례 서얼금고법 폐지를 요청하는 상소를 올렸지만 영조에게 전해지지 않았다. 정진교는 영조가 궁궐을 나가 경종의 신주를 맞이하는 날을 미리 알아 두었다가 영조의 행차가 잘 보이는 곳에서 긴 장대를 들고 자신의 의사를 표시했다. 장대 끝에는 종이를 매달았는데, 종이에는 뜻을 펴지 못해 궁한 사람이 한을 품는다는 뜻의 '궁인포원窮人抱冤' 네 글자가 크게 적혀 있었다. 글씨가 걸린 장대를 높이 세운 것은 자신들의 상소가 영조에게 전해지기를 바라는 행동이었다. 이를 본 영조는 즉시 상소를 들이라고 명하였다.

> 서얼이 벼슬을 못하게 막는 법은 천하 만고에 없던 것입니다. 중국은 삼대부터 한나라, 당나라, 송나라, 명나라에 이르기까지 서얼이 장수가 되고 재상이 되어 명성을 떨치고 공적을 쌓았습니다. 우리 동방은 위로 삼국시대부터 고려 5백여 년에 이르기까지 인재를 선발함에 있어 중국의 방식을 일관되게 준용하여 차이가 없었습니다.
>
> 《영조실록 즉위년 12월 17일》

정진교는 서얼이 벼슬하지 못하게 하는 법은 애초에 없었다는 내용으로 상소를 써 내려갔다. 이어서 태종 때 우대언右代言인 서선徐選 등이 주창하여 서얼의 자손을 요직에 등용하지 못하게 한 뒤로, 강희맹姜希孟이《경국대전》을 편찬할 때 관직에 진출하거나 과거 시험을 볼 수 있는 길까지 아울러 막았던 일을 언급했다. 이후로도 서얼 금고 문제를 해결하고자 했으나 시행하지 못했다고 하면서, 선조 초에 신분申濆 등 1천여 명이 상소하여 원통함을 호소한 일에 대해 선조가 하교한 내용을 써 내려갔다.

> **선 조** 해바라기가 해를 향하는 것은 곁가지라고 해서 다르지 않으니, 어찌 꼭 정실正室에게서 태어난 적자만이 신하가 되어 충성을 바치기를 바라겠는가?
>
> 《영조실록 즉위년 12월 17일》

정진교는 선조가 서얼에 대해 지닌 생각을 지극히 공정한 마음이라
고 평가했다. 이어 인조 때 주요 신료들이 서얼 차별 문제를 어떻게 인
식했는지 하나하나 언급해 나갔다.

최명길 외 적자와 서자의 구분은 집안에서만 했지 조정에서는 적용하지 않
았습니다. 문벌을 가장 많이 따졌던 육조六朝 때에도 사람을 쓸 때
는 오로지 아버지의 성姓만 묻고 어머니의 성은 묻지 않았습니다.
하늘이 인재를 낼 때 귀천에 차이를 두지 않았고, 임금이 사람을 쓸
때 가문에 구애받지 않았습니다. 이는 하늘의 이치로 보면 당연한
일이라서 역대 임금들이 바꾸지 않았던 것입니다.

이원익·윤방 서얼을 비천하게 여기고 박대하는 것은 천하 만고에 없던 법

이니, 임금이 신분을 따지지 않고 어진 인재를 등용해야 한다는 도
리에서 크게 어긋납니다.

오윤겸 서얼의 벼슬을 금지하는 것은 선왕들이 하셨던 지극히 공정한 정사
가 아니니, 벼슬길에 나올 수 있도록 하는 것이 실로 이치에 맞습니
다. 시행하기 어렵다고 문제를 제기하는 사람들은 적자와 서자의 분
별이 문란해진다고 말합니다. 그러나 적자와 서자의 구분은 집안일
일 뿐이니, 조정에서는 현명하고 능력 있는 사람을 등용하기만 하면
됩니다.

《영조실록 즉위년 12월 17일》

정진교는 인조 때 정국을 운영하던 주요 신료들이 서얼에 대해 지닌
인식을 통해 서얼 금고 철폐가 자신들만의 주장이 아니라는 점을 강조
하였다. 뒤이어 역대 명신 중에 서얼 출신이 많았음을 말하면서, 서얼
을 등용하는 길을 넓혀 줄 것을 요청하였다.

끝으로 정진교는 영조가 행차하는 길가에서 억울함을 호소하게 된
연유에 대해 설명하는 것도 잊지 않았다. 한 달 동안 13차례나 수백
명의 원통함을 담은 상소를 올렸는데도 승정원이 저지하고 임금에게
올리지 않아 어쩔 수 없이 어가가 교외로 나갈 때를 기다려 이런 일을
벌였다고 하였다. 그러면서 "궁지에 몰린 원숭이는 나무를 가리지 않
고, 곤경에 처한 새는 소리를 가리지 않는다."라고 자신들의 처지를
알렸다.

정진교 등이 일으킨 이 일을 두고 당시 사관은 다음과 같이 평가하
였다.

유자광 이후로 서얼을 청직에 임명하는 것을 허락하지 않았는데, 이때에 이르러 서얼들이 스스로 청직에 임명될 수 있게 해 달라고 청했으니, 조정의 기강이 날로 문란해지고 있음을 알 수 있다.

《영조실록 즉위년 12월 17일》

당시 사관이 간신의 전형으로 알려진 유자광을 언급한 이유는, 그가 자신의 권력을 이용하여 갖은 폐단을 일으켰기 때문이기도 하지만, 무엇보다 서얼 출신으로 무오사화戊午士禍를 일으켜 사림들에게 피해를 입혔기 때문이다. 이러한 배경이 사림들이 조선 시대 내내 서얼을 차별하는 주된 이유가 되었다. 정진교의 상소를 본 사관의 생각도 사림의 기본 인식과 다르지 않았다. 안타깝게도 사관들이 서얼 금고 철폐 문제에 대해 이같이 논평한 사례는 실록 곳곳에서 찾을 수 있다.

정진교의 상소를 받아 든 영조는 "하늘과 사람은 하나이고 해와 달은 이것저것 가리지 않고 비추는데, 왕이 인재를 등용하는 데 어찌 차이를 두겠는가? 다만 유래가 오래되어 갑자기 변경할 수 없으니 천천히 방법을 강구해서 처리해야 한다."라는 비답을 내렸다. 이어 인조 때의 수교受教에 따라 호조, 형조, 공조의 낭관에 서얼을 임명할 수 있게 하라고 명하였다. 이전보다는 다소 나아진 상황이지만, 서얼 차별을 완전히 철폐하는 것에 대해서는 갑자기 바꿀 수 없다는 이유를 대며 한발 물러섰다.

적서 차별에 기반한 조선의 신분제는 서얼들에게 넘을 수 없는 '현실의 벽'이었다. 영조나 사관의 언급을 보면 아직까지 조선에서는 서얼에 대한 차별을 철폐할 만한 사회적 여건이 성숙되지 않았음을 알

규장각도 奎章閣圖
서얼은 타고난 신분으로 인해
능력이 있어도 벼슬길에 나아갈 수 없었다.
그러다 정조는 개혁 정치의 일환으로
당색에 물들지 않은 서얼 출신들을
등용하였는데, 이때 이덕무, 박제가, 유득공
등이 규장각 검서관에 발탁되었다.
이들은 각신을 보좌하고 서적을 교정하고
서사書寫하는 일들을 담당했다.
|국립중앙박물관|

수 있다. 영조 이후 일부 관직에 서얼이 등용되기도 하였으나 실질적
으로 서얼이 신분 차별에서 벗어날 수 있었던 것은 그로부터 약 170년
이 지난 1894년 갑오개혁 때였다. 중인인 차좌일車佐一의《사명자시집
四名子詩集》에 실린 글 한 줄을 통해 신분 차별이 있는 사회 속에서 차
별받는 사람들이 품었던 원통함을 느껴 볼 수 있다.

　이 세상에 나고 또 난다 해도 영원히 이 나라 사람이 되고 싶지 않다.

　영조가 이 말을 들었다면 어떤 하교를 내렸을지 궁금하다. 오늘을
사는 우리 앞에 놓인 '현실의 벽'은 어떠한가? 그 벽을 바라보는 우리
의 태도는 어떠한가?

강성득

文筆

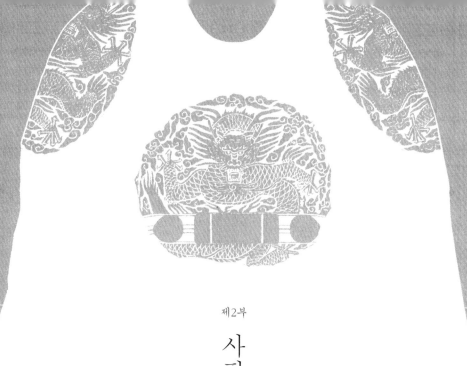

제2부

사
필
史筆,
역
사
를
남
기
다

제1장

사관을 말하다

사관의 직무는 군주의 언행과 정사의 잘잘못, 풍속의 좋고 나쁨과 벼슬아치의 옳고 그름을 모두 기록하여 후세에 전할 수 있게 하는 것이다. 권세를 두려워하면 나약해져서 안 되고, 시비를 가리지 못하면 판단을 그르쳐서 안 되고, 칭송에만 초점을 맞추면 아첨하게 되어 안 된다. 대대로 사관의 선발을 중요시한 것은 이 때문이다.

사필을 공정히 하라

역사 기록의 주역, 사관

조선의 사관은 일반적으로 실록의 기초 자료이자 공식 사초인 시정기의 작성을 전담하였던 춘추관春秋館의 관원을 가리킨다. 이들을 한림翰林이라고도 하는데, 《경국대전》에 따르면 한림은 춘추관의 기사관記事官을 겸직으로 맡은 예문관의 봉교奉敎, 대교待敎, 검열檢閱을 합쳐서 부르는 명칭이다. 한림은 모두 8명으로, 정7품 봉교 2명, 정8품 대교 2명, 정9품 검열 4명이다. 이들은 다시 역할을 분담하여 하위의 2명이 상번上番과 하번下番이 되는데, 임금이 거둥하거나 신료들을 만나는 자리에 좌사左史와 우사右史로 참석하여 모든 말과 행동을 기록하였다. 그 중에서도 하번은 이 기록을 바탕으로 시정기의 초책草冊과 정본正本을 작성하고 상번에게 검토받은 후 보관하는 직무를 맡았다. 이처럼 조선의 사관은 관료 체계 내에서 하위 관원에 해당하지만 무엇보다도 중요한 임무를 수행했다.

한림, 후세에 전할 기록을 남기다

사관의 관원 구성은 규모로 보면 단출해 보이지만 이들이 수행하는 직

인조무인사초仁祖戊寅史草

1638년(인조16) 당시 사관이었던 신면申冕이 기록한 것으로 추정되는 사초이다.

조선의 사관은 춘추관의 관원으로서 실록의 기초 자료이자 공식 사초인 시정기의 작성을 전담하였다.

|규장각한국학연구원|

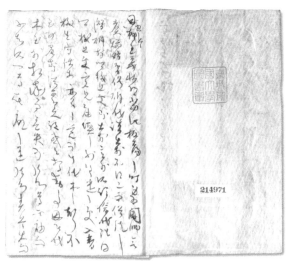

무의 중요성은 어느 관사, 어느 관원에 비할 바가 아니었다. 성종 때 예문관 봉교 권경우權景祐 등은 정당한 절차를 거치지 않고 제수된 사관을 체차遞差하기를 청하는 상소에서 사관의 직무와 역할에 대해 다음과 같이 언급하였다.

사관의 직무는 군주의 언행과 정사의 잘잘못, 풍속의 좋고 나쁨과 벼슬아치의 옳고 그름을 모두 기록하여 후세에 전할 수 있게 하는 것입니다. 권세를 두려워하면 나약해져서 안 되고, 시비를 가리지 못하면 판단을 그르쳐서 안되고, 칭송에만 초점을 맞추면 아첨하게 되어 안 됩니다. 대대로 사관의 선발을 중요시한 것은 이 때문입니다.

사관의 직무는 재상의 권한과 견줄 정도로 중요하게 인식되었다. 이수광李睟光이 《지봉유설芝峯類說》에서 "재상은 수십 년 동안 어떤 사람을 성공하게 할 수도 있고 몰락하게 할 수도 있지만, 사관은 어떤 사람의 이름이 천백 년 뒤까지 남게 할 수도 있고 없어지게 할 수도 있다. 이것은 사관과 재상이 생전生前과 사후死後의 권한을 나누어 가진 것이다."라고 한 것도 사관의 직무가 그만큼 막중함을 강조한 말이다.

고해에 갇힌 사관

임금의 말 한마디가 곧 법이었던 때에 임금의 곁에서 말과 행동을 기록하는 직무를 맡았던 한림은 국정 운영 방향이나 구체적인 논의 내용을 누구보다 잘 파악할 수 있었다. 그러다 보니 한림이 속한 관사 내의 규율은 엄격했고, 선후배 간의 위계도 뚜렷했다. 한림은 검열 하번에서 상번으로, 이어 대교, 봉교로 올랐고, 봉교는 6개월이 지나면 자신이 하번으로 근무한 기간 동안 작성한 시정기를 춘추관에 제출하고 6품 관직으로 승진하여 떠나도록 규정되어 있었다. 이렇게 변화가 생겨 하번 자리가 비면 새로 뽑힌 한림이 검열에 임명되는 구조였으니, 자연히 서열이 중시될 수밖에 없었다.

또한 하루도 빠짐없이 기록을 남겨야 했던 사관의 직무는 다른 관사보다 고되기로 정평이 나 있었다. 하번은 후임이 충원될 때까지, 상번은 하번이 상번으로 올라올 때까지 각기 승정원 옆의 우사당右史堂과 예문관에서 꼬박 근무해야 했고 함부로 대궐을 떠날 수 없었다. 그나마 상번은 일반 관원들이 받는 휴가만 인정받지 못하였을 뿐, 부인이나 친족의 상喪에 나갈 수 있었지만, 하번은 일반적인 휴가도 없었고, 부모상에 나가는 것 말고는 부인이나 친족의 상에도 나갈 수 없었다.

숙종 3년1677에 대교 이현석李玄錫이《한원고사翰苑故事》발문跋文에서 "젊어 기운이 한창 왕성할 때 처음으로 현달한 자리에 오른 자를 고해苦海에 가두니 감옥에 구속된 것과도 같다. 엄하게 지키고 가혹하게 단속하지 않으면 거의 다 도망가 버릴 것이다."라고 한 것을 보면 사관의 직무가 얼마나 고되었는지 짐작할 수 있다.

사필을 공정히 하다

사관의 직무가 '고통의 바다'라고 인식된 것이 업무량이 많고 규율이 엄격했기 때문만은 아니었다. 사관은 임금이 공식적으로 거둥하는 행사나 신하들을 만나는 자리에서 곁을 떠나지 못하고 밤낮없이 배석하여 기록을 남겼다. 또 수없이 많은 보고 사안을 검토하여 공식 사초인

붓
사관의 붓은 누군가의 이름을 영원히 역사에 남기는 막중한 사명을 띠고 있었다.
따라서 사관은 늘 '직필直筆'을 견지하고 '곡필曲筆'을 경계했다. |소수박물관|

시정기로 정리해야 했다. 사관은 그런 과정에서 수많은 인물과 사건을
자신의 시각으로 평가하고 기록하였다. 역사에 남을 기록이니만큼 한
치의 치우침도 없어야 했으니, 사관은 늘 '직필'을 견지하고 '곡필'을
경계했을 것이다.

　영조 14년1738 7월 5일, 영조가 예문관에 나아가 우의정 송인명에게
어필御筆로 '대공사필大公史筆' 네 글자를 써 주면서 다음과 같이 말하
였다.

　다락의 사각史閣은 바로 선대왕들의 실록을 봉안한 곳이다. 사마광司馬光은
뛰어난 유학자였는데도 위魏 나라를 세운 조조曹操를 정통으로 인정하여

'제갈량諸葛亮이 쳐들어왔다.'라고 썼으니, 공정하게 역사를 서술하는 것은 참으로 어려운 일이다. 당파가 생긴 뒤로, 당파의 이해에 따라 흔들리지 않고 공정하게 서술하리라는 것을 어찌 담보할 수 있겠는가? 내가 특별히 '대공사필' 네 글자를 써서 벽에 걸도록 한 것은 역사 기록이 매우 공정하다는 게 아니라 역사 기록을 매우 공정하게 하기를 바라서이다. …… 반드시 이 일을 책자에 기록하여 여러 사관이 모두 나의 뜻을 알게 하라.

《승정원일기 영조 14년 7월 4일》

영조가 사필을 공정히 하라는 문구를 써서 예문관에 걸게 한 것은 역사의 기록은 공정해야 한다는 것을 사관들에게 다시금 깨닫게 하기 위해서였다. 사초로 인해 큰 화를 입기도 했던 조선의 사관들이 자신이 보고 느끼고 생각한 대로 기록하기란 어려운 일이었을 것이다. 그럼에도 불구하고 조선의 사관은 공정하게 역사를 기록하고 평가하기 위해 부단히 노력해 왔다. 그 결과 임금은 두려워하지 않아도 사관의 기록은 두려워했다는 말까지 나오게 된 것이다.

강성득

【 무덤 속까지 가져간 역사, 정태제 사초 】

사관은 개인적으로 사초의 초고나 부본을 집 안에 보관하기도 하였다. 이를 '가장 사초家藏史草'라고 하는데, 실록 편찬 때 참고하기 위해 이를 수합하기도 하였다. 그러다 무오사화 이후 연산군 12년1506에 가장 사초를 만들지 말라는 전교가 내린 뒤로 원칙적으로 존재할 수 없는 것이 되었다.

하지만 어떤 이유에서인지 인조 때 사관을 지낸 정태제鄭泰齊의 무덤에는 가장 사초가 함께 묻혀 있었다. 무덤 속의 사초는 이장하면서 발견되어 400여 년 만에 다시 햇빛을 보게 되었다.

정태제는 인조 15년1637 12월 26일부터 16년 5월 22일까지 약 5개월 동안 사초를 기록하였다. 그가 인조 15년 12월 25일 검열에 제수되었으니, 제수된 다음 날부터 사초를 기록한 셈이다.《인조실록》에 실린 사신의 사론은 100여 편에 달하는데, 그 가운데 정태제의 사론은 모두 5편이다.

정태제鄭泰齊의 사초
인조 때 사관을 지낸
정태제의 무덤에 묻혀 있던
가상 사조이다.
1637년 12월 26일부터
1638년 5월 22일까지
약 5개월 동안의 역사가
기록되어 있다. |문화재청|

실록에 실린 그의 사론은 실록 편찬 과정에서 약간의 수정이 이루어 졌지만 사초에 기록된 내용과 거의 일치한다. 정태제의 사초에 실린 사론은 총 57편인데, 주 내용은 병자호란 직후 척화斥和·주화主和의 문제, 당시 국정의 시비곡직, 민생 경제 정책, 인물의 포폄, 인조의 통치 행위에 대한 비판 등이다.

그의 사론은 어떻게 실록에 실리게 되었을까? 아마도 정태제는 입시하여 기록한 내용에 자신의 논평을 덧붙여 정리한 사초를 춘추관에 제출하였을 것이고, 이 사초의 내용이 실록을 편찬할 때 반영되었을 것이다.

정태제의 사론
《인조실록仁祖實錄》에 실린
정태제의 사론이다.
정태제가 남긴 사초에 실린
총 57편의 사론 중 5편이
《인조실록》에 실렸다.
사진 속 사론은 최명길이
국가 기밀에 해당하는 사안은
사관이 듣지 못하게 해야 한다고
건의하자 이를 비판한 내용이다.
|국가기록원 부산기록관|

인조 16년 5월 2일, 인조가 대신과 비변사 당상들을 불러 만난 자리에서, 좌의정 최명길이 국가 기밀에 관계된 일이 누설될까 우려하여 사관을 참여시키지 말 것을 건의한 일이 있었다. 이에 대해 정태제가 자신의 사초에 남긴 말이 있다.

사관은 역사를 기록하는 붓을 잡은 신하로 나랏일의 시비를 논하는 칼자루가 그에게 달려 있다. 나라는 멸망시킬 수 있어도 역사는 없앨 수 없거늘, 사관에게 숨기는 일이 있어서야 되겠는가?

그가 다시 살아나 우리에게 역사 기록의 중요성에 대해 설파하고 있는 듯하다. 그가 사초를 무덤 속까지 가져가면서 지키고자 했던 것은 무엇이었을까? 자신의 눈으로 본 역사의 실상이 아니었을까?

강성득

시정을 기록하고 평가하다

사관의 주요 업무

사관의 가장 중요한 업무는 임금의 언행과 시정의 득실을 사실대로 기록하여 후세에 남기는 것이었다. 하지만 임금과 가장 가까운 거리에 있었던 만큼 사관들의 업무가 역사 기록을 남기는 일에 국한되지는 않았다. 때로는 임금의 명령을 수행하는 관원으로서의 역할을 맡아 국정 운영에 한몫을 담당하기도 하였다.

임금과 신료들의 말과 행동을 기록하다

사관의 가장 중요한 업무는 임금이 어디에 거둥하거나 공식적으로 신하들과 만나는 자리에 참석해서 대화의 내용과 상황을 기록하는 일이었다. 사관은 상참常參, 경연經筵, 차대次對, 윤대輪對 등 임금과 신하들이 만나는 자리에 늘 함께했다. 사관이 넓은 공간에서 임금과 신료들이 주고받는 말을 빠짐없이 받아 적는 일은 쉽지 않았을 텐데, 어떻게 현장의 말들을 기록으로 남길 수 있었을까? 조선 초기에는 하번 한림이 혼자 입시하였다. 그러다가 세종 7년1425부터는 기록을 빠뜨리는 일이 없도록 상번도 함께 각각 좌사와 우사로 참석하여 초책草冊을 작성하였다. 숙종 22년1696에 검열로 재직하였던 도곡陶谷 이의현李宜顯이 그때의 경험을 기록한 내용을 보면 입시하여 논의 내용을 기록하는 일이 결코 쉽지 않았음을 알 수 있다.

"편리하게 기록하기 위해 작은 책자를 들고 입시하였다."
"연석에서 논의하는 말은 여러 사람의 말이 동시에 나오기 때문에 기록하기가 가장 어려웠다."
"빠뜨리거나 잘못 기록하는 문제 때문에 붓을 귀에 꽂고 주상과 아주 가까운 거리에 자리를 잡았다."

사관은 임금과 신하들이 주고받은 대화 내용에 자신의 논평을 덧붙여 초책을 정리하였다. 승정원 우사당 뒤편 북쪽에는 '곽방槨房'이라고 하는 작은 방 한 칸이 있는데, 이곳은 사초를 간직하는 장소로 다른 사람은 들어가지 못하는 곳이다. 평소 하번 한림이 거처하는 곳은 동쪽 방이었다. 이곳에서 승정원을 통해 들어오는 각종 공문서와 승정원을 통해 나가는 왕의 명령서 등을 초록했을 것이다. 그리고 주요 관사의 겸춘추兼春秋들이 월말까지 보내오는 주요 사안도 참고하여 초책을 정리하였을 것이다.

시정기를 작성하다

초책을 작성한 하번 한림은 이를 작성 지침에 맞춰 공식 사초인 시정기로 정리하여 춘추관에 제출하였다. 시정기는 세종 16년1434부터 작성되기 시작했는데, 처음에는 예문관 직제학直提學 등이 맡았다가 성

종 8년1477 이후 한림의 직무가 바뀌면서 춘추관에 공식적으로 보관하게 되었다.

시정기는 일반적으로 한 달에 한 번씩 책으로 묶었고, 연말에 책 수를 임금에게 보고하도록 했다. 시정기에는 연월일, 날씨, 재변, 왕의 동정, 상참과 경연의 시행 여부, 대간의 계사, 중요한 상소, 과거 급제자 현황, 주요 인사 행정, 근무 고과인 포폄, 각 관사와 관련한 중요 사안 등을 기록했다. 시정기는 정본 이외에 부본을 만들어 두었는데, 이를 '비초飛草'라고 하였다. 춘추관의 포폄 때에 당상관은 이를 근거로 사관의 근무 태도를 평가하였다.

실록이나《승정원일기》에 사관이 기한 내에 시정기를 정리하지 못해 다른 관직으로 승진할 때에 지장을 받는 경우가 자주 보인다. 매일매일 쏟아지는 문서를 정리하고 자신의 견해를 사론으로 기록하여 시정기로 작성해 두는 일은 사관에게 가장 중요하면서도 부담스러운 일이었을 것이다.

대간의 말을 임금에게 전하다

한림은 대간의 말을 임금에게 전하는 일도 함께 맡았다. 대간은 임금에 대한 간쟁을 담당한 사간원 관원과 관원의 감찰을 담당한 사헌부 관원을 통칭하는 말이다. 대간이 매일 대청臺廳에 나와서 보고서인 계사를 올리면 한림은 주서注書와 함께 가서 이를 전달받아 승전색을 통해 임금에게 올렸다. 그리고 이에 대한 임금의 비답이 내렸을 때에도 승전색에게서 전달받아 주서와 함께 직접 대청에 가서 대간에게 전달하였다. 한림이 대청에서 계사를 전달받지 못하거나 대간에게 비답을 제때에 전달하지 못하면 사헌부나 사간원에서 해당 한림을 처벌할 것을 청하였으니 바짝 긴장할 수밖에 없었을 것이다. 하번 한림의 경우 일종의 신고식인 허참례許參禮를 마치고 난 뒤에는 매일 대간이 전하는 말을 외워서 상번 한림에게 보고해야 했는데, 보고할 내용이 많을 때는 그 고충이 또한 매우 컸을 것이다. 이러한 분위기 속에서 실록에 실린 대간의 계사가 매우 충실하게 기록될 수 있었다.

임금의 뜻을 전하다

한림은 임금이 특별히 뜻을 전하는 유지諭旨를 받들어 대신이나 요직의 신하나 산림山林 등에게 전달하는 일도 맡아 하였다. 직접 유지를 받들고 가서 전달하고, 유지를 받은 신하가 전하는 말을 임금에게 보고하였다. 그 내용은 대신에게 의견을 묻거나 문병하는 일, 관사의 비리를 적발하는 일, 종묘 제사에 관련된 일, 민심을 감찰하는 일 등으로 다양했다. 임금의 유지를 전달하는 일은 일반적으로 한림과 주서가 돌아가며 담당하였다. 실록이나 《승정원일기》에 "사관 ○○○가 서계書啓하기를, '신이 명을 받들고 ○○○에 있는 ○○○의 거처로 달려가 성상의 유지를 전달하니, ○○○가 「……」라고 하였습니다. 감히 아룁니다.'"라는 형태의 기사가 자주 보이는데, 이는 한림이 신하에게 임금의 뜻을 전하고 돌아와 보고한 내용을 기록한 것이다.

실록은 포쇄하고 고출하다

사고史庫에 보관한 서적을 햇빛에 말리는 포쇄曝曬와 실록에서 필요한 내용을 찾아오는 고출考出도 한림이 맡았다. 실록은 안전하게 후대에

오대산 사고
김홍도가 그린 오대산 사고이다. 사관은 사고에 보관한 서적을 햇볕에 말리는 포쇄와
실록에서 필요한 내용을 찾아오는 고출의 임무도 수행했다. |한국데이터베이스진흥원|

전하기 위해 지방에 별도로 마련한 사고에 보관했는데, 한림은 2년에
한 차례씩 지방의 각 사고에 가서 역대 임금의 실록과 각종 서적을 꺼
내 바람과 햇볕에 말리는 일을 했다. 사고가 깊은 산속에 자리하다 보
니 실록을 포쇄하는 일도 녹록지 않았다. 또 국정의 주요한 사안에 대
한 전례 등을 실록에서 찾아오게 할 때에도 반드시 사관을 사고에 파
견하여 처리하였다. 이때 겸춘추를 맡은 당상관 1인과 한림 1인이 함
께 가는 것이 원칙이었다.

이 밖에 한림은 예문관 관원으로서, 왕을 대신하여 짓는 교서나 반
교문頒敎文 등을 지제교로 임명된 문관들에게 배정하여 작성하도록 하

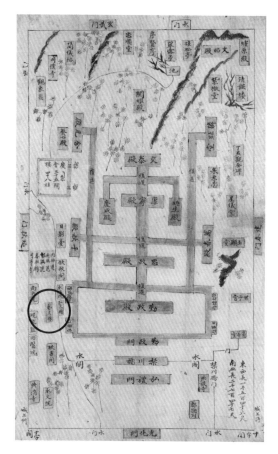

예문관
경복궁도에 실린
예문관의 위치이다.
예문관에 소속된
봉교, 대교, 검열 등
8명의 사관은 역사 기록을
남기는 일 외에도
국정과 관련된
다양한 임무를 수행했다.
|서울역사박물관|

는 일도 관장하였다. 사관이 여러 방면에서 국정 운영을 위해 자신의
역할을 수행한 결과는 시정기로 정리되어 실록에 남게 되었다. 우리가
지금 만나는 실록은 사관의 투철한 소명 의식과 꼼꼼한 기록 정신에
성실한 근무 태도가 더해져 탄생한 것이다.

강성득

【 사관은 앉아서 기록하라 】

마이크도 없던 시절, 넓은 공간에서 임금과 신료들이 하는 말과 행동을
빠짐없이 기록해야 했던 사관들에게는 많은 어려움이 있었을 것이다.
사관은 어떤 자세로 기록을 했을까? 사관은 임금과 신료 어디쯤에 자리
잡고 기록을 했을까? 사관이 남긴 자세와 자리에 관한 기록을 살펴보자.

성종 20년1489 8월 27일, 경연이 열린 자리에 영사 윤호尹壕, 동지사
이경동李瓊소, 특진관 이극균李克均, 검토관 김전金詮 등 관원들이 참석
했다. 이 자리에 사관으로서 배석한 검열 이주李冑가 아뢰었다.

이 주 신들은 일을 기록하는 직임을 맡고 있습니다. 그런데 사관이 바닥
에 엎드린 채 머리를 들지 못하다 보니 신료들이 공무를 아뢸 때에
그 목소리만 듣고 용모를 보지 못합니다. 그러니 말하는 이가 누구
인지 어떻게 구별할 수 있겠습니까? 이로 인해 기록한 내용에 의심
스러운 부분이 생깁니다. 사관은 직필해야 하는데, 의심스러운 점이
있는 것을 감히 기록으로 남기는 것은 온당하지 않다고 생각합니다.
옛 기록을 상고해 보더라도 '돌연히 안색을 바꾸었다.', '용모가 태
연자약하다.', '목소리와 안색이 모두 노기怒氣를 띠었다.', '부끄러
운 안색을 띠었다.', '임금이 좌우를 돌아보며 다른 사람에게 말하였
다.'는 기록이 있습니다. 이처럼 옛날의 사관은 용모와 안색, 말씨를
모두 기록하여 후세에 전했습니다. 그러니 지금처럼 바닥에 엎드려
일을 기록하는 것은 옳지 않은 듯합니다.

성 종 그렇다면 서서 일을 기록하겠다는 것인가?

이 주 서 있겠다는 것이 아니라, 엎드려서 기록하면 의심스러운 점이 생기게 된다는 말씀을 드리고자 하는 것입니다. 또 옛날에는 좌사가 말을 기록하고 우사가 일을 기록하였으니, 옛날의 사관은 반드시 좌우로 나뉘어 자리했던 것이 분명합니다. 신은 또 중국의 사관은 종이와 붓을 들고 황제의 좌우에 선다고 들었습니다. 중국의 제도도 이러한 이상 바닥에 엎드려 일을 기록해서는 안 된다고 생각합니다.

성 종 사관이 잘못 기록한다면 어찌 직필이라 하겠는가? 확실히 옳은 말이다. 어떠한가?

윤 호 엎드려서 기록한다고 해서 기록하지 못할 일이 무엇이 있겠습니까?

이극균 사관들에게 좌우로 나누어 입시하게 하는 것이 어떻겠습니까?

김 전 사관이 바닥에 엎드리는 것은 불가하다고 생각합니다. 옛 역사서에 「귀에 붓을 꽂은 자[珥筆者]는 누구인가?」 하자, 「사관입니다.」 하였다.'라는 기록이 있습니다. 그러니 옛날의 사관은 바닥에 엎드리지 않았던 것이 분명합니다. 신은 사관 두 사람이 종이와 붓을 가지고 주상의 좌우에 꿇어앉는다면 조정의 의례를 어지럽히지 않으리라 생각합니다.

이경동 사관들이 종이와 붓을 가지고 입시하여 일을 기록하게 하는 것이 옳을 듯합니다.

성 종 이제부터 사관은 앉아서 일을 기록하라.

검열 이주는 사관이 가장 중요하게 여기는 것이 직필임을 언급하면서 바닥에 엎드려 기록하는 문제를 성종에게 아뢰었고, 성종은 이주가 아뢴 내용이 타당하다고 여겨 경연에 참석한 신하들에게 의견을 물은 상참常參에 참석하는 관원들의 좌석 배치도로《강연규식講筵規式》에 실려 있다.
어탑 바로 앞쪽으로 상번 한림과 하번 한림이 좌우로 나뉘어 자리하고 있는 것을 볼 수 있다.
|한국학중앙연구원|

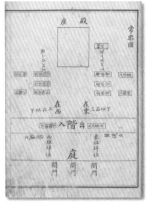

후, 사관은 앉아서 일을 기록하라고 명을 내렸다.

　사관의 입시 문제와 제반 규정 등은 임금과 신하들의 오랜 논의 과정 끝에 합의를 통해 정비되었다. 자신이 한 말과 행동이 사관의 기록을 통해 빠짐없이 남아 후세에 전해진다는 것이 임금이나 신료들에게 그리 달가운 일만은 아니었을 것이다. 하지만 성종은 정확하고 자세한 기록을 남길 수 있도록 임금과 신료들 가까이에서 얼굴을 들고 그들의 행동을 볼 수 있도록 허용했다. 사관과 관련한 제반 규례의 성립 과정은 조선 관료 사회 구성원들의 역사 의식이 성숙해지는 과정이기도 했다.

강성득

사관 선발 방식의 변화

요직 중의 요직인 한림은 그 자격 기준도 까다롭고 임용 절차도 매우 엄격하였다. 한림이 되기 위해서는 세 가지 능력, 즉 재주[才]와 학문 [學]과 식견[識]을 겸비해야 했다. 한림은 문과 급제자 가운데 학문에 깊이가 있고 작문 실력을 갖춘 자로서, 사람들에게 촉망 받는 7품 이하 의 인물 가운데서 선발하였다. 시비를 기록하는 일을 담당했기 때문에 선악을 분별할 수 있는 인품도 지녀야 했다. 이런 자격에 걸맞은 인재 이다 보니, 사관을 거친 자는 6품으로 승진하여 언관을 거쳐 정승에까 지 오를 수도 있었다. 사관은 이른바 엘리트 코스의 출발점이었던 셈 이다.

한림의 선발은 한림 자체 내에서 신임 한림의 후보를 추천하는 자천 이라는 독특한 제도로 운영되었다. 이를 통해 뽑는 한림은 검열이었는 데 이들은 대교를 거쳐 봉교로 승진하였다.

숙종 때 편찬된《한원고사》에 적힌 선발 과정을 살펴보면 하번 한림 이 상번 한림에게 새로 문과에 급제한 인원을 포함한 7품 이하의 문관 중에 우수한 자를 천거하였다. 상번 한림과 의견이 일치되면 예비 한

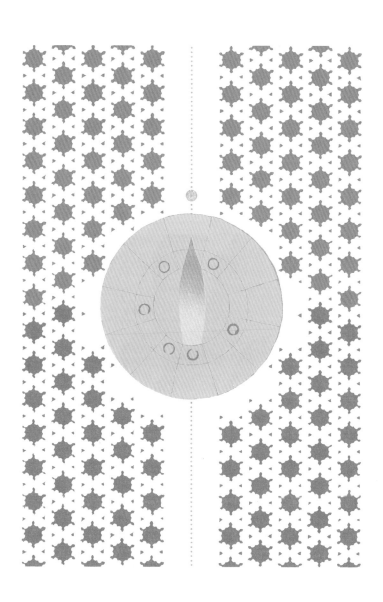

림에게 알리고 동료 한림이 모여 비밀리에 천거할 인원을 뽑았다. 그 명단을 전임 한림들에게 돌려서 의견을 묻고 춘추관과 예문관 당상들에게 알리는 과정에서 이의 제기가 없으면 후보를 확정했다. 이러한 과정을 거쳐 후보자가 정해지면 신에게 분향하며 그 과정이 공정하였음을 다음과 같이 고했다.

역사를 기록하는 직임은 나라에서 가장 신중하게 천거하는 자리이니 적임자가 아니라면 필시 재앙이 될 것입니다.

이러한 선발 방식은 조선의 어떤 관직에서도 볼 수 없는 절차로, 사필을 잡고 기록하는 일이 얼마나 엄중한지를 알 수 있는 대목이다. 후보자들은 영의정 이하 춘추관과 예문관의 당상관 등이 실시하는 간단한 강서講書 시험을 통해 최종 선발되었다. 이러한 선발 과정은 한림들에게 무궁한 자긍심을 불어넣고 올곧은 직필과 믿음직한 신필信筆을 지킬 수 있는 바탕이 되었다.

그러나 당색에 따른 갈등이 심화되면서 숙종 후반기 이후에는 한림의 선발이 순조롭게 이루어지지 못해 한림 자리가 자주 비게 되었다. 합의를 통해 천거 대상 명단을 확정하기도 어려웠고, 확정되었더라도 전임 한림이나 춘추관 당상 등이 이의를 제기하여 진행에 어려움을 겪었다. 분향이 끝난 뒤에도 한림이라는 직임에 대한 부담감 때문에 강서 시험에 응시하지 않는 자가 속출하였다.

그러자 영조 17년1741에 유수원柳壽垣이 관직에 있었던 햇수에 따라 품계나 벼슬을 올리는 서승법序陞法을 시행하자는 상소를 올렸다. 탕

《한원고사》

《한원고사》는 예문관의 규정과 전례를 모은 업무 편람이다.
이 사진은 예문관의 핵심 업무와 인원 구성을 기록한 부분이다. |규장각한국학연구원|

평을 표방했던 영조는 이 상소를 계기로 당쟁의 '뜨거운 감자'였던 사
관의 선발 방식에 대한 해결 방안을 찾고자 했다. 영조는 2월 8일 석강
夕講을 연 자리에 유수원을 불러 서승법의 대략적인 체계를 물었는데
유수원은 다음과 같이 말한다.

선하께서는 매번 기강을 세우는 것을 급선무로 삼으시는데, 신은 기강은 위
엄이나 형벌로 세울 수 있는 것이 아니라 여깁니다. 기강을 세우고 공도公道
를 넓히는 요령은 서승법에 달려 있습니다. 우리나라는 옥당을 오늘 파직시
켰다가 내일이면 서용합니다. 전하를 가까운 곳에서 모시는 신하는 여러 관

원의 본보기가 되는데도 전혀 근신하며 노력하지 않으니 어떻게 기강을 세울 수 있겠습니까? 서승법을 따르면 정자正字가 된 지 3년 만에 수찬修撰으로 승진하고 수찬이 된 지 3년 만에 교리校理로 승진하며, 교리가 된 지 3년 만에 응교應敎로 승진하게 됩니다. 그러면 참봉參奉·봉사奉事가 서승하는 제도와 거의 같아질 것입니다. 그러니 어찌 관직에 임명되어 부름을 받고도 나오지 않는 자가 있겠습니까? 옛날부터 이와 같은 서승법을 따랐던 것은 근신하며 노력하여 공무를 행하도록 하기 위함이었습니다.

유수원이 아뢴 내용은 기강을 세우고 공도를 넓히는 요령을 담은 〈관제서승도설官制序陞圖說〉에 바탕을 두고 있다. 관직별로 연한을 정해 승진시킨다면 인재들이 승진하지 못하고 낮은 지위에 묶이는 일이 일어나지 않을 것이라는 내용이다. 한림과 관련된 사항으로는 문관으로 승문원에 들어갈 사람은 모두 시험을 봐서 등급을 나누되, 장원은 홍문관 정자에 임명하고, 그 다음은 예문관 검열, 또 그 다음은 승문원 정자로 임명하는 것 등이었다. 유수원은 당론이 갈리는 원인이 관직 제도에서 비롯되었다고 보고, 서승법을 따른다면 고위 관원이 한림을 천거하여 자기 당파의 세력을 키우는 폐단을 막을 수 있다고 보았다.

유수원이 제시한 안을 듣고 깊은 고민에 빠진 영조는 대책의 실효성에 대해 신료들의 의견을 들어 보고자 했다. 하루 뒤인 2월 9일 희정당熙政堂에서 주강을 할 때 지경연사 이덕수李德壽에게 의견을 물었다.

영 조 경은 유수원의 '관제서승도'를 보았는가? 그것이 붕당을 없애는 데 조금이라도 도움이 될 수 있겠는가?

이덕수 명나라 조정의 관직 제도를 상세히 알지는 못하지만, 붕당을 없애는 일이 쉽지 않을 듯합니다.

영조의 고민은 더 깊어졌다. 실록에는 영조가 유수원의 대책을 즉시 채택하지는 않았지만 한림을 자천하는 제도를 바꿀 의향을 보였다고 기록하고 있다. 그로부터 한 달여 뒤인 3월 26일, 영조는 주강을 마친 뒤 대신들에게 붕당을 타파하고 탕평을 행할 수 있는 방도를 논의하라고 명하였다. 좌의정 송인명과 우의정 조현명은 각각 한림 자천제를 폐지할 것을 청하였지만 어떤 이유에서인지 영조는 이때까지도 한림 자천제를 혁파할 뜻을 정하지 못한 듯하다.

그런데 4월 5일, 영조의 심경에 변화가 일게 된 사건이 일어났다. 이날 영조는 한림 이익보李益輔와 김상복金相福을 파직하였는데, 그 이유는 이들이 각기 천거한 인물들이 상대 당의 반대에 막혀 천거 대상의 명단도 확정하지 못했기 때문이었다. 실록에서는 영조가 한림 자천제를 혁파하려고 먼저 이익보 등을 파직한 것이라고 기록하고 있다.

결국 4월 22일 한림 추천 방식을 바꾸는 10개 조항을 담은 〈한천이혁절목翰薦釐革節目〉이 마련되었다. 영조는 '한림은 당을 위해 두는 것이 아니라 나라의 역사를 기록하기 위해 두는 관원'이라고 하며 권점이라는 새로운 선발 방식을 시행하도록 명하였다. 이러한 한림 선발 방식의 변화를 두고 사관은 다음과 같이 논평했다.

이 당시 권세를 휘두르던 자가 사대부들이 자기편에 붙지 않는 것을 싫어하여, 청요직淸要職의 권한을 모두 거두어들이고 벼슬길이 막혀 있던 가문의

《어제 문업 御製問業》

1774년, 영조가 자신이 평생 이뤄 낸 업적에 대해 직접 쓴 것이다. 업적 중 첫 번째가 탕평이다.
영조는 당쟁으로 인해 한림 선발이 순조롭게 진행되지 못하고 폐단이 심해지자
기존의 선발 제도인 한림 자천제를 혁파하고 권점제를 새롭게 시행하였다. |한국학중앙연구원|

사람들을 조정으로 진출시켜 탕평의 범위를 넓히고자 하였으나 다만 의견

을 내지 못하고 있을 뿐이었다. 그러다 마침 유수원이 '관제서승도'를 올리

자, 송인명·조현명 등이 원경하元景夏와 의견을 같이하였고, 결국 그를 힘껏

도와 주상께서 결단을 내리도록 청하였다. 이에 주상이 이조 낭관의 통청권

通淸權을 혁파하고 사관을 천거하는 규정을 개정하라고 명하였다. 영춘추관

사를 겸하고 있던 영의정 김재로金在魯는 마침 휴가를 받아 고향에 있었는

데, 조정에 돌아와서 성상의 뜻이 이미 결정되었음을 알고는 감히 간쟁하지

못하고, 즉시 새로운 절목을 제정하였다.

절목에 따라 한림의 자체 선발 규정은 '권점'이라는 새로운 선발 방

식으로 바뀌었다. 그 과정은 이러하다. 우선 한림으로 선발하기에 특별한 문제가 없는 7품 이하의 문관을 모두 넣어 명단을 만든다. 그 명단의 이름 아래에 현재의 한림과 전임 한림 3인 이상이 모여 동그라미로 권점을 쳐서 권점이 많은 순으로 차점자까지를 뽑는다. 이들에게 다시 제술製述 시험인 소시召試를 보여 평균 이상의 점수를 낸 자를 최종적으로 선발한 뒤, 등수에 따라 차례로 검열에 제수하도록 한다. 이는 임금이 한림의 선발에 관여하게 되는 것을 의미하기도 한다.

한림 자천제의 혁파는 영조가 탕평을 추진하는 데 얼마나 도움이 되었을까? 한림 선발 방식의 변화는 과연 공정한 역사 기록을 남기는 데 영향을 주었을까? 역사 기록을 담당할 주체를 선발하는 제도에 대한 고민을 보며, 역사 기록에서 가장 중요한 것이 무엇인지를 생각해 보게 된다.

강성득

삼가 고풍古風을 지키라

한림의 위상과 고풍

처음 해당 관사에 임명된 관원은 선배 관원들에게 인정받는 절차인 면신례免新禮를 행했다. 예문관의 면신례는 다른 관사보다 훨씬 어려웠다고 한다. 성현成俔의 《용재총화慵齋叢話》에서 '새로 한림에 임명되어 나온 뒤 연회 베푸는 것을 허참례라고 하고, 50일이 지나서 또 연회 베푸는 것을 면신례라고 했으며, 그 중간에 연회 베푸는 것을 중일연中日宴이라고 하였다. 연회 때마다 신입 한림에게 집이나 다른 곳에 푸짐한 잔칫상을 차리도록 하였는데, 잔치는 언제나 어두워져서야 끝났다.'라고 한 것을 보면 신입 한림을 맞이하는 예문관의 전통이 어떠했는지를 짐작해 볼 수 있다. 이러한 풍습을 '고풍'이라 불렀다.

신입 한림들이 예문관의 일원으로서 활동하려면 수많은 규율에 익숙해져야 했다. 한림의 업무 지침인 《한원고사》에는 지켜야 할 규율이 빼곡히 적혀 있다. 시정기의 작성을 전담했던 하번 검열에게는 특히 더 엄격한 규율이 적용되었다. 하번 검열은 상번 검열의 허락 없이는 궐내의 근무지를 비울 수 없었다. 또 평소 예문관에 입직入直하는 상번

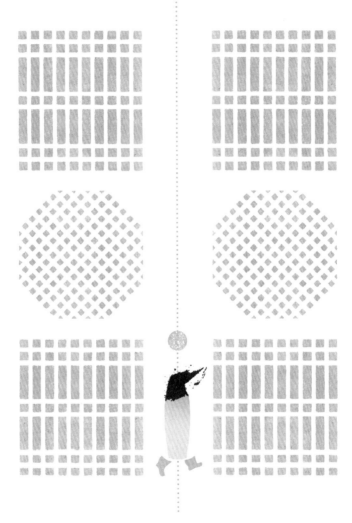

한림이 혹 하번이 입직하고 있는 승정원 우사당에 오면 하번은 재빨리 몸을 피해 옆에 붙은 작은 협방挾房으로 피해야 했다. 하번은 협방에서 감히 목소리를 내서도 안 되었고 음식을 먹어서도 안 될 정도로 한림 사이에는 엄격한 위계 질서가 있었다.

평상시 한림의 공식 업무 회의인 좌기坐起를 열 때에도 하위 한림은 엄격한 규율에 따라 우위右位 한림을 대해야 했다. 예를 들면 가장 우위인 두 명의 봉교는 서로 읍揖하고 각자 자리에 앉으면 되었으나 대교 이하의 하위는 자신보다 우위인 한림들에게 차례로 배례拜禮를 행한 뒤, 가장 높은 우위에게 고배告拜를 행하고 자리에 가서 고개를 숙이고 엎드려야 했다. 문책 받을 일이 있으면 하위가 우위에게 나아가 머리를 파묻고 문책을 받았으며, 한참 동안 고개를 숙이고 엎드려 있다가 우위가 자리로 가라고 명하면 일어나 자리로 갈 수 있었다.

한림 간의 엄격한 규율은 예문관이 관료 사회 내에서 지닌 높은 위상과도 관계가 있다. 조선 초기부터 300년이 넘는 긴 시간 동안 확립된 한림의 고풍은 폐단을 낳기도 했지만 한림들에게 집단적 동질성을 갖게 하고 결속력을 강화하는 방편이 되기도 했다. 하지만 영조 17년1741 자체 천거 방식이 다수의 관원들이 참여하는 권점 방식으로 바뀌게 되면서 고풍도 행하지 못하도록 제재를 가했다.

그런데 20여 년이 지난 뒤, 영조의 명에 의해 고풍이 다시 이루어졌다. 영조 35년1759 7월 26일 오시午時에 춘당대春塘臺에서, 전날 알성문과謁聖文科에서 급제한 유생들을 영조가 만나보는 자리였다. 영의정 김상로金尙魯, 병조 판서 조운규趙雲逵, 호조 참판 조명정趙明鼎, 병조 참판 채제공蔡濟恭, 도승지 원인손元仁孫, 좌승지 윤동섬尹東暹, 우승지 김

광국金光國, 좌부승지 정상순鄭尙淳, 가주서 구상具庠·신광보申光輔, 기사관 윤태형尹泰衡·이지회李之晦 등이 입시하였는데, 이지회는 한림으로서 참석한 것이었다.

영조는 장원 급제한 신익申熤 등을 차례로 접견하고 난 뒤, 한림에게 유생들을 거느리고 한림의 고풍을 행하라고 명하였다. 고풍은 '신래불림'이라고도 했는데, 급제자들에게 하는 장난 섞인 통과 의례였다. 이름을 부르며 앞으로 나왔다 물러났다 하게 하기도 하고 얼굴에 먹칠을 하기도 했었다. 그러나 이 당시에는 행해지지 않아 이를 아는 사람이 없었다.

이지회가 급제한 유생들을 불러 고풍을 행하였으나, 그가 한림의 고풍에 익숙지 않은 것을 본 영조는 다시 그 자리에 있던 전임 한림에게 가르쳐 주게 하였다. 그러자 먼저 병조 참판 채제공이 유생들을 불러 앞으로 나왔다가 뒤로 물러났다 하게 하였다. 그리고 호조 참판 조명정이 또 유생들을 불러 얼굴에 먹칠을 하였다. 그러고는 한림 이지회에게 고개를 숙이고 있게 하고 채제공에게 앞으로 나왔다가 뒤로 물러나게 하였다. 이를 지켜본 영조가 말을 꺼냈다.

영 조 고풍이 예전보다 훨씬 못하구나.

조명정 병조 판서 조운규는 신이 한림으로 있을 때 하번이었습니다. 지금 그가 다시 고풍을 하는 모습을 보고 싶었는데 시험을 감독해야 한다고 핑계를 대며 끝까지 나오지 않고 있습니다.

영 조 (웃으며) 하러 나가라.

(조운규가 고풍을 하러 나갔다. 정상순도 한림을 지냈기 때문에 나가서 수

차례 신래 불림을 당하였다.)

김상로 조명정이 예문관 선배라고 아주 기세등등합니다. 조명정의 선배는 오직 신뿐이니 신이 나가서 그가 고풍하는 모습을 한번 보아야겠습니다.

(나가서 조명정을 불러 수차례 신래 불림을 하였다.)

영 조 선배와 후배가 줄줄이 이어서 고풍을 행하는 것인가?

신하들 그렇습니다.

조운규 오늘 한림의 고풍을 다시 보니 마음이 참으로 즐겁습니다. 신이 하번이었을 때 조명정이 늘 고풍으로 신을 곤란하게 하였기 때문에 입시하였을 때 신이 긴 침으로 찌른 적도 있었습니다.

(영조가 크게 웃었다.)

《승정원일기 영조 35년 7월 26일》

어느 맑은 날 한낮 춘당대에서 한림을 지냈던 관원들 사이에 보였던 고풍은 몇백 년을 이어온 한림의 엄격한 위계질서를 다지는 일이었다. 하지만 한림의 자천제가 혁파된 뒤로 20여 년이 지난 이날 영조와 신료들이 한림 고풍에 대해 나눈 대화를 보면 그간 한림들이 지켜 왔던 고풍과는 사뭇 다르다는 느낌이 든다. 한림 고풍의 변화는 한림의 위상 변화와도 무관하지 않을 것이다.

지금의 눈으로 보자면 이 고풍이란 것이 기강을 세우는 데 무슨 도움이 되었을까 싶긴 하나 영조는 고풍의 순기능을 다시 살리고 싶었던 듯하다. 이 자리가 정리될 무렵 영조는 '삼가 고풍을 지키라[謹守古風]'라고 쓴 글씨를 내려 주면서 이를 판에 새겨 예문관에 걸라고 명하

춘당대

창덕궁과 창경궁을 그린 동궐도 중 춘당대 부분이다. 영조는 1759년 춘당대에서 사관들에게 새로
문과에 급제한 유생들을 데리고 고풍을 행하라고 명했다. |고려대학교박물관|

였다. 그러면서 신하들을 둘러보고 "권점으로 뽑힌 한림을 낮게 여기
지 말라."고 하였다. 권점 방식으로의 변화 이후 조금은 낮아진 한림의
위상을 우려한 말이었다.

역사 기록을 담당하는 엄중한 책임을 진 한림에게 영조가 한림의 고
풍을 지키라고 신칙한 것은 다시금 한림의 엄격한 위계질서 속에서 기
강을 바로잡아 어떤 바람에도 흔들리지 말고 공정한 태도로 역사를 남
기라는 주문이 아니었을까?

강성득

● 사관의 하루

사관의 생활과 업무를 살펴보기 위해 사관의 하루 일과를 가상의 일기 형식으로 엮어 보았다.

하루를 시작하다

170○년 ○월 ○일 맑음. 어제 늦게까지 사초를 정리하느라 밤늦게 잠 자리에 들었다. 잠깐 눈을 붙이고 일어나 보니 밝은 새벽빛으로 어슴푸레하다. 한림이 된 뒤로 계속된 입직 때문에 몸은 젖은 솜처럼 무겁다. 고개를 떨군 채 앉아 있자니 이런저런 생각들이 떠오른다. 집에서 옹알이를 하고 있을 아이와 사랑하는 아내 생각도 나고 편찮으신 부모님 걱정도 든다. 하지만 예문관 규정상 한번 입직하면 나갈 수가 없다. 한림이 되려고 노력했던 그간의 일들이 주마등처럼 스쳐간다. 한림이 되어 처음 궁궐로 향하던 때가 떠오른다. 창덕궁 금호문金虎門을 들어서는 그 순간, 얼마나 가슴 벅찼던가? 이렇게 마냥 앉아 있을 순 없다. 오늘 해야 할 일들을 챙겨야 한다. 산더미처럼 쌓여 있는 오늘 업무를 일일이 점검하기 시작했다. 오늘 해야 할 일들을 적어 보니 그 어떤 날보다 바쁘게 움직여야 했다. 새로 승정원 주서에 임명된 선배 관원이 나를 불렀다.

하번 검열로서 해야 할 일들을 챙기다

나는 하번 검열이기 때문에 승정원에 입직하여 사초를 작성해야 한다. 또 임금께서 어디를 가시든지 항상 가까운 거리에서 보필해야 한다. 입시할 때는 우사로서 임금과 신하의 말을 기록하는 임무를 맡는다. 임금

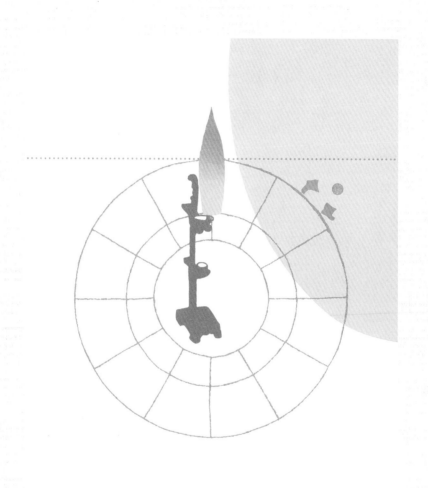

의 행동은 좌사가 기록하기 때문에 따로 신경 쓰지 않아도 된다. 오늘 오전에는 임금께서 대신과 비변사 당상 등을 불러 만나는 차대次對가 예정되어 있고, 자리가 빈 한림을 새로 천거하는 일도 해야 해서 몹시 긴장된다. 한림은 7품 이하의 관원 가운데 문장력과 학식이 모두 우수하고 명망이 높은 자를 골라야 한다. 상중喪中이거나 파직된 사람, 재직 중인 한림과 가까운 관계에 있는 사람은 천거할 수 없다. 실수가 없도록 한림 후보자의 면모를 미리 검토해 두어야 한다. 상번 한림과 의견이 일치되어야 할 텐데 걱정이 앞선다.

승정원을 통해 들어오는 임금의 문서나 각 관사의 문건들을 검토하는 일도 매일 해야 한다. 이 문건들을 바탕으로 사초를 기록해야 하기 때문이다. 또 지제교에게 며칠 뒤 임금께서 내릴 교서를 작성하라고 알려야 한다. 오늘은 임금께서 궁궐 안에만 계신다고 하고, 경연도 열지 않는다고 하셨다. 경연의 좌목座目을 정리하는 일, 경연에서 오간 내용을 기록하는 일을 덜었다. 내심 다행스러웠다.

오늘 해야 할 일들을 정리하는 동안 입시할 시간이 다가오고 있었다. 대소 신료들이 입시하기 위해 편전 근처로 모이고 있다. 검토하던 문서들을 정리하고 붓과 초책을 챙겼다. 의관을 정제하는 일도 잊지 않았다.

임금과 신료들의 말을 기록하다

입시 자리에 들어가는 것도 순서가 있다. 대소 신료들이 먼저 들어가 좌우로 나누어 자리를 잡고 나서 승지 영감의 뒤를 따라 주서, 상번 한림, 하번 한림인 내가 들어가 좌우로 나누어 앉았다. 지난번에 자리를 잘못 잡았다가 승지 영감에게 호되게 질책을 받은 기억이 있어 주서 옆에 자리를 잡으면서도 잔뜩 긴장이 되었다.

자리를 잡고 앉자마자 임금께서 어제 비변사에서 올린 진휼과 관련한 대책을 논의하라고 명하셨다. 영의정 대감이 먼저 어탑 앞으로 나아가고 나도 가까이 가서 영의정 대감이 하는 말씀을 기록했다. 그런데 연로하신 분이라 말씀하시는 목소리가 너무 작아 제대로 받아 적을 수가 없었다. 건너편에 앉아 있는 선배 한림을 보니 집중하느라 표정이 조금 달라졌을 뿐 붓놀림이 매우 빨랐다. '나는 아직 멀었구나' 하는 생각이 들면서 선배 한림이 대단해 보였다. 진휼을 위한 논의는 그리 간단하게 끝나지 않았다. 신료들의 논의가 한참 동안 이어진 끝에 삼남三南에 비축해 둔 쌀을 가져다 흉년 든 지역의 백성을 구휼하는 방향으로 결정이 났다. 중대 사안을 결정하는 날이다 보니 신료들의 의견이 유난히 많았다. 기록한 분량이 얼핏 보아도 수십 장은 되어 보였다. 놓친 부분을 선배 한림과 주서에게 물어 채워 넣을 일이 걱정이다. 임금께서 물러나라고 명하시자 신료들이 차례로 물러 나갔다. 입시 자리에서 물러날 때는 상위 관원부터 나가기 때문에 주서와 상번 한림, 나는 가장 마지막으로 물러 나왔다.

하늘 같은 선배에게 꾸중을 듣다

점심 시간이 한참 지나 점심을 먹는 둥 마는 둥 하고는 오늘 처리해야 할 일들을 하나씩 하나씩 확인했다. 그런데 이를 어쩌나? 오늘 입시를 마치고 어전에 초 책을 그대로 두고 나온 일이 떠올랐다. 임금께서 이를 보시고는 승지 영감께 호통을 치셨다고 한다. 아니나 다를까 상번 한림의 불호령이 떨어졌다. 상번 한림은 하번 한림을 관리 감독할 의무가 있기 때문이다. 상번 한림이 어찌나 혼을 내던지 고개를 들 수 없었다. 결국 이 일로 오늘 입시한 사관 모두가 경고 조치인 추고를 받았다.

일을 하다 보니 답답한 것 투성이였지만 허참례가 끝나기 전에는 상번 한림과는 대화할 수 없도록 하고 있기 때문에 선배 한림에게 업무 요령을 물어볼 수도 없는 노릇이었다. 업무 참고서인《한원고사》가 있기는 해도 실제 업무를 처리하면서 일어나는 다양한 상황에 대처하기에는 어려움이 많았다.

오후에 상번 한림이 우사당에 들렀을 때에도 협방으로 들어가지 않아 또 야단을 맞아야 했다.《한원고사》에 상번 한림이 오면 하번 한림은 협방으로 피해야 하고, 목소리를 내거나 음식을 먹어서는 안 된다고 되어 있는데, 멍하니 있다 야단을 맞은 것이다. 내 잘못이긴 하지만 고의로 그런 것도 아닌데 야단을 친 상번 한림이 야속했다. 자상하게 일러 주어도 될 텐데…… 어서 빨리 업무에 익숙해져야겠다는 생각뿐이다. 이래저래 우울한 하루다.

허참례, 진정한 한림이 되다

한림이 되면 으레 날을 잡아 허참례를 치러야 한다. 한림의 허참례는 고약하기로 유명하다고 들었지만 이 정도일 줄은 몰랐다. 예문관에 한림 우위들이 모두 모이면 죄가 있건 없건 가죽 채찍으로 하번의 청지기[廳直]에게 태笞 100대를 쳤다. 부당하다는 생각이 꽉 차올랐지만 고풍이라 문제 삼기도 어려운 분위기였다. 청지기가 무슨 죄가 있다고 태를 친단 말인가? 두 번 다시 한림의 허참례를 치르고 싶지 않을 정도였다.

허참례를 행했기 때문에 이제부터는 시정기도 매일 작성해야 한다. 또 대간의 계사가 있으면 내가 나가서 대간을 맞이한 뒤에 즉시 그 계

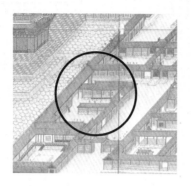

우사당右史堂
동궐도 중 우사당 부분이다. 우사당은 승정원의 부속 건물로 하번 한림은 이곳에 입직하여 사초를 작성했다. 상번 한림이 찾아오면 옆에 붙은 작은 방으로 몸을 피해야 할 정도로 한림 사이의 위계질서는 엄격했다. |고려대학교박물관|

사의 내용을 상번 한림에게 엎드려 고해야 한다. 또 오늘부터는 매일 밤 죽통기별竹筒奇別도 해야 한다. 죽통기별은 가는 붓으로 다음 날 상참과 경연의 실시 여부와 그날 대간들이 올린 계사 내용을 요약한 것을 예비 한림 이상에게 보이는 일이다. 주위에서는 이제야 진정한 한림이 되었다고들 한다.

사초 정리로 하루를 마치다

정신없이 일들을 치르느라 날이 벌써 어두컴컴해졌다. 내가 지금 있는 곳은 '사선각四仙閣'이라고도 불린다. 네 명의 신선은 나와 승정원 주서들을 함께 부르는 이름인데, 복잡한 세속에 흔들리지 말고 신선처럼 올곧게 붓을 놀리라는 뜻으로 붙여 준 이름이 아닐까 싶다. 내일은 2년마나 한 번씩 하는 실록 포쇄를 위해 태백산太白山 사고로 떠나는 날이다. 그동안 미뤄 두었던 시정기를 떠나기 전까지 정리하려면 아무래도 밤을 새야 할 것 같다.

강성득

제2장

실록을 말하다

실록은 수많은 수난을 겪으면서 사라질 위기에 놓이기도 하였지만
오늘날 우리에게까지 전해졌다. 실록 편찬 및 보관 과정에 쏟은
선조들의 정성이 우리에게 던지는 메시지는 무엇일까 생각해 볼 일이다.

실록은 어떻게 편찬되었을까

《현종실록》의 편찬 과정

조선 500년의 역사를 담은 각 왕대의 실록은 긴 세월 속에서 수많은 일을 겪으면서 꾸준히 편찬되고 보존되어 왔다. 임금이 승하하여 국상을 치르는 절차가 어느 정도 마무리되면 실록을 편찬하기 위한 절차도 시작되었다. 실록 편찬은 선왕의 재위 기간 동안의 역사를 정리하는 일일 뿐만 아니라 선왕의 뒤를 이어 보위에 오른 임금의 정통성을 확인하는 과정이기도 했다. 실록은 어떤 과정을 거쳐 편찬되었을까? 숙종 초에 편찬된《현종실록顯宗實錄》의 편찬 과정을 상세히 기록한《현종실록찬수청의궤顯宗實錄纂修廳儀軌》의 주요 내용을 날짜별로 따라가며 실록의 탄생 과정을 살펴보자.

현종 15년1674 8월 17일, 며칠 전부터 고열에 시달리던 현종의 증세는 여전히 위급하였다. 시약청侍藥廳이 설치되고, 사시巳時부터 유시酉時까지 영의정 허적許積을 비롯한 대신들과 의관醫官들이 급히 들어와 병세를 살폈다. 8월 18일 해시亥時 4각刻에 창덕궁 재려齋廬에서 현종이 승하하였다.

일반적으로 3개월이 지나 졸곡제卒哭祭를 마치면 실록 편찬이 논의 되지만,《현종실록》의 편찬은 9개월이 지난 숙종 1년1675 5월부터 논 의되기 시작하였다. 숙종 초 우위를 점한 남인들이 서인이었던 송시열 宋時烈과 이단하李端夏가 지은 현종의 묘지墓誌와 행장行狀이 현종 때의 예송 논쟁 내용을 적절히 담아 내지 못했다고 문제 삼았기 때문이다. 이 문제를 해결하느라《현종실록》편찬이 늦어졌다. 의궤는 같은 해 5 월 18일 승정원이 실록 편찬의 총책임자인 총재관摠裁官을 차출하도록 아뢴 일부터 적고 있다.

《미암일기眉巖日記》
미암眉巖 유희춘柳希春의 친필로 쓴 일기이다.
《명종실록》의 찬수 과정이 이 일기에 남아 있다. 이를 통해 실록청 설치, 사목事目 마련 등
실록 편찬 과정의 구체적인 모습을 확인할 수 있다. |미암박물관|

【 현종실록의 편찬 과정 】

을묘년(1675, 숙종1)

5월 18일	승정원에서, 실록청 설치가 결정되었으니 총재관 차출을 명하라고 청하다.

5월 19일	영의정 허적이 총재관으로 낙점받다.

5월 28일	· 시정기 정리를 담당할 3개의 방이 구성되다. · 총 35인의 실록 찬수 담당 인원이 정해지다.

윤5월 7일	실록청에서 10개 조항의 시행 세칙인 사목을 마련하다.(실록청은 형조에, 각 방은 공조와 사역원에 설치하다. 참여 인원의 규모와 업무, 대우, 필요 물품의 조달 방법 등이 정해지다.)

윤5월 12일	· 실록청에서, 시정기 봉안이 완료되었으니 낭청 3명이 돌아가며 숙직하겠다고 아뢰다. · 총재관이, 현종이 승하하신 해인 갑인년1674, 현종15 1월 22일부터 8월까지의 시정기를 속히 완료해 제출하도록 할 것을 청하다.

윤5월 20일	실록청에서, 본청 당상과 낭청의 출근 여부를 10일 단위로 적어 보고하겠다고 아뢰다.

7월 20일	· 총재관이, 시정기의 정리가 마무리되어 가니 참여 인원의 비용 등을 고려하여 1개 방만 남기겠다고 아뢰다. · 총재관이, 실록을 최종 인쇄할 때 쓸 초주지草注紙와 실록을 담을 궤의 재료를 생산 지역에 배정하여 마련하도록 하고, 일부 물품은 호조에 비축된 것을 가져다 쓰겠다고 아뢰다.

인조무인사초
仁祖戊寅史草
사초나 시정기는 실록 편찬의 기초 자료로 활용되었다. 아래는 현재 전하는 인조무인사초 仁祖戊寅史草이다. 1638년에 작성된 사초로 매일의 시정時政을 기록하고 있다.
|규장각한국학연구원|

- · 14개 조항의 실록청 찬수 범례實錄廳纂修凡例가 정해지다.

| 12월 6일 | 총재관이, 대제학 김석주金錫胄가 실록 원고 검토를 아직 완료하지 못해 옮겨 적기 위해 대기 중인 낭청들이 일거리 없이 지내는 상황을 아뢰다. |

병진년 (1676, 숙종2)

| 1월 17일 | 승정원에서, 선왕의 행장 등을 작성할 찬집청撰集廳 당상과 낭청은 기존의 실록청 당상과 낭청이 겸해서 맡게 할 것을 청하여 윤허받다. |

| 3월 5일 | 찬집청에서, 이조 판서 윤휴尹鑴가 맡은 행장의 작성이 완료되었으니 본청을 정파停罷하겠다고 아뢰다. |

| 5월 12일 | 경연관經筵官 이담명李聃命이, 실록청을 설치한 지 10개월이 지났는데도 겨우 기해년 1659, 현종 즉위년 부분밖에 작성하지 못하고 있다며 담당 관원들이 이 일에만 전념하게 하기를 청하다. |

| 5월 25일 | 총재관이, 시정기의 기록이 소략하여 각 관사에 보관되어 있는 문서들을 참고하기 위해 낭청 2명을 더 사술할 것을 청하여 윤허받다. |

| 12월 16일 | 총재관이, 실록의 찬수가 지연되고 있으니 당상 1명을 더 차출해 달라고 청하여 윤허받다. |

실록은 몇 단계를 거쳐 찬집되었다. 현재 남아 있는《광해군일기》중초본과 정초본, 오대산 사고에 보관되었던 실록 교정본을 통해 실제 과정을 살펴볼 수 있다.

《광해군일기光海君日記》 중초본中草本과 정초본正草本
중초본에서 붉은 먹으로 삭제하거나 새로 쓴 부분이 정초본에 반영되었다. |국가기록원 부산기록관, 규장각한국학연구원|

《중종실록中宗實錄》 교정본
책 윗면과 글자 사이사이에 고치거나 더 들어가야 할 글자를 써 넣었다. |규장각한국학연구원|

| 12월 21일 | 숙종이 담비 가죽으로 만든 모자와 귀덮개 3부, 쥐 가죽으로 만든 모자, 귀덮개 6부를 실록청 당상과 낭청들에게 하사하다. |

정사년 (1677, 숙종 3)

| 2월 5일 | 실록청 설치 후 3년이 되도록 반도 찬수하지 못한 죄를 물어 당상과 낭청을 엄하게 추고하도록 하고, 매일 나와서 속히 완성하라는 내용의 비망기를 내리다. |

| 3월 10일 | 숙종이 실록청에 건문어乾文魚 2마리, 전복全鰒 1첩 등을 하사하다. |

| 5월 9일 | 영의정 허적이 총재관을 사임하다. |

| 5월 10일 | 좌의정 권대운權大運을 새 총재관으로 임명하다. |

| 5월 22일 | 총재관이, 실록 찬수가 끝나 내일부터 책판에 박아 내는 일에 들어갈 것이라고 아뢰다. |

| 5월 29일 | 실록청에서, 실록 인출 기간에 잡인의 출입을 막고 실록청을 지켜 줄 군관軍官들을 파견해 달라는 내용으로 좌변포도청과 우변포도청에 공문을 보내다. |

| 6월 28일 | 총재관이, 실록을 인출할 때는 대제학이 이른 아침에 실록청으로 와서 실록 초본을 검토하고 미진한 부분의 글자를 수정한 중초를 등록관謄錄官에게 내려 주면 그가 글자를 안배해 |

《현종실록》
《현종실록》은 민간의 낙동계자洛東契字를 포함하여 제작한 현종실록자로 인출되었다. 이후 편찬된 실록들은 모두 이때 제작된 활자로 간행되었다. |국가기록원 부산기록관|

서 분판粉板에 쓰고 나서 비로소 책판에 박아 내는데, 대제학 민점閔點이 나오지 않아 일이 지체되고 있다고 아뢰다.

8월 20일
실록청에서 실록 인출이 마무리되어 가고 있다고 아뢰다.

9월 3일
실록청에서, 오늘 실록 인출이 완료되었는데, 총 22권으로 확정되었고 다섯 곳의 사고史庫 보관본을 합치면 총 110권이라고 아뢰다.

9월 4일
실록청에서, 《승정원일기》는 승정원으로 돌려보내고 시정기와 중초는 실록을 봉안하는 날에 춘추관으로 보내서 세초할 때를 기다리도록 하겠으며, 칠궤漆櫃에 담은 여유분 10궤도 춘추관으로 보내겠다고 아뢰다.

9월 5일
춘추관에서, 실록 봉안을 위해 실록각實錄閣을 열 길일을 9월 9일로 잡아 아뢰어 윤허받다.

9월 9일
· 총재관이, 행장, 지문誌文, 시책諡冊, 애책哀冊의 인출본 1건을 전례에 따라 주상에게 올리겠다고 아뢰다.

· 실록청에서 실록 편찬이 완료되었으니 의궤를 작성해야 한다고 아뢰고, 이를 담당할 의궤수정청儀軌修正廳의 사목을 마련하다.

· 실록청에서, 총재관 이하 관원들이 창의문彰義門 밖 차일암遮日巖에 가서 세초 의식을 거행하기를 청하여 윤허받다.

9월 10일
예조에서 세초 날짜를 9월 19일로 잡아 아뢰어 윤허받다.

9월 11일
실록청과 의정부에 술과 음식을 하사하는 내

《현종실록찬수청의궤
顯宗實錄纂修廳儀軌》
《현종실록》의 편찬 경과, 의식 절차, 참여 인원, 소요 물자의 종류와 규모, 편찬 뒤의 논공행상論功行賞 등을 세세하게 기록하였다.
|규장각한국학연구원|

《현종실록청제명기
顯宗實錄廳題名記》
《현종실록》 편찬에 참여한 사람들의 명단과 편찬 일정을 기록하였다.
|규장각한국학연구원|

《현종실록형지안
顯宗實錄形止案》
《현종실록》의 열람이나 이동과 관련하여 목적· 의식·절차·규정·인원 등을 자세히 기록하였다.
|규장각한국학연구원|

선온(內宣醞)과 외선온(外宣醞)은 16일에 하되 1
등급으로 음악과 연회를 베풀어 주며, 실록청
세초 때의 내선온과 외선온에도 1등급으로
음악과 연회를 베풀어 주도록 전교하다.

9월 13일 · 실록청 선온 때, 파직되었거나 경기 수령으로
나간 인원도 모두 참석하도록 전교하다.

· 실록청에서, 사초를 분해하여 담는 데 필요하
니 망網을 갖춘 빈섬[空石] 10닢을 즉시 춘추
관으로 보내오라는 내용으로 호조 및 풍저창
豊儲倉과 광흥창廣興倉에 공문을 보내다.

· 실록청에서, 이달 19일에 차일암에서 사초를
물에 담가 씻고 나서 나온 휴지休紙를 수거해
야 하니 호조 낭청 1원이 조지서造紙署에서
대령하라는 내용으로 호조에 공문을 보내다.

세검정 洗劍亭
실록 인출이 끝난 뒤
세검정 차일암에서
사초를 물에 담가
글씨를 씻어내는 세초
의식을 거행하였다.
|국립중앙박물관|

실록청 의궤는 실록 편찬에 관한 종합보고서 성격의 책이다. 실록청 의궤에는 실록 편찬 경과, 의식 절차, 참여 인원, 소요 물자의 종류와 규모, 편찬 뒤의 논공행상 등을 세세하게 기록해 두었다. 지금까지 실록 연구 성과에 따르면 대체로 실록의 편찬 및 봉안은 다음과 같은 과정을 거친다.

1. 실록청을 설치한다.
2. 편찬을 위한 관원을 뽑는다.
3. 시정기 등 편찬을 위한 자료를 수집·정리하여 실록 원고를 작성한다.
4. 실록을 인출한다.
5. 관원에게 노고를 치하하고 세초연을 베푼다.
6. 실록을 춘추관에 봉안한다.
7. 의궤를 만들고 사업에 참여한 인원의 명단을 작성한다.
8. 실록을 명산 사고에 봉안한다.

《현종실록》 편찬 과정도 이와 크게 다르지 않았다. 이러한 실록 편찬 과정은 오랜 기간을 거치면서 각 단계별로 편찬 의례를 갖추어 나갔다. 의례를 마련해 가는 과정은 실록이 국사國史로서의 위상을 확립해 가는 과정이기도 했다.

강성득

실록을 만나러 가는 길

사고의 위치와 노정

실록은 만드는 과정 못지않게 보관하는 체계를 갖추는 일도 중요했다. 수차례에 걸친 병란兵亂과 화마火魔는 실록의 '생명'을 늘 위협했다. 이런 경험은 실록을 안전하게 보관하여 후대에 전할 수 있는 대책을 마련하도록 하였고, 이에 따라 실록을 깊은 산속에 분산하여 보관하고서 주기적으로 보관 상태를 확인하고 관리하는 제도가 만들어졌다.

조선 전기에는 네 곳의 사고에 각각 실록을 나누어 보관하다가 임진왜란을 거치면서 서울의 춘추관과 무주茂朱 적상산赤裳山, 강화江華 정족산鼎足山, 봉화奉化 태백산太白山, 평창平昌 오대산五臺山의 다섯 곳에 사고를 두고 실록을 각각 나누어 보관하는 체계를 마련하였다. 그리고 사각史閣을 열고 실록을 열람할 수 있었던 사관을 시켜 춘추관은 3년에 한 번, 지방에 둔 외사고는 효종 1년1650 이후 2년에 한 번 실록의 보관 상태를 점검하고 통풍시키는 포쇄를 행하였다.

사관을 역임한 관암冠巖 홍경모洪敬謨는 〈함명일승銜命日乘〉에 순조 10년1810 8월부터 10월까지 태백산 사고의 실록을 포쇄하러 다녀올 때의 여정을 남겨 두었다. 그 내용을 간추려 정리해 보면 다음과 같다.

【 외사고의 위치 】

강화도 정족산성 안에
있던 사고이다. 17세기
중반에 설치되었으며
한양에서 약 55km
거리에 위치해 있었다.
|국립중앙박물관|

강원도 평창 오대산에
있던 사고이다.
17세기 초반에 설치되었으며
한양에서 약 220km
거리에 위치해 있었다.
|국립중앙박물관|

강화 정족산 사고

평창 오대산 사고

봉화 태백산 사고

무주 적상산 사고

전라북도 무주 적상산성 안에
있던 사고이다.
17세기 초반에 설치되었으며
한양에서 약 230km
거리에 위치해 있었다.
|소장처 미상|

경상북도 봉화 태백산에
있던 사고이다.
17세기 초반에 설치되었으며
한양에서 약 260km 거리에
위치해 있었다.
|국립중앙박물관|

대동여지도 |규장각한국학연구원|

8월 21일	임금이 무주 적상산성 사고와 강화 정족산성 사고, 봉화 태백산 사고를 봉심하고 포쇄하라고 명하다.
8월 24일	봉심하고 포쇄할 길일이 정해지다. 태백산 사각은 9월 19일이다.
9월 7일	검열 김양순金陽淳이 적상산성 사고로 떠나다.
9월 11일	· 별겸춘추 박주수朴周壽가 정족산성 사고로 떠나다. · 홍경모가 사당에 고하고 어머니를 뵌 뒤 태백산 사고로 떠나다. 동대문으로 나가 살곶이[箭串], 송파진松坡津을 거쳐 해가 지기 전에 광주성廣州城에 도착하다.
9월 12일	경안역慶安驛을 거쳐 저녁에 이천부利川府에 도착하다.
9월 13일	해가 뜨자 출발해 음죽현陰竹縣에서 밥을 먹고, 10리를 더 가서 충청도와의 경계인 장해원長海院에 도착하다. 50리를 더 가서 충주忠州 가흥창可興倉에 도착하다.
9월 14일	우륵于勒이 거문고를 연주했다던 탄금대彈琴臺를 지나다. 금곶진金串津, 중원관中原館을 거쳐 연풍延豊 안부역安富驛에 도착하다.
9월 15일	가마를 타고 조령鳥嶺에 올라 조령관鳥嶺關에서 차를 마시다. 한낮에 문경현聞慶縣에 도착하다. 40리를 더 가서 유곡 찰방의 관사에 도착하다.
9월 16일	용궁龍宮에 도착하다. 관가정觀稼亭을 지나 예천醴泉 주천관酒泉館에 도착하다.
9월 17일	유동역幽洞驛을 거쳐 영천榮川 구성관龜城館에 도착하다.
9월 18일	권벌權橃의 고택인 청암정靑巖亭을 지나 봉화현奉化縣에 도착하다. 각화사覺華寺의 승려들이 맞이해 주다. 사동寺洞 밖에서부터 가마를 탔다. 날이 저물어 횃불을 밝히고 이동했는데, 좌우로 층층이 벼랑이고 소나무와 전나무가 하늘을 찌르듯 솟아 있었다. 절에서 묵다.
9월 19일	석실함명록石室銜命錄에 이름을 적다. 여輿를 타고 사각史閣으로 오르는데, 길이 험준하고 좁아 겨우 발을 디딜 정도였다. 10리 정도 가서 태백산 기슭에 있는 사고에 도착하다. 사각과 선원각璿源閣을 봉심하고 선생안先生案에 이름을 적다.
9월 20일	역대 실록 648책을 포쇄하다.
9월 21일	실록 15궤/짝을 포쇄한 후 도로 봉안하고 사고 문을 잠그다. 태백산에 오르다.
9월 22일	사고를 봉인封印하고 보고서를 작성하여 올리다. 각화사를 거쳐 봉화의 봉서관鳳棲館에 도착하다.

태백산 사고본 실록
태백산 사고본 실록 보관 모습이다.
현재 국가기록원 부산기록관 전용서고로 옮겨져 보관되고 있다. |국가기록원 부산기록관|

실록 포쇄를 마친 홍경모는 다음날 바로 서울로 향했다. 실록을 포쇄하는 막중한 책임을 다한 홍경모는 돌아오는 길에 주변 지역의 수려한 자연 경관을 살펴보기도 하고 조상의 묘소에 참배하기도 하였다. 그리고 10월 12일 궐에 돌아와 복명復命하는 것을 끝으로 자신에게 부여된 실록 포쇄 임무를 무사히 마쳤다.

검열 홍경모가 태백산 사고의 실록을 포쇄하고 돌아오기까지는 약 2개월이 소요되었다. 실록을 안전하게 보관하기 위해 사고를 깊은 산속에 두었기 때문에 사관이 사고로 가는 길은 녹록지 않았다. 태백산 사고로 가기 위해 때로는 가파른 벼랑을 지나야 했고, 때로는 험한 산길을 헤쳐 가야 했다. 외적이 침입해 들어올 수 없는 곳, 위급한 상황에 임금과 조정의 피난처가 될 수 있는 곳에 실록을 보관하여 소실될 가능성을 낮춘 것이다. 실록은 수많은 수난을 겪으면서 사라질 위기에 놓이기도 하였지만 오늘날 우리에게까지 전해졌다. 실록 편찬 및 보관 과정에 쏟은 선조들의 정성이 우리에게 던지는 메시지는 무엇일까 생각해 볼 일이다.

강성득

【 사고로 가는 길 】 실록을 안전하게 보관하기 위해 사고를 깊은 산속에 두었기 때문에
사관이 사고로 가는 일은 녹록지 않았다.

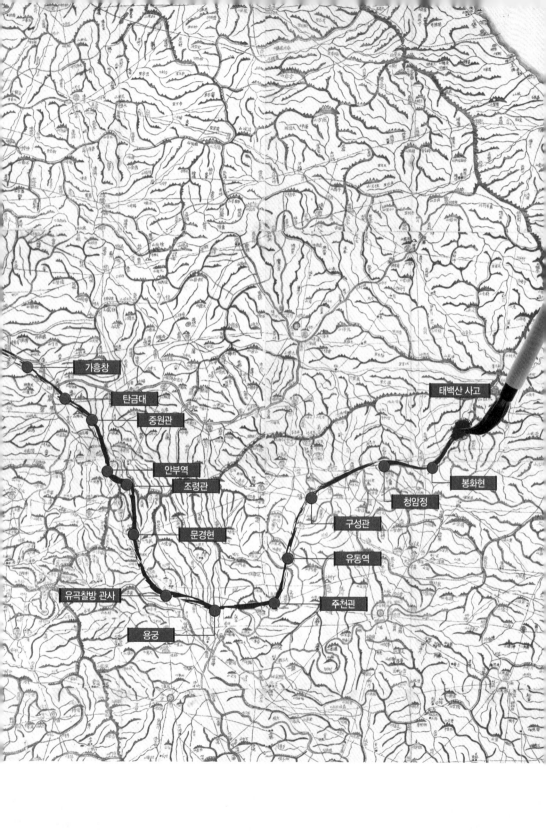

가흥창

탄금대

중원관

안부역

조령관

문경현

유곡찰방 관사

용궁

구성관

유동역

주천관

청암정

봉화현

태백산 사고

실록을 고출하라

실록의 활용

완성된 실록은 사고에 보관하였다. 하지만 그곳이 궁궐 안의 춘추관 실록각이든 저 먼 태백산 사고든 임금은 실록을 볼 수 없었다. 태종 때 《태조실록》이 완성된 이후 임금들은 끊임없이 이미 출간된 실록을 열람하기를 원했지만, 신하들은 결코 이를 허용하지 않았다. 세종도 《태종실록》이 완성되자 보려고 하였다. 그러나 신하들이 임금이 보면 고칠 수 있고 그러다 보면 사관의 직필이 보장되지 않아 사실대로 기록하지 못하게 된다며 반대하자, 결국 신하들의 의견을 받아들였다. 실록뿐만 아니라 실록 편찬을 위해 작성한 사초도 열람할 수 없었다. 조선을 창업한 임금 태조가 사초를 보지 못했음은 물론 무오사화의 주역 연산군도 문제의 사초에서 발췌해서 올린 일부 내용만을 보았을 뿐이었다.

하지만 실록 편찬 목적이 역사를 사실대로 기록하여 후대에 전하는 것만은 아니었다. 실록에서 사실대로 기록한 당대의 중요한 일들은 그 자체로 국정 보고서, 행정 지침서, 행사 보고서의 역할도 하였다. 따라서 임금이 마음대로 볼 수는 없었지만, 합당한 이유가 있으면 실록을

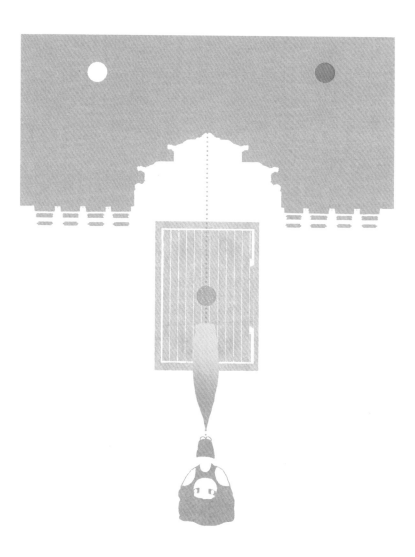

살펴볼 수 있었다. 외교, 국방과 같은 중대한 나랏일을 비롯하여 관직 제도의 조정이나 지방 행정 구역의 설치나 혁파, 형정刑政, 도량형의 통일 등 국내의 정사 전반에 관한 선례先例가 필요할 때면 실록에서 해당 내용을 찾아보았다. 이를 고출考出이라 한다.

또한 선대 임금의 훌륭한 통치 선례를 실록에서 뽑아 통치의 참고서로 활용하기도 하였고, 세자의 교육을 위한 교재를 편찬하면서 실록에서 모범적인 사례를 찾기도 하였다. 또 국왕의 즉위, 국장國葬, 복제服制, 제향祭享 등 중요한 국가 의례와 관련하여 선례를 확인해야 할 경우에도 반드시 실록을 고출하였다.

숙종 43년1717, 7월 여러 해 동안 병석에 있던 숙종은 세자에게 대리청정을 명했다.《숙종실록》에 기록된, 세자 대리청정이 이루어지는 과정을 통해 실제 실록을 어떻게 고출하여 활용하였는지 살펴보자.

7월 19일 숙종은 세자에게 대리청정하게 하겠다는 명을 내린 후, 다음날 춘추관 당상과 낭청을 보내 실록에서 해당 전례를 고출하도록 하였다. 실록을 고출하기 위해서는 춘추관 당상 1원과 사관 1원, 두 사람이 함께 사고를 열어야 했다. 이는 사관이 아닌 사람은 함부로 실록을 열람할 수 없게 한 것으로, 실록 내용이 유출되지 못하도록 고출에 신중을 기한 것이었다.

이번에 고출할 대상은 세자가 대리청정한 전례가 기록된《세종실록》이었다. 7월 20일, 동지춘추관사 신임申銋과 대교 권적權樀은 강화의 사고로 출발하여 실록을 살펴 해당 내용을 찾은 후 이를 베껴 써서 24일 도성으로 돌아왔다. 왕복 5일이 걸린 일정이었다.

이괄의 난 때 춘추관에 보관한 실록이 소실된 이후 도성에는 더 이상 실록을 보관하지 않았기 때문에 실록을 고출하기 위해서는 지방의 사고로 가야만 했다. 강화의 정족산 사고는 도성에서 가까워 대부분의 고출은 여기에서 이루어졌다. 그러나 더러는 무주 적상산이나 봉화 태백산 사고의 실록을 고출해 오는 경우도 있었다.

춘추관 관원이 실록을 고출하여 오는 동안 홍문관에서는 중국의 전례 등을 조사해 올렸다. 숙종이 대리청정을 명하면서 우리나라의 고사와 당나라의 전례를 언급해서이기도 했지만, 유교 경전과 중국의 전례, 조선의 고사를 확인하는 것은 국가 중대사를 결정하는 과정에서 결정의 정당성을 확보하기 위해 반드시 필요했기 때문이다.

이후, 《세종실록》에서 고출한 조선의 전례와 홍문관이 조사한 당나라의 전례에 근거하여 대리청정 절목을 작성하고 길일을 선택하는 등 절차가 차례대로 진행되었고 8월 1일, 마침내 왕세자의 대리청정이 시작되었다. 이러한 일련의 과정을 정리하면 다음의 표와 같다.

7월 19일	· 임금(숙종)이 자신은 늙고 병들어 정사를 처리할 수 없으니 우리나라와 당나라의 전례에 의거하여 세자에게 대리청정하게 하겠다고 하교하다.
7월 20일	· 승정원이 《세종실록》을 고출하러 간 춘추관 당상과 낭청이 돌아온 뒤 의식 절차를 정하여 대리청정하게 하자고 건의하자 임금이 윤허하다. · 의정부가 홍문관 유신으로 하여금 대리청정 관련 당나라의 전례를 폭넓게 조사하게 할 것을 건의하자 임금이 윤허하다.
7월 24일	· 춘추관 당상과 낭청이 고출을 마치고 돌아오다. · 승정원이 실록에서 고출한 내용과 당나라의 전례를 참고하여 대리청정 절목 節目을 작성하게 하자고 건의하자 임금이 윤허하다.
7월 25일	· 임금이 예조에 대리청정을 시작할 길일을 택하라고 명하다.

태백산 사고 내 실록 보관 상자
태백산 사고 실록각에 있던 실록 보관 상자의 모습이다. 정사와 관련한 선례를 알아보아야 할 때면
사관이 사고로 가서 실록의 해당 내용을 찾아내는 고출을 하였다. |국립중앙박물관|

7월 26일	· 예조에서 8월 1일을 길일로 택하여 아뢰다.
	· 왕세자가 상소하여 대리청정의 명을 거두어 주기를 청하니, 임금이 사양하지 말고 힘쓰라는 내용의 비답을 내리다.
7월 28일	· 예조에서 왕세자의 대리청정에 대한 절목을 전국에 반포하다.
8월 1일	· 왕세자가 대리청정을 시작하다.

　　왕세자의 대리청정이 이루어지는 과정을 통하여 조선 시대에 실록을 어떻게 활용했는지와 실록의 위상이 어떠하였는지를 충분히 가늠할 수 있다. 이렇게 후대를 위한 역사 기록으로 편찬한 실록이 당대에

도 국정의 가장 중요한 참고 자료가 될 수 있었던 것은 실록 편찬 과정을 기록한 《실록청의궤實錄廳儀軌》에 실려 있는 〈실록찬수범례實錄撰修凡例〉에 따라 국정의 주요 사안을 꼼꼼히 사실대로 기록하였기 때문이다.

정영미

【 태백산본 실록 】

태조실록	정종실록	태종실록	세종실록
예종실록	성종실록	연산군일기	중종실록
광해군일기 중초본	인조실록	효종실록	현종실록
영조실록	정조실록	순조실록	헌종실록

문종실록   단종실록   단종실록 부록   세조실록

인종실록   명종실록   선조실록   선조수정실록

현종개수실록   숙종실록   경종실록   경종수정실록

철종실록

文筆

맺음말

조선의 사필史筆,
우리 시대의 사관史官을 깨우다

 지난 몇 개월 동안 집필에 참여하신 선생님들의 소회를 들어보고 실록 현대화 사업에 대해 이야기를 나누어 보고자 이 자리를 마련하였습니다. 이 책의 제목인 사필은 무슨 뜻인가요?

 사필은 '역사를 기록하는 붓'이라는 뜻으로 사관이 역사를 기록하는 기록 정신이라고도 볼 수 있습니다.《정종실록》에 "임금이 두려워할 것은 하늘이요, 사필입니다."라는 말이 보입니다. 임금이 천리와 함께 두려워해야 할 대상으로 사관의 기록을 말하고 있는데요, 사관의 기록은 임금의 선악을 영원히 남기기 때문에 두려워할 것으로 보았던 것입니다. 흔히 역사의 심판이라는 말을 많이 쓰는데, 이는 역사에 남은 행적을 바른 역사관을 통해 평가받는 것을 말합니다. 그런 면에서 사필은 역사를 이끄는

＊ 이 글은 집필에 참여한 강대걸, 강성득(사회), 곽성연, 이규옥, 정영미, 최두헌, 하승현, 허윤만(가나다순) 등 8인의 연구원이 맺음말을 대신하여 집필 소회, 사관과 실록, 실록 현대화 사업 등에 대해 나눈 이야기를 정리한 것입니다.

＊ 그림 이장희

사회 구성원들이 역사 앞에서 두려움을 갖게 함으로써 역사가 발전적인 방향으로 흘러갈 수 있게 하는 힘을 지니고 있다고 볼 수 있습니다.

역사 기록의 힘이 위대하다는 생각이 듭니다. 이번에 집필을 하시면서 느낀 소감을 좀 말씀해 주시겠어요?

제가 먼저 말씀드릴까요? 저에게 이번 집필 작업은 조선의 사관이 바라본 조선 사회 속으로 빠져 들어가 본 시간이었습니다. 여러 선생님이 쓰신 글을 함께 읽으면서 새삼 조선 사회가 무척이나 다양하고 흥미롭다는 생각을 했습니다. 그리고 수백 년 전 조선의 사관이 지닌 안목을 우리는 과연 얼마만큼 따라갈 수 있을까 하는 생각도 들었습니다.

이 기회를 통하여 실록 기사들을 다시 바라보게 되었습니다. 실록의 각 기사들은 낱낱이 떨어져 상관없는 것처럼 보이기도 합니다. 그러나 기사와 기사 사이의 맥락을 파악해 나가다 보면 조선 시대 역사의 현장이 옷감을 짜는 것처럼 씨줄과 날줄로 선명하게 재구성되는 것 같습니다. 이번 작업이 단비가 내리면 메마른 나무에 생기가 돌듯, 아직도 딱딱한 이미지를 벗지 못하고 있는 조선왕조실록에 활기를 불어넣게 되면 좋겠습니다.

주제를 고르고 글을 쓰는 내내·머릿속을 맴돌았던 생각은, 오늘을 살아가는 우리는 어떻게 역사 기록을 남기고 있을까 하는 것이었습니다. 그리고 이런 기록을 남길 수 있었던 조선은 어떤 사회였을까라는 생각을 해 보았습니다. 그러면서 어떤 말이든 할 수 있고 말로 인해 어떤 불이익도 받지 않는 그런 세상이 있을까 꿈꿔 보기도 했습니다.

여러 선생님 말씀에 동감합니다. 미약한 한 개인이 역사 속에서 어떻게 현재를 살아가야 할지를 생각해 보는 시간이었습니다. 조선 시대 사관이 저에게 던져 준 화두라고 생각합니다. 방대한 실록에서 이 시대를 통찰할 수 있는 내용을 찾아내는 것이 쉽지는 않았지만 사관의 탁견에 놀란 적이 한두 번이 아니었습니다.

이번 작업에 동참하면서 조선왕조실록은 아직도 그 면모를 다 드러내지 않았구나 하는 생각이 들었습니다. 끊임없이 이야기가 나오는 이야기 보물 창고와 같다고 할까요? 실록이 조금 더 정확하고 쉽게, 또 다양한 방식으로 일반인들에게 다가갈 수 있다면 실록의 가치가 더 빛을 발하게 되지 않을까 싶습니다.

여러 선생님의 소감을 잘 들어 보았습니다. 집필하시면서 특별히 기억에 남는 이야기가 있으셨을 것 같은데요?

많은 이야기가 있겠지만 저는 이 책의 기획 의도와 닿아 있는 내용으로 말씀드리겠습니다. 오늘 우리 사회가 아무래도 직언하기를 꺼리는 분위기이다 보니, 성종과 손순효의 일화가 눈에 들어왔습니다. 손순효는 직언을 잘하기로 유명했는데, 한번은 성종에게 인재가 뽑히지 않는 것은 임금이 인재 양성을 게을리하기 때문이라고 하였습니다. 그러자, 성종은 자신이 게을러서 인재 양성을 제대로 못했노라고 답합니다. 또 성종은 손순효가 당시의 폐단을 아뢰자 상을 내리기도 합니다. 신하가 자신을 비판하는 말을 하는데도 임금이 노여워하지 않고 직언을 받아들이고, 더 나아가 신하들이 직언을 하지 않는 것을 질책하는 모습을 보면서 옛 임금들이 가장 두려워한 것이 무엇이었는지를 생각해 보았습니다. 그건 아마도 그른 것을 그르다고 하는 사람이 없어서 잘못된 결정을 내려 그 피해가 고스란히 백성에게 돌아가는 것이었을 겁니다.

 예. 실록은 조선 시대의 역사서일 뿐만 아니라 오늘을 비춰 주는 거울이 되기도 하는 것 같습니다. 최 선생님도 지난번에 칙서 실종 사건에 관해 글을 쓰면서 흥미로운 점을 발견했다고 들었습니다.

 예. 칙서 실종 사건의 소재가 된 기사를 발견하고 나서, 이 사건에 관심이 생겨 실록의 다른 기사와 《승정원일기》를 찾아 보았습니다. 《승정원일기》에 기록된 임금과 신하의 대화는 마치 바로 지금 일어나고 있는 일을 문틈을 통해 엿보는 것처럼 생생하고 흥미진진했습니다. 편집과 요약의 과정을 거의 거치지 않은 것이 《승정원일기》의 장점이기는 하지만 사건의 맥락과 전체적인 흐름을 파악하기는 어려웠습니다. 반면 실록의 기사는 여러 날에 걸쳐 일어난 일을 하나의 기사 안에 짜임새 있게 요약하여 기록하고 있었습니다. 그래서 사건의 앞뒤 맥락과 전체 상황을 금방 파악할 수 있었습니다. 그리고 실종된 칙서 문제를 두고 우왕좌왕하던 영조와 조정 신료들의 모습이 젊은 사관의 날선 논평과 내비되어 매우 흥미로웠습니다.

 두 분 선생님의 말씀은 우리가 실록의 내용을 어떻게 파악하고 이해하는 것이 좋을지와도 맥락이 닿아 있는 듯합니다.

그럼 이제 500년 조선 역사 기록의 중심에 있던 사관이 남긴 사론에 대해 말씀 나누어 보겠습니다. 조선의 사관, 과연 어떤 존재였을까요? 조선의 사관이 남긴 사론, 구체적으로 어떤 것인지 말씀해 주시겠어요?

 실록을 살펴보면 '사신왈史臣曰'로 시작하는 부분이 있습니다. 주로 이 부분이 사론에 해당합니다. 사론은 사관이 사건이나 인물에 대한 사실을 기록하고 나서 자신의 견해를 적은 주관적인 논평을 말합니다. 사론이 수록되어 있다는 점은 조선왕조실록의 중요한 특징 중 하나라고 할 수 있습니다. 실록의 본질적 가치가 어디에 있을까 생각해 볼 때, 사론을 빼고 말하기는 어려울 것 같습니다.

 실록에 남아 있는 사론은 어느 정도이며, 주로 어떤 내용을 포함하고 있나요? 그리고 다른 역사서에도 사론이 있는 경우가 있는데, 실록의 사론이 다른 역사서의 사론과 다른 점은 무엇인가요?

 조선 전기 실록에만도 3400여 건의 사론이 실려 있다고 하는데, 이 시기 사론을 분석한 연구에 따르면 그 가운데 약 57%가 인물에 대한 논평이라고 합니다. 그 밖에 임금과 신료의 잘잘못, 사건, 제도, 재이災異를 비롯하여 당시 사회 모습에 대한 논평도 많습니다. 조선의 사관이 남긴 사론은 당대에 대한 논평이라는 점에서 다른 역사서의 사론과 다릅니다. 당대에 대한 논평이기 때문에 그만큼 사회에 대한 사관의 비판의 목소리에 힘이 실리는 것 같습니다.

 임금이나 신료들은 자신의 말과 행동을 사관이 어떻게 기록하는지에 민감할 수밖에 없었을 것 같습니다.

 사관은 당대를 살았던 사람들에 대한 평가를 기록하였습니다. 그 평가 대상이 된 권력자들은 사관이 기록한 사초가 실록으로 편찬되어 자신의 잘잘못이 역사로 남는다는 사실이 몹시도 부담스러웠을 것입니다. 우리가 '사화'라고 부르는 사건이 일어난 것도 실록 기록에 대한 당시 사람들의 부담감이 어떠했는지를 읽을 수 있는 대목입니다. 김일손金馹孫의 사초에 실린 김종직金宗直의 '조의제문弔義帝文'이 연산군 대 무오사화의 발단이 된 것을 보더라도 잘 알 수 있지요.

 이런 점들 때문에 조선이 사관 제도를 정비하고 실록 편찬 전통을 확립해 나가는 과정은 당대인들의 역사 인식이 제고되는 과정과 같다고 하기도 합니다. 많은 역사적 경험을 통해 조선 사회가 공정한 역사 기록에 대해 더 깊이 고민하게 되지 않았나 합니다.

 예. 사관의 사론은 실록에 수록되어 오늘날 우리에게 전해졌습니다. 우리는 사관의 눈을 통해 조선 사회 수많은 사람들의 삶의 흔적을 볼 수 있고, 그들이 조선 사회를 바라보던 시선을 고스란히 느낄 수 있습니다. 또 그 기록을 통해 현재 우리의 삶을 비추어 보고 우리 사회가 나아갈 방향에 대한 지혜를 얻을 수 있습니다. 이 점이 실록을 남긴 사관이 우리에게 전하려는 메시지가 아닐까 합니다.

그럼 이제 우리에게 전해진 실록과 번역에 대해 여러 선생님의 말씀을 들어 보겠습니다. 실록 번역에 대해 말씀 나누기 전에 지금 우리가 보는 실록이 일제 강점기 이후 어떻게 전해졌는지 간략하게 정리해 주시겠어요?

 조선 시대 사고에 보관되어 있던 실록도 일제 강점기를 거치면서 조선과 운명을 같이했습니다. 1910년 이후 일제는 사고에 보관되어 있던 실록을 서울로 옮겼습니다. 이때 태백산본과 정족산본은 경성제국대학으로, 적상산본은 창경궁의 이왕직 도서관으로, 오대산본은 일본 동경제국대학으로 옮겨졌습니다. 이후 오대산본은 1923년 동경 대지진으로 소실되어 74책만 겨우 남게 되었습니다. 나머지 사고본은 다행히 서울에서 온전한 모습으로 광복을 맞이할 수 있었습니다.

 역사를 기록했던 사관은 사라지고, 사고는 더 이상 실록을 지켜주지 못한 셈이네요. 일제는《고종실록》과《순종실록》도 편찬하였지요?

 예. 일제는 기존 실록을 조사, 연구하면서 실록 편찬의 전통을 계승한다는 명분하에 두 실록을 편찬하였습니다. 하지만 이 두 실록은 일본인의 주도로 편찬되었기 때문에 조선왕조실록에는 포함시키지 않습니다.

 일반에게 공개되지 않던 실록을 영인하여 처음 공개한 것도 일제라고 알고 있습니다.

예. 일제 강점기 때입니다. 경성제국대학에서 태백산본을 저본으로《이조실록李朝實錄》이라는 이름으로 30부를 영인하여 발간하였습니다. 그 후 실록을 본격적으로 활용할 수 있게 된 시점은 광복 이후라고 할 수 있습니다. 광복 이후 일제 잔재를 청산하고 민족 문화를 되살리려는 노력이 전개되면서 실록을 중요한 사료로 인식하게 되었습니다. 그 가치를 인식하게 되면서 실록에 대한 수요도 점점 늘어났습니다. 하지만 일제 강점기 때 영인한 실록은 극히 일부만 남아 있었고, 일반인에게는 자료 공개도 되지 않아 활용이 쉽지 않았습니다. 그러다 1958년에 조선왕조실록이라는 이름으로 48책의 영인본 실록을 완간하게 되었습니다.

 이제 실록을 손쉽게 접할 수 있는 길이 열리게 되었군요. 그렇다고는 해도 일반 사람들이 한문으로 된 실록의 내용을 이해하기는 쉽지 않았을 텐데요.

일제 식민 통치 기간 전통 학문의 맥이 단절되고, 광복 이후 한글 전용 어문 정책으로 인해 실록을 비롯한 한문 기록을 해독할 수 있는 사람이 점점 줄어들었습니다. 이런 배경에서 한문 고전을 번역하기 위해 결성된 민간 단체가 실록을 번역하기 시작했습니다. 세종대왕기념사업회가 1968년부터, 한국고전번역원의 전신인 민족문화추진회가 1971년부터 번역을 하기 시작했지요. 이후 두 기관이 공동으로 사업을 수행해 1993년에 4800여만 자 분량의 조선왕조실록이 413책의 번역본으로 세상에 모습을 드러냈습니다. 북한도 1975년《리조실록》이라는 이름으

로 태조실록 1책을 간행한 뒤로 1991년까지 400책의 실록을 완
간하였습니다. 한국전쟁 당시 창경궁 장서각에서 운송해 간 적
상산본 실록이 대본이 되었다고 전해집니다.

 남한과 북한이 모두 실록의 가치와 번역의 중요성을 인식한 것
이로군요. 실록이 번역되면서 한국학 연구에 커다란 변화가 일
었지요?

 예. 그렇습니다. 번역된 실록을 서울시스템에서 CD롬으로 제작
한 바 있습니다. 지금은 이것을 다시 DB로 구축하여 웹 환경이
갖추어진 곳이라면 어디에서든지 자유롭게 볼 수 있습니다. 실
록이 한국학의 가장 기초적인 자료가 되었음은 물론이고, 실록
속 소재가 드라마나 영화 등으로 재탄생하면서 무궁무진한 이
야깃거리를 낳고 있습니다. 실록 속 다양한 이야기들이 더 많이
활용될 수 있도록 접근성을 높이는 방안을 계속 찾아 나가야 할
것입니다.

말씀하신 대로 실록 완역의 성과는 누구도 부정하기 어려울 거라 생각합니다. 최근에는 한 차례 완역된 실록을 다시 번역하는 사업을 진행하고 있는데요. 그 배경에 대해서 말씀해 주시겠어요?

 실록이 완역된 지 20년이 넘었습니다. 세월이 흐르면서 일반인들이 이해하기 어려운 고어 투·직역 투 문장, 용어·체제의 통일성 부족, 천문·의례·음악·외교 관계 등 특수 분야 번역의 전문성 미비 등 여러 문제점이 제기되었습니다.

 그런 문제들을 다 해결하면서 가려면 번역 작업이 더 힘들 텐데요. 실록 번역 작업의 어려운 점, 어떤 것들이 있을까요?

 실록은 분량이 방대할 뿐만 아니라 내용도 무척이나 다양합니다. 실록의 내용을 정확히 번역하려면 한문에 대한 소양은 물론이고 조선 시대의 역사, 행정 체계, 법제 등 다양한 분야의 전문 지식이 필요합니다. 분야가 광범위하다 보니 한 사람의 번역자

가 모든 분야의 지식을 갖추기는 어렵습니다. 그래서 번역팀 내에서 공동 연구를 통해 번역의 정확성과 학술성을 높여 나가고 있습니다.

 현재 실록 현대화 사업은 어느 정도 성과를 내고 있는지요? 《정조실록》은 올해 완역되는 것으로 알고 있는데요?

 2010년 기존 번역을 전면적으로 점검·분석하고, 2011년에는 전체 번역서 600여 책 규모로 실록 번역 현대화 사업 계획을 수립하여 2012년부터 《정조실록》을 재번역하기 시작했습니다. 올해 《정조실록》을 48책으로 마무리짓고, 《태조실록》부터 순차적으로 번역해 나갈 계획입니다.

 실록 현대화 사업도 앞으로 갈 길이 멀다는 생각이 듭니다. 각 왕대를 모두 새로 번역하려면 앞으로 얼마나 더 걸릴까요?

 현재 속도대로 매년 15책 정도를 번역한다면 앞으로 30여 년이 더 걸릴 것 같습니다. 보다 정확하고 풍부한 내용의 실록을 더 빨리 여러 사람이 만나볼 수 있도록 실록 현대화 사업에 많은 관심을 기울여 주셨으면 합니다. 우리가 실록이 지닌 가치를 잘 살려 새롭게 번역해 내서 실록이 우리 사회의 다양한 방면에 좋은 영향을 줄 수 있었으면 좋겠습니다.

 지금까지 이번 집필에 참여하신 선생님들과 말씀 나누어 보았습니다. 조선은 왜 사관을 두어 역사를 기록했으며, 선조들은 왜 우리에게 실록을 전해 주었을까요? 우리는 다음 세대에 어떠한 실록을 전해 주어야 할까요? 이 점이 우리가 지금 500년 조선 역사 기록의 중심에 섰던 사관의 목소리에 귀 기울여야 하는 이유일 것입니다. 조선의 사관이 남긴 사필이 시대의 과제를 통찰할 수 있는 우리 시대의 사관을 일깨우는 중요한 매개가 되기를 기대해 봅니다. 끝으로 집필에 참여해 주신 선생님들이 '실록에서 뽑은 한마디'를 전해 드리며 오늘 대담을 마치겠습니다. 감사합니다.

강대걸

선비의 습속은 나라의 원기元氣이다. 원기가 쇠하면 앓지 않는 사람이 없고 사기士氣가 꺾이면 쇠퇴하지 않는 나라가 없다. 《효종실록 3년 12월 5일》

강성득

나라가 있어도 역사 기록이 없으면 나라가 아니요, 역사 기록이 있어도 공정치 못하면 역사 기록이 아니다. 《선조수정실록 부록》

곽성연

득실得失은 한때에 행해지는 것이고, 시비是非는 만세에 정해지는 것이다. 《선조실록 33년 12월 1일》

이규옥

신뢰는 임금의 보물이다. 《현종실록 13년 6월 23일》

정영미

정도正道를 따르는 자를 군자君子라 하고, 임금의 말에 순순히 따르기만 하는 자를 비부鄙夫라 하며 몰래 영합하는 자를 소인小人이라 한다. 《인조실록 23년 윤6월 2일》

최두헌

법을 세우고 제도를 정하는 것은 마땅히 민심民心을 따라야 한다. 《태종실록 7년 6월 28일》

하승현

굶주린 백성이 있다면 내가 배고프게 한 것이고, 추위에 떠는 백성이 있다면 내가 춥게 만든 것이다. 《인조실록 6년 9월 6일》

허윤만

만물을 생육하는 것이 천지의 덕이요, 백성을 편하게 하는 것이 임금의 임무이다. 《세종실록 7년 2월 25일》

참고 문헌

원전 자료

《경국대전》,《경종수정실록》,《경종실록》,《고려사절요》,《관암전서》,《기재잡기》,《난중일기》,《동국여지비고》,《명종실록》,《사명자시집》,《선조실록》,《성종실록》,《세조실록》,《세종실록》,《승정원일기》,《신증동국여지승람》,《연려실기술》,《연산군일기》,《영조실록》,《오산설림》,《오주연문장전산고》,《완암집》,《용재총화》,《인조실록》,《정조실록》,《중종실록》,《지봉유설》,《징비록》,《한원고사》,《현종대왕실록찬수청의궤》,《현종실록》,《홍재전서》

단행본

강명관,《열녀의 탄생》, 돌베개, 2009.

국사편찬위원회 편,《사고지조사보고서》, 국사편찬위원회, 1986.

국사편찬위원회 편,《조선 시대 사초Ⅰ》, 1995.

김경수,《조선 시대의 사관연구》, 국학자료원, 1998.

문용식,《조선후기 진정과 환곡운영》, 경인문화사, 2000.

박홍갑,《사관 위에는 하늘이 있소이다》, 가람기획, 1999.

배현숙,《조선실록 연구서설》, 태일사, 2002.

오항녕,《한국 사관제도 성립사》, 일지사, 2009.

이성무,《조선왕조실록 어떤 책인가》, 동방미디어, 1999.

이성무,《조선은 어떻게 부정부패를 막았을까》, 청아출판사, 2009.

이숙인,《정절의 역사》, 푸른역사, 2014.

한국역사연구회 조선시기사회사연구반,《조선은 지방을 어떻게 지배했는가》, 아카넷, 2008.

논문

강문식, 〈조선왕조실록 연구의 현황〉, 《조선왕조실록 콘텐츠 활용 방안 모색》, 2014.

권용란, 〈조선 시대 해괴제解怪祭 연구〉, 《역사민속학》 제22호, 2006.

김경록, 〈조선 시대 사신접대와 영접도감迎接都監〉, 《한국학보》 제30집, 2004.

김경수, 〈조선 전기 사관과 실록 편찬에 대한 연구〉, 《사학연구》 제62호, 2001.

김경수, 〈조선 시대 '가장사초家藏史草'에 일― 연구〉, 《서지학보》 제21호, 1998.

김경희 외, 〈조선왕조실록 번역 현대화사업의 현황과 과제〉, 《2012 고전번역연감》, 2012.

김경희, 《현종개수실록》의 편찬과정과 내용에 대한 소고〉, 《민족문화추진회보》 가을 제27호, 1992.

김구진, 〈국역 조선왕조실록에 대하여〉, 《민족문화》 제17집, 1994.

김남윤, 《《소현을유동궁일기昭顯乙酉東宮日記》로 본 소현세자의 죽음〉, 《규장각》 32집, 2008.

김범, 〈조선전기의 왕권과 정국운영〉, 고려대학교 학위논문(박사), 2005.

김순남, 〈조선 성종대 어사의 파견과 지방 통제〉, 《역사학보》 제192집, 2006.

김용섭, 〈조선후기 군역제軍役制의 동요와 군역전軍役田〉, 《동방학지》 제32집, 1982.

김용흠, 〈연평 이귀, 실학과 탕평론의 선구자〉, 《내일을 여는 역사》 제39호, 2010.

김현영, 〈조선 시대의 문서와 기록의 위상〉, 《고문서연구》 제32집, 2008.

민덕기, 〈임진왜란 초기의 전개상황과 그 배경〉, 《전북사학》 39집, 전북대학교 사학회, 2011.

박광현, 〈대통령 사면권의 정당성과 한계〉, 《법학연구》 제17집, 2014.

박성규, 〈조선초기 조선왕조실록에서의 '졸기卒記'의 특징〉, 《경주사학》 제26집, 2007.

배재홍, 〈조선 시대 서얼 차대론差待論과 통용론通用論〉, 《경북사학》 21집, 1998.

배재홍, 〈조선후기의 서얼허통〉, 《경북사학》 10집, 1987.

신병주, 〈'오대산본' 조선왕조실록의 간행과 보관〉, 《역사와현실》 61호, 2006.

신병주, 〈'실록형지안實錄形止案'을 통해 본 조선왕조실록의 관리체계〉, 《국사관논총》 제102집, 2003.

신석호, 〈조선왕조실록의 편찬과 보관〉, 《사총》 5권, 1960.

오수창, 〈인조대 정치세력의 동향〉, 《한국사론》 13권, 1985.

오항녕, 〈정조 초반 《영조실록》 편찬에 대한 연구〉, 《민족문화》 제29집, 2006.

오항녕, 〈실록의 의례성에 대한 연구〉, 《조선 시대사학보》 26집, 2003.

오항녕, 〈조선 시대 시정기 편찬의 규정과 실제〉, 《한국사학사학보》 제8집, 2003.

오항녕, 〈여말선초 사관 자천제自薦制의 성립과 운영〉, 《역사와현실》 제30호, 1998.

윤성익, 〈"후기왜구後期倭寇"로서의 을묘왜변〉, 《한일관계사연구》 제24집, 2006.

이경록, 〈조선 중종 19~20년의 전염병 창궐과 그 대응〉, 《중앙사론》 제39집, 2014.

이기찬, 〈조선왕조실록 재번역 과정에서의 제문제〉, 《고전번역연구》 제5집, 2014.

이근호, 〈영조 대 탕평파의 국정운영론 연구〉, 국민대학교 학위논문(박사), 2001.

이상찬, 〈오대산사고본 실록의 자료적 가치〉, 《한국학연구》 제31집, 2013.

이성무, 〈조선왕조실록과 한국학연구〉, 《민족문화》 제17집, 1994.

이욱, 〈17세기 여제厲祭의 대상에 관한 연구〉, 《역사민속학》 제9호, 1999.

이정철, 〈17세기 조선의 공납제貢納制 개혁 논의와 대동법大同法의 성립〉, 고려대학교 학위논문(박사), 2004.

장필기, 〈인조조 정태제의 《사초史草》에 나타난 사론史論〉, 《우송조동걸선생정년기념논총》 1집, 1997.

정두희, 〈조선 성종 9년 '무술지옥戊戌之獄'의 정치적 성격〉, 《서강인문논총》 제29집, 2010.

정양완, 〈국역 《리조실록》에 대하여〉, 《민족문화》 제17집, 1994.

정영미, 〈조선왕조실록 현대화 사업의 전개와 재번역의 방향〉, 《조선왕조실록 콘텐츠 활용 방안 모색》, 2014.

정윤주, 《《규사葵史》(1859)의 편찬과 간행동기〉, 《역사학보》 137집, 1993.

조윤선, 〈조선 시대 사면赦免·소결疏決의 운영과 법제적·정치적 의의〉, 《조선 시대사학보》 38집, 2006.

차용걸, 〈조선왕조실록의 편찬태도와 사관의 역사의식〉, 《한국사론》 6, 1979.

차장섭, 〈조선전기 실록의 사론〉, 《국사관논총》 제32집, 1992.

차장섭, 〈사관을 통해 본 조선전기 사림파士林派〉, 《경북사학》 8집, 1985.

차장섭, 〈조선전기의 사관〉, 《경북사학》 6집, 1983.

최병조, 〈15세기 후반 조선의 법률논변〉, 《서울대학교 법학》 52집, 2011.

최연식, 〈숙종초 《현종대왕실록》의 편찬과 《현종대왕실록찬수청의궤》〉, 《한국학보》 29집 2호, 2003.

최완기, 〈이른바 《고·순종실록》에 대하여〉, 《민족문화》 제17집, 1994.

한명기, 〈병자호란 시기 조선인 포로 문제에 대한 재론〉, 《역사비평》 85호, 2008.

한우근, 〈조선전기 사관과 실록편찬에 관한 연구〉, 《진단학보》 66집, 1988.

한희숙, 〈16세기 임꺽정 난의 성격〉, 《한국사연구》 89집, 1995.

글쓴이 소개

강대걸

국민대학교 행정학과를 졸업하고 같은 대학원에서 국사학과 박사 과정을 수료하였다. 민족문화추진회 국역연수원 연수부와 상임연구부를 졸업하였으며 한국고전번역원 수석연구위원을 역임하였다.

강성득

역사교육학과를 졸업하고 대학원에서 한국사학으로 석사·박사 과정을 수료하였다. 한국고전번역원에서 한문교육과정을 마치고《승정원일기》,《후설》,《한국 역사상 관료제 운영시스템에 관한 연구》등의 번역과 집필에 참여하였다. 한국고전번역원 선임연구원으로 재직하고 있다.

곽성연

성신여자대학교 한문교육과를 졸업하고 고려대학교 대학원에서 한문학으로 박사 과정을 수료하였다. 한국고전번역원에서 한문교육과정을 마치고《승정원일기》,《후설》등의 번역과 집필에 참여하였다. 한국고전번역원 번역위원으로 활동하고 있다.

이규옥

동국대학교 사학과를 졸업하였다. 한국고전번역원에서 한문교육과정을 마치고《인조실록》,《정조실록》등 조선왕조실록과《일성록》,《승정원일기》,《홍재전서》,《임하필기》등의 번역에 참여하였다. 한국고전번역원 번역사업본부 본부장으로 재직하고 있다.

정영미

동국대학교 사학과를 졸업하였다. 한국고전번역원에서 한문교육과정을 마치고《정조실록》,《승정원일기》등의 번역에 참여하였으며〈남·북한 조선왕조실록 번역 비교〉등의 논문이 있다. 한국고전번역원 책임연구원으로 재직하고 있다.

최두헌

고려대학교 국어국문학과를 졸업하고 같은 대학원에서 한문학으로 석사·박사 과정을 수료하였다.〈필기의 관점에서 본《이목구심서》연구〉,〈천파 오숙 산문의《장자》수용 양상 연구〉등의 논문이 있다. 한국고전번역원 연구원으로 재직하고 있다.

하승현

가톨릭대학교에서 국어국문학을, 한국방송통신대학교 대학원에서 문예창작콘텐츠학을 전공하였다. 성균관 한림원과 한국고전번역원에서 한문교육과정을 마치고《승정원일기》,《잠, 마음에 놓는 침》,《후설》등의 번역과 집필에 참여하였다. 한국고전번역원 책임연구원으로 재직하고 있다.

허윤만

성균관대학교 한문학과를 졸업하였다. 한국고전번역원에서 한문교육과정을 마치고《승정원일기》등의 번역에 참여하였다. 한국고전번역원 선임연구원으로 재직하고 있다.

감수

김문식

서울대학교 국사학과를 졸업하고 같은 대학원에서 석사·박사 과정을 수료하였다. 서울대학교 규장각 학예연구사를 거쳐 현재 단국대학교 사학과 교수와 동양학연구원 원장으로 재직하고 있다. 저서로는 《조선후기 경학사상 연구》, 《정조의 경학과 주자학》, 《정조의 제왕학》, 《조선후기 지식인의 대외인식》, 《왕세자의 입학식》, 《정조의 생각》, 《조선왕실의 외교의례》 등이 있다.

자문

김경희

이화여자대학교 사학과를 졸업하고 같은 대학원에서 석사 과정을 수료하였다. 한국고전번역원에서 한문교육과정을 마치고 한국고전번역원 부설 교육원 교수로 재직하고 있다. 번역서로는 《현종실록》, 《정조실록》, 《승정원일기》, 《일성록》, 《국조보감》, 《임하필기》, 《명의록》, 《일성록 범례》 등이 있고 《한국문집총간》 해제 집필에 참여하였다.

그림

이부록

책을 매체로 온갖 창작 활동을 펼치는 미술가이다. 대학에서 동양화를 공부했으며 그림뿐 아니라 참여미술 프로젝트, 설치미술, 협업전시 등을 하고 있다. 전시와 함께 출간한 책으로 《기억의 반대편 세계에서-워바타》, 《세계인권선언》, 《스티커 프로젝트》 등이 있으며 《일곱 가지 밤》, 《동양철학 에세이》, 《최고의 소리를 찾아서》 등에 그림을 그렸다. 《사필》 삽화 속의 ◉는 사신의 눈을 상징한다.

사론으로 본 조선왕조실록

史筆 사필

조선왕조실록번역팀 엮음
김문식 감수
김경희 자문
이부록 그림

2021년 12월 31일 개정판 2쇄 발행

발행 한국고전번역원   등록 2008. 3. 12. 제25100-2018-000049호
주소 03310 서울시 은평구 진관1로 85
전화 02-350-4800   팩스 02-350-4994   홈페이지 www.itkc.or.kr

발행인 신승운
기획·편집 한국고전번역원 출판콘텐츠실
책임편집 하현주   편집 김준섭·양유미·이계숙·최두헌
맺음말 그림 이장회
디자인 파피루스   인쇄 세일포커스(주)

ⓒ 한국고전번역원, 2021
Institute for the Translation of Korean Classics

값 13,000원
ISBN 978-89-284-0392-9 03910